農林漁業の産地ブランド戦略

地理的表示を活用した地域再生

香坂 玲 編著

ぎょうせい

目　次

第Ⅰ部　産地ブランド　―地理的表示制度をふまえて― ……………1

第1章　産地ブランドとは何か？　登録で終わらせないために
香坂　玲

1　はじめに―本書の趣旨―／2
2　各制度の概要／10
3　まとめ／21

コラム‥志賀高原ユネスコエコパークと産地保護　24

第2章　我が国の地理的表示保護制度（地理的表示法）
内藤　恵久

1　我が国の地理的表示保護制度の概要／26
2　保護の要件／29
3　申請、登録の手続き／34
4　登録の効果（使用が禁止される表示の内容など）／38
5　登録後の品質管理（生産行程管理業務）／42
6　登録の失効、取消し／44
7　制度の活用と地方自治体の役割／45

第3章　国際的な地理的表示保護の状況
内藤　恵久

1　TRIPS協定における保護内容等国際的な地理的表示保護の状況／49
2　EUの地理的表示保護制度／52

コラム‥地理的表示の保護制度の活用に向けた地域の農業・食品産業の対応方向　59

第4章　欧州における展開
木村　有紀

1　欧州の地理的表示制度とは／61
2　欧州の地理的表示制度は普及しているか／62
3　欧州の地理的表示登録品は売れているか／69
4　欧州の地理的表示はどう守られているか／73
5　最後に／77

目　次

第Ⅱ部　産地ブランドと地域再生 ……………………… 79

第5章　産地戦略と地域活性化
湯田　元就
1　産地の"古きを温ねて新しきを知る"／80
2　グローバル市場で勝つ「独自性」を見出す／82
3　産地戦略立案に向けたステップ／84
4　地理的表示を活用した地域ブランドづくり／87
5　産地戦略の立案　地方行政職員にできる3つの活動／90

第6章　地理的表示を核とした地域産品ブランディング
小西　邦弘
1　はじめに／99
2　地理的表示を活用した地域産品ブランディングのあり方／99
3　地理的表示を活用した地域産品ブランディングの実践／102
4　ＧＩを核とした「地域産品ブランド」のさらなる進化のために／114

第7章　地域ブランディングにおける産品ブランド戦略のあり方
―ＪＡびえいの美瑛選果を事例として
徳山　美津恵
1　はじめに／117
2　地域ブランディング研究の系譜／118
3　美瑛町における産品ブランド戦略／121
4　理論的整理／131
5　終わりに／134

第8章　地理的表示の登録手続と地域における合意形成
―法律学の観点から
荒木　雅也
1　はじめに／137
2　登録手続の概要／137
3　合意形成が求められる局面／140
4　生産者団体内（生産業者間）の合意形成／142
5　生産者団体間の合意形成／144
6　生産地の特定に関する合意／146
7　生産方法に関する合意／151

8　結び／155

第9章　品質管理体制の整備
　　　　　　　　　　　　　　　　　　　　　　　　　　　　中野　浩平
　　　1　はじめに／158
　　　2　生産工程管理／158
　　　3　プレミアム要素と食品機能／167

第10章　産地ブランド戦略における地理情報システムの活用
　　　　　―地域の縁結びツールとしての可能性
　　　　　　　　　　　　　　　　　　　　　　　　　　　　内山　愉太
　　　1　地理情報システム（GIS）は地方行政職員にも役立つ／179
　　　2　GISの活用をめぐる期待と課題／181
　　　3　GISを活用するうえで自治体、JAなどの地域組織に求められる役割／183
　　　4　産地ブランドを支えるツールとしてのGIS／191

第Ⅲ部　セクターごとの産地ブランド戦略 …………… 193

第11章　農産品の全国での取り組み事例と地方自治体の役割
　　　　　　　　　　　　　　　　　　　　　　　　　　　　香坂　玲
　　　1　はじめに／194
　　　2　個別事例の紹介／198
　　　　　事例1　夕張メロン――198　　　事例2　あおもりカシス――201
　　　　　事例3　つくば銀杏――204　　　事例4　生牧草――206
　　　　　事例5　能登志賀 ころ柿――208　事例6　三輪素麺――211
　　　　　事例7　砂丘らっきょう――214　事例8　出雲の菜種油――218
　　　　　事例9　伊予生糸――221　　　　事例10　八女伝統本玉露――224
　　　　　事例11　くまもと県産い草・くまもと県産い草畳表――226
　　　　　事例12　鹿児島の壺造り黒酢――229
　　　3　まとめ／232

第12章　生産者と消費者でつくるブランド戦略について
　　　　　―パルシステムとJAささかみの事例から―
　　　　　　　　　　　　　　　　　　　　　　　　　　　　山本　伸司
　　　1　はじめに／235
　　　2　パルシステムとJAささかみの提携の歴史／237

3　JAささかみとの産直運動の現在の到達点／240
　　4　パルシステムがブランド形成を意識した契機／241
　　5　パルシステムの「ほんもの実感！くらしづくりアクション」／246
　　6　国際的信頼—平和経済ネットワークへ—／249
　　7　終わりに—まとめと行政への期待／250

第13章　水産品の産地ブランドと戦略

前田　敦子

　　1　水産分野の第一次産業の現状と水産品／252
　　2　水産業と水産都市／256
　　3　水産分野の産地ブランド化とその背景／257
　　4　ブランド育成と水産業の知的財産状況／263
　　5　ブランド化からみた今後の漁業と養殖業のあり方／266
　　6　水産品と地理的表示制度／270
　　7　まとめ／273
コラム‥海なし県　群馬県における水産品のブランド化の取り組み　276
コラム‥農林水産分野の知的財産と弁理士の関係　278

第14章　清酒・本格焼酎にみる地理的表示の現状と課題

佐藤　淳

　　1　はじめに／280
　　2　伝えるべき品質情報—表示制度のあり方／281
　　3　情報の伝え方（情報の非対称問題）について／288
　　4　結論／296
コラム‥白山菊酒　302
コラム‥産地化・ブランド化に向けた行政・生産者一体の取り組み
　　　　　—筑前クロダマルの例を参考に—　304
コラム‥環境保全型農業の支援体制とJAによるブランド化・販路拡大の取り組み
　　　　　—滋賀県JA北びわこ「プレミア米」—　306
コラム‥地域内分業化と保存組織の設立による「しな織」の伝統継承とブランド化　308
コラム‥木材と産地ブランド化—地域団体商標に登録した木材ブランド　310

終わりに　311

執筆者略歴　314

第Ⅰ部 産地ブランド
―地理的表示制度をふまえて―

第Ⅰ部　産地ブランド―地理的表示制度をふまえて―

第1章
産地ブランドとは何か？
登録で終わらせないために

香坂　玲（金沢大学大学院人間社会環境研究科地域創造学専攻　准教授）

1　はじめに―本書の趣旨―

(1) 産地ブランド化のための課題

　この書籍を執筆中の2015年10月、難航を続けてきた環太平洋パートナーシップ（TPP）協定交渉がついに大筋合意に達した。政府が関税に関する全容を公表し、野菜の関税撤廃といった詳細が明らかとなった。TPP参加を巡っては、以前より多くの農林漁業関係者が不安を抱いているといった報道がなされる一方で、都道府県が輸出も視野に入れて、米、酒、野菜といった地元ブランドの強化に力を入れているというトピックの扱いも増えている。国も様々な補助策を検討すると同時に、地理的表示の保護制度（2015年6月施行）などの知的財産やブランドの保護を通した輸出支援策など、自ら「攻め」と呼ぶ施策も打ち出している。

　ただ、守るとか攻めという議論の前に、環境・景観の保全、地域社会やアイデンティティ、伝統・文化の維持などに大きな役割を果たしている農林業は、産品という次元だけではなく、国土、場所といった次元からも考える必要がある。農村の地域環境並びに都市とのバランスの問題は、世界と比して日本にとって特に深刻であるという認識が科学者の間に広まっている。文部科学省科学技術政策研究所が多数の専門家を対象に行っている「将来社会を支える科学技術の予測調査」（いわゆるデルファイ調査）の第9回調査結果（2010年公表）がそれを象徴的に示しており、多くの課題が世界と日本の双方にとって重要とする回答が多いなかで、都市と農村の環境（地域環境保全）の問題は日本に特化して重要であるとする比率が高かった。

　本書が題材とする「産地ブランド」というテーマも、単なる産品の生産と流通の課題だけではなく、歴史や地域のネットワークがあってこその営みとして、

人が住み、集落・コミュニティなどの単位で生活していく場として、農林業をいかに構築していくのかということが課題となっている。したがって、産品の認証に加え、世界農業遺産やエコパークといった場の認定と産地ブランド化も重要となる。

　そもそも、地方自治体の職員が地域の生産者を支援する業務のなかで、産地ブランド化とは何を意味するのであろうか。品質管理など技術知識を生産者へ普及する、新しい規制や制度に対応する、新たな媒体で地域のイメージやブランドをストーリーとして築いていくといった要素も業務に含まれてくる。また、農産品という個別の商品のレベルから景観まで地域にはどのような資源があるのか、どのような層が顧客として想定されるのか、価値やストーリーを伝える工夫は十分になされているか、知的財産としての対応や登録の範囲は十分かなど検討すべき事項も多岐にわたってくる。加えて、近年では6次産業化、農商工連携を推進する動きが活発化していることから、地方自治体の支援は多面的な業務が関わり、複雑化している。

　特別な栽培方法を行った農産物であることを示す、有機JAS、特別栽培農産物などの表示には明確な基準が設けられており、そうしたルールも関係してくる。また、安全管理や工程管理の面では、消費者の関心が特に高い食品の安全性をはじめとし、環境保全、労働安全、品質向上などを目的としたGAP（Good Agricultural Practice）などの制度の導入が推進されている。あるいは、産地偽装や異物混入などに端を発し消費者の関心が高まっているのを受け、どのような工程や経路を経て産地から食卓に届いているのかを説明するトレーサビリティへの対応を迫られている産地は多い。大手流通のイオンが、野菜の生産を委託するパートナー農場との契約条件として、安全認証のグローバルGAPの取得を義務づけていく方針が大きく報道された（日経新聞，2015）。

　さらに、農林水産品という商品の次元だけではなく、エリア全体、場所の次元として、ユネスコの世界遺産、農林漁業の活動がなされるエリアも含まれるユネスコ・エコパーク、農業のシステムに焦点があるFAO世界農業遺産などの認定を目指し、エリア全体での自然環境や伝統文化の認定と、産品の相乗効果などに関する取り組みが進行中の地域もある（本章のコラムを参照のこと）。

　こうした流れの中、地方自治体はそれぞれに様々な取り組みを行っている。例えば、自動車などの製造業と併せて農業が盛んな愛知県では、地域資源を活

用したブランド作りを支援する目的で作成した冊子「地域ブランド化のススメ」のなかで、知的財産のはたらきを意識したブランド作りが重要であるとして、そのための二つのステップを提唱している。最初のステップでは、「伝える価値を再定義する」とし、地域内の資源は何かを見定め、その価値を知的財産（例えばストーリーを持たせた商標）の活用により分かりやすく伝える、財産として守る、地域の活性化につなげる視点を提唱している。関係者が当たり前と思っている商品について、改めてその定義、基準、価値を共有するプロセスは、商標や地理的表示の議論の際にも重要となる。

　第二ステップとしては、「知的財産が外部にはたらく力を活かす」とし、知的財産が競争力を強化し、顧客に対する価値や品質を保証し、地域内外での協力体制の共通の基盤をもたらすなど、ブランドが持つ効用を最大化させることをポイントとしている。そのうえで、「顧客を想定する視点」「知的財産対応の視点」「外部活用の視点」など、生産者の協会や関係者が使用できるチェックリストを提供している。そのようなマッチングにおいて、地方自治体の職員が果たせる役割は小さくないだろう。

(2)「何のための申請か」を問う

　新たな制度が導入されると、行政の現場では、「登録をするために制度について情報収集している」「上から言われて、新たに登録できるものを探している」といった事態が常に発生する。例えば2015年6月に施行された特定農林水産物等の名称の保護に関する法律（平成26年法律第84号、地理的表示法）についても、多くの自治体関係者が現在、情報収集に奔走している。しかしながら、地方自治体の職員はそれに終始することなく、「何のための申請か」という視点を生産者に提供し、行政、知財の総合支援窓口、弁理士・弁護士会、中小企業支援などからはどのような支援が提供されるのかを、零細な規模の事業者にまで情報を届けることが肝要だ。

　地域団体商標、地理的表示の保護などの地域ブランドの制度は、商品の過去と将来に関わる。商品がどこの原産地かということまで遡ることができるというメリットがある。トレーサビリティとして商品の過去が分かるという話だ。また、一方で将来についても場所と結びつきが当然強くなることでブランドが広く浸透すれば、買う側の値段の都合だけではなく、生産する側の「価格交渉力」

を得られる可能性がある。流通業者、市場関係者などの仲介者と生産者にしっかりした説明をして、納得をしてもらうこと、共感してもらうことが鍵となる。

さて、ここまでで既に、知的財産、地理的表示、GAPなど多くの制度が登場し、戸惑った読者もいるかもしれない。一つひとつの中身や位置づけについては本文で議論をしていくが、本書のそもそも意図するところは、産地ブランドを考えるうえで、地方自治体の職員が生産者などを支援していく際に、どのような制度、技術、そして哲学があり、知らなければならないポイントは何かを解説をしていくことにある。

しかし同時に、本書を通じて読者、特に地方自治体の関係者に考えて頂きたいのは、認定や登録を「取った後」のことだ。試験対策のような「どうすれば取れるのか」「申請書にどこまで書けばいいのか」といったノウハウだけではなく、何らかの認定や登録をされた後、どのようにそれを活かしていくのか、どのような体制を築いていくのか、といったマネジメントや戦略まで考えていく必要があるという点だ。繰り返しとなるが、「そもそも、なぜ登録をしようとしているのか」、そして「登録できたとして、その後、どうしたいのか」ということを立ち止まって考えて頂きたい。

そのような検討が不十分であると、「商標を取り、産地が認定を受けたのはいいが、どのように活用したらいいのか分からない」という事態にもなりかねない。もちろん、登録に向けた品質や基準、工程管理等についての話し合いのプロセスが登録そのものよりも大事であり、登録後の戦略はどうあれ、登録を目指すだけでも、生産者や組合員の意識が向上されたり、統一された意識がもたらされたりといったプラスの効果があった、と主張する人々もいる。また能登半島の世界農業遺産の事例のように、認定された当初は関係者での認知度や認識があまり高くなくとも、徐々に高まるように行政のサイドが働きかけるという手法も一つの選択肢であろう。ただ、たとえプロセスを重視し、登録後に様々な普及啓発のアクションを打っていくと想定しても、どのような戦略を描いていくかは重要となる。

現在、農業の分野にグローバルな基準や考え方が急激に導入されようとしている。収穫した後のマーケティング、トレーサビリティ、工程管理など、必ずしも生産者とその団体が得意としてこなかった領域も含まれる。11章で取り上げた農林産品の事例を見ると、全国区の有名ブランドであっても、トレーサ

ビリティについては「まだまだこれから」という事例もある。一方で、島根県の「出雲の菜種油」のように、知名度はそこまで高くなくとも、菜種がキャベツや白菜などと交雑が進みやすいという理由から、トレーサビリティについて体制を確立しつつある事例もある。商標や地理的表示の議論などでは、初めから「どのようにすれば申請が通るのか」というノウハウありきではなく、一旦、どのようなことが現在できていて、どのような部分での取り組みや改善が必要なのかどうかを検討することも重要となる。

　このように、作物や地域での差は確かにあるが、アイデンティティ、伝統性を大切しながら、生産、流通、教育の関係者とともに産地を盛り上げていこうとするなかで、地方自治体の関係者がコーディネーターとして果たせる役割は大きい（本書5章、6章）。

(3) 産地ブランド化の定義

　ブランドとは、端的に言うと、その商品は他とは違う、差別化されたものであると消費者や買い手に認識してもらい、選んでもらう手段である。地域ブランドやブランド化の定義については、本書の北海道美瑛町を事例とした7章に詳しいので参照いただきたい。

　地域ブランドの確立には、その地域の商品やサービスなどを繰り返し選んでもらうための工夫が必要となるが、消費者や業界との長期的な信頼関係の醸成と認知度の向上、従業員の自信、更には価格競争に巻き込まれにくくなったり、流通等からの注目度がアップしたりといった効果も期待できる。

　そのようななかで産地ブランドは、「地域の多様な資源を基に構成される地域ブランド」（青木, 2004）と定義されているが、多くの場合は農産品に重点をおいた地域のブランドとして捉えることができる。ただし、加工品、商業地、観光地などとしてのブランドも複層的に関係してくる。

　農産品に関して、産地ブランドが注目されるようになった社会背景として、1．量より質が求められる状況における差別化の必要性、2．輸入品の増加、3．安全安心の希求といった点が指摘されている（高柳, 2007）。この3項目は、本書の11章に登場する農林産品の差別化やブランド化のための事業の背景としても、形を変えて繰り返し登場するキーワードでもある。例えば三輪素麺の事例でも、中国産を中心とした輸入品の増加、産地偽装の防止や安心安全の希

求、国内外での模造品の排除という課題などが指摘されていた。

　ただ、日本に来ている海外旅行客への対応、農産品の輸出の際には、日本のサイドにも注意すべき点が出てくる。悪意がなくとも、制度や慣習の違いから思わぬ誤解が生じ、諸外国の相手からは偽装と感じられてしまう恐れがあるからだ。例えば、ワインと比較されることが多い日本酒だが、地酒として販売されている日本酒であっても、原材料の酒米は兵庫県産や新潟産など他地域のものを使用している場合が多い。その理由は様々であるが、品質へのこだわりといった前向きなものも多い。ただ、海外の旅行客が買い求める際には、他地域の原材料を使用していることに不信感を抱く可能性がある（Baumert, 2012）。製法、地酒が意味するところを丁寧に説明し、基本的に生鮮品のブドウを原料として生産地で製造するワインとの違いを理解してもらう必要が生じる。この点は、国内の生産と消費者に関するパル・システムによる章（12章）においても、原材料と地名の関係性のコミュニケーションの課題が論じられている。また、焼酎や日本酒を題材とした14章では、様々な表示や認証制度が併存することによる問題点として、消費者とのコミュニケーションや表示方法に関する議論が紹介されている。このように、国内での取り組みにも課題は散見されるが、海外展開をする際には、産品と原材料の関係について国内の消費者とは異なる点でも注意が必要となる。

　このような社会背景は国によって異なり、それぞれに課題を抱えつつも、地域全体の活性化において産地ブランドとしての農林漁業産品が有効に活用されることが国際的に期待されている。例えばイギリスでは、産地の差別化において、農産品は単に農産物であることを超えて、産地ブランドのシンボルとしての役割も期待されている（Sims, 2009）。また食は、地元の景観・地理的な場所への帰属感といった感覚にも大きく作用し、アイデンティティを形成するうえで重要である（EverettとAitchison, 2008）。2015年6月に日本でもスタートした地理的表示法の説明でも、産地ブランドは、農林漁業産品の生産者や事業者の権利としての位置づけだけではなく、アイデンティティや伝統性との関係という意味で言及されることが多い。イギリスでは口蹄疫の後に始まった食と景観を結びつける運動「眺めを食べる」（Eat the View）のなかで、酪農景観とアイスクリームの消費との融合、小規模な漁船での漁法とローカルなレストランの展開などが紹介されている（EverettとAitchison, 2008）。

他方、地理的表示法の背景にもなったが、産品の模造品や和食もどきの食に対する海外での取り締まりが報道されたことがあった。しかし、CohenとAvieli（2004）が指摘するように、実際には海外や観光客向けに民族や文化を強調した「食」の正当性はもともと非常に多様で曖昧である。海外だけではなく、例えば国内の地理的表示の事例に出てくる「伝統野菜」という用語も実は曖昧で統一された国の定義や基準はない（香坂・冨吉，2015）。

 一方で本書の第4章にあるように、地理的表示の保護を受けた産品の生産が盛んとされるイタリアにおいてもロゴマークの認知度などは発展途上である（木村，2015）。ロゴマークの取得がすぐに高付加価値化やブランドの確立を意味するものではなく、ロゴマークや制度全体の認知度を高めるための行政の努力、あるいは品質についての生産者などの継続した努力が欠かせないことが示唆されている。

 本書の各章で指摘している産地ブランドの条件は、①産地によって商品に差があるということが理解されること、②その差異が消費者に伝わること、③それがアイデンティティと関連していることである。そこで以下を産地ブランドの暫定的な定義とする。

【産地ブランド】

 他のものに対して優位で意味のある差異があることを実需者・消費者が認識できるように明示することにより、実需者・消費者がその差異を明確に認識でき、故にその産品・サービスに期待を託し、ひいては、実需者・消費者の価値観、こだわり、ライフスタイル、アイデンティティを表現するアイテムとなり得る産品―そして、地域がこの産品を通して、その地域のアイデンティティを表現できるものを産地ブランドと定義する。

 現状では、地域環境、農林漁業と生態系サービス、里山・里海といった広域の振興策と、具体的な地域資源としての産品、ブランドの問題とを切り離して議論されることが多く、景観の維持、体験農業や観光、中山間地域へのサポートなど「土地をどうするのか」という論点と、ブランドなどの知的財産、担い手の議論が必ずしも連動していない。これは、都道府県の農業計画やビジョンを議論する際にも、立場や入口によって、隔たりが出やすい要因にもなってい

る。

　そうしたことからも、「新たなコモンズ」などを議論する文脈のなかで、各地域の森林、海、田園といった「自然資源」、名所や風景といった「観光資源」、地域ブランドと生き物や生物多様性を活かした商品や商標などの「知的財産」などを一体的に議論する必要性が指摘されている（香坂，2014）。

　今後、農林漁業やその六次産業化の事業のなかでの輸出戦略、トラブル対処術を超えたブランドと知財の防衛、地理的表示などの海外の制度の動向の把握などの重要性は高まることが予想される。

　仮に上記のとおりと考えると、産地ブランドに向けた取り組みとしては、以下の要素に整理されてこよう。

　①　差異を様々な要素によって明示すること。
　②　実需者・消費者の認識を確認すること。
　③　トレースできる工程管理を実施していること（例えばGAP、HACCP[1]等を実施していること）。

　食品のグローバルスタンダードを見据えると、トレースできることが重要という観点からもGAP、HACCPの必要性が高まりつつある。そうした現状を踏まえ、自治体職員の役割は、先ずはこの3つの要素を見直し、再整理することにあると考えている。

　上記の3つの要素を棚卸しし、再整理した上で、どのような手法があるのか、地域の合意形成等の課題は何かといった具体的な検討を行い、今後の戦略を見通し、その結果として産地によっては地理的表示の保護を受けるという判断が生ずる。

　本書の11章では、地理的表示の保護に申請をした農林産品の具体事例を整理しているが、GAPについては取り組みにかなり差があり、HACCPについては銀杏などの加工工場で認定に向けて取り組み中という回答が多かった。地理的表示の登録では必須ではないものの、今後の展開に注目が集まる。

　本書では、この3要素の整理を行うプロセスのなかで自治体職員が関係者と

---

[1] HACCPは、厚生労働省によると、「食品の製造・加工工程のあらゆる段階で発生するおそれのある微生物汚染等の危害をあらかじめ分析（Hazard Analysis）し、その結果に基づいて、製造工程のどの段階でどのような対策を講じればより安全な製品を得ることができるかという重要管理点（Critical Control Point）を定め、これを連続的に監視することにより製品の安全を確保する衛生管理の手法」と定義されている。身近なところでは、洗面所での手の乾燥機などに認証が付いていることがある（写真参照）。GAPやHACCPの制度については、本書の9章（中野浩平）や10章（内山愉太）を参照されたい。

第Ⅰ部　産地ブランド―地理的表示制度をふまえて―

どのような対話をしていくのか、あるいはどのような手法や課題があるかについて、コラムなどを通して具体的に提示し、それらが示唆するところから自らの地域での取り組みについても考えてもらう構成となっている。

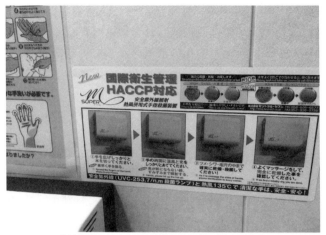

HACCP対応の洗面所の乾燥機（筆者撮影）

2　各制度の概要

　地域における産地ブランドの育成、保護に関連する補助金や認定の制度は、複数の省庁にまたがって数多く存在する。個別の産品をブランドとして登録し、保護していくには、どのような制度があり、それぞれの制度にどのような目的があるのかという理解が欠かせない。

　そこで本項においては、商標、地理的表示の保護などの各制度について俯瞰し、行政職員、農協、事業者、生産者、市民がそれぞれの地域においてどのような制度を活用できるかという点について理解を深めていくこととする。具体的には、地域団体商標を含む商標制度、地理的表示、不正競争防止法、証明商標のそれぞれについて解説していく。

(1) 商標制度

　多くの産地は、自分たちが作ってきた商品に多くの時間、金銭を投資して、品質や知名度を向上させようと努力してきた。ただ、せっかく長年苦労しながら創意工夫して、知られ、信用されるようになった看板商品が、すぐに偽物が

10

出てきてしまったのでは、作る側もやる気を失ってしまう。そこで、そのような工夫や努力の結果である信用を保護する仕組みが必要となる。

　商標は、需要者が商品等を購入する際に、それを誰が提供しているのかを、いち早く認識するための標章である。商標により需要者は誰の産品かを的確に把握して、自分が購入したい商品等を選択することが容易になる。商標はいわば業務上の信用を保護する制度である。背景には、商品の販売やサービスの提供を続けていれば、そこで使用される標章は社会一般に知れ渡っていき、その商品やサービスの質が高ければ高いほど、そこで使用される標章の信用力が増すことになり、その標章には財産的価値が付加されていくことになるという考え方がある。例えばオーディオ製品の「SONY」や宅急便の「クロネコ」などの標章がこれに当たる。商標法では、この標章に付加された財産的価値を商標権として保護しているのである。

a）地域団体商標

　ただし、全ての商品の名称が文字の商標として登録できるわけではない。例えば、土産品などで「大阪△□」や古い地名の「琉球○×」といった産品をよく見かけるが、地名が冠に付いていると、少し話が込み入ってくる。

　産地の生産者や事業者としては、産地の名前を有名にするための投資や工夫のメリットを回収するためにも、「地名と商品」の組み合わせで商標を登録することが手っ取り早いわけだが、「○△チョコ」といった通常の会社名と商品名の組み合わせと異なり、「そもそも地名を商標とすることはできるのか」といった問題が出てくるのだ。

　結論から言うと、商標法では地名を商標として登録することには制約がある（商標法3条1項3号）。その理由として、商標は業務上の信用を保護する制度であるから、当該商標が他の名称と区別できなくてはならないことがある。これを法律の用語で自他商品識別機能という。地名は往々にしてこの自他商品識別機能を欠くため、商標法上は地名の商標登録が制約されるのである。法律の議論に加え、地名という公共のもの、コモンズを特定の団体が商標などに使うのは、倫理や住民感情も関係し、微妙な線引となる可能性がある。ごく稀に夕張メロンなどのように、地名を付けた名称を使用し続けた結果、全国的に需要者との関係において出所識別機能を有するに至った場合は認められた。しかし、

あくまでも例外的であった（商標法3条2項）。そこで、地名を含む商標を登録しようとする場合、識別力を有する記号と組み合わせた図形などの商標や、特殊な形の文字によって表示する商標という形をとるのが一般的であった。

ただ、図形と組み合わせなければ地名を付した商標が登録できないとなると、真似をした商品を抑えることがやっかいになる。地域名を付したヒット商品が出ると、そのおこぼれに与ろうと近隣の地域で類似品が販売されるケースもままあり、トラブルや紛争も絶えなかった。特に品質の劣る商品が出回った場合、せっかく今まで築き上げてきた業務上の信用が害されることにもなり、地域にちなんだ商品開発の努力が報われないと生産者は感じ、結果として近隣の市町村同士での感情的なトラブルに発展する事態も起きてきた経緯がある。地理的表示の申請理由でも関係者から同様の背景が言及されている。（本書11章参照）。

例えば、沖縄県の八重山かまぼこは、古くから石垣島の八重山の近海で獲れる青ブダイなどの新鮮な白身魚を使って作られる伝統的な食品である。ところが、東京などで開催される沖縄物産展などでは、品質が悪い全くの偽物も堂々と八重山かまぼことして販売されていた。このような状況に八重山観光振興協同組合は強い憤りを感じていたが、前述のように地名を付けた商標権を登録することができなかったので、このような状況を打破することが難しかった。

そこで、信用を築いてきた商品が偽物にフリーライドされる状況を打破しようと、2006年4月より「地域名」と「商品名（役務名）」のみからなる商標について、一定の範囲で周知となっている場合には、事業協同組合等が地域団体商標として商標登録をすることを認められるようになった。2015年6月末の時点で、578件の地域団体商標が登録されている。2014年には申請できる団体の基準が緩和される方向で改定され、商工会議所、NPOなどであっても申請ができるようになった。その結果、なみえ焼そば（2015年3月31日現在出願中　出願番号2014 - 086467）などのB級グルメなどが登録できる可能性も開かれた。

b）登録要件等

では、地域団体商標を登録すると、どのような効果が生じることになるのか。まずは同じ地域名を付した名称の類似品や粗悪品などが出回ったときには、この名称の使用について差し止めをすることができるようになり、いわゆるフリーライドを防止し、業務上の信用を保つことができる。ただし、差し止めの

訴えなどは権利者自身が行う必要があり、中小企業や比較的規模の小さい農林漁業分野の組織などにとっては大きな負担となってきた。さらに同種の商品であっても地域名を付することで他の商品との差別化を図ることもできる。

ただし、地域団体商標は「地域名」という公共財を商標として登録する権利であるから、商標法は特別の規定によりその登録要件を規定している（商標法7条の2）。同条によれば、地域団体商標として登録をするためには、①団体性、②構成員に使用させる商標であること、③地名との密接な関連性、④周知性、⑤商標が地域の名称を付していることの各要件を満たす必要がある。

周知性について、通常の商標では夕張メロンのように全国区での知名度が必要であったが、地域団体商標では隣接する県に知られている程度とハードルが下がっている。

表1　地域団体商標の登録要件

①	一定の法律に基づいて設立された事業所や組合等であること（構成員に組合等に加入の自由があること）。
②	構成員に使用させる商標であること。
③	地名と商品（役務）の密接な関連性があること。
④	出願人の使用により周知性があること。
⑤	商標が地域の名称を付していること。

上記登録要件の内、特に①団体性は通常の商標とは異なる地域団体商標独自の要件である。また④周知性に関し、地域ブランドという性質上、前述のように全国的でなくても近隣の複数の都道府県に及ぶ程度で足りるものとされている点も地域団体商標の特徴といえる。ただし、この2つの要件は拒絶査定の理由となることが多い箇所でもあり、入念な準備が必要となってくる。言い換えると、拒絶査定の理由の多くは組織の問題点と周知性要件の欠如である。

先ず団体性については、品質の基準をクリアした構成員の加入の手続きの不備などが指摘され、出願を拒絶されるケースは少なくない。また、使用する商標が事業所内でも統一されていない、実際に使用する商品が定まっていないといった基本的な準備不足、或いはそもそも知的財産権に関する知識がないことによる手続上の不備で出願が拒絶されるケースもある。地方自治体などは小規模な事業者向けに相談窓口の利用促進策が必要となることも多い。

周知性については、新聞記事、広告、開催したイベント、広告の配布の範囲など実績を示す資料を集めることが必要となる。周知性を理由に一回は拒絶されたとしても、改めて周知性要件を充足させて、再出願することも考えられる。実際に、登録されている地域団体商標でも、一回目は拒絶査定であり、二回目、三回目の申請の際に「地域の新聞で掲載された記事を添付した」「地元の空港で看板を出している写真を付けた」「インターネットの市場で出店しているサイトを印刷した」といった、地道な活動に基づいた情報を提供する努力が実って登録にこぎつけたパターンもある。隣接する県などで周知されていることを販売実績で示す手もある。なお、まだ少数だが「海外での販売実績」といったレベルにまで達して申請するものもある。

　このように、地域団体商標はブランド価値を高めるために注目されている制度ではあるが、当初の期待とは裏腹に出願件数は減少の傾向にある。これは知的財産権のなかで地域団体商標にだけ見られる傾向である。出願件数が減少していることの原因の一つとして、証拠資料の提出を含め手続きの煩雑さが挙げられる。また、多くの伝統工芸を抱える京都府などの出願件数が多く、山陰地方が少ないなど、地域的な偏りもある。本来は、都市圏以外の地方においても積極的に活用されることが意図されていたが、組織の金銭や人員の体力、弁理士など専門家の利用可能性から、必ずしも過疎地を含む地方での積極的な利用にまでは至っていない。

　多くの団体にとって、申請はその産品の定義や基準に立ち戻って議論する機会でもある。公的な機関が関与する地理的表示と異なり、品質等については、申請する団体が自主的に決め、そのチェックや実施は申請団体が実施する。また、2014年8月の法改正による申請団体の基準の緩和に伴い、ご当地B級グルメなど新たな地域ブランド化の動きもあり、今後の展開が注目されるが、現状では大きな申請の増加にまでは至っていない。また、後述する地理的表示の制度との棲み分けも注目される点だ。

(2) 地理的表示の保護
a）地理的表示の成立

　国内で「特定農林水産物等の名称の保護に関する法律」が2014年6月に成立し、2015年6月に施行され、地理的表示の保護が制度化された。新しい制

度ということもあり、現在、申請に向けて自治体のなかで産品を探しているケースもあるだろう。

そもそも地理的表示とは、ある商品に関し、その確立した品質、社会的評価、その他の特性が当該商品の地理的原産地に主として帰せられる場合において、当該商品が加盟国の領域又はその領域内の地域若しくは地方を原産地とするものであることを特定する表示をいう（TRIPS協定第22条(1)；国際的な成立の背景など詳細については２章以降で事例を含めて解説をする）。ワインを発祥とした制度でもあり、例えばボルドーといった地名と結びつきが強い製品に係わる制度であることは多くの読者にも理解いただけるのではないだろうか。

地理的表示の制度趣旨は、既に社会的評価が確立されている地域産業資源や原産地の特徴と深く結びついた特有の品質について、第三者機関や官僚機構がその品質管理を行うことで、当該商品に対する消費者の信用を強固に確立することにある。つまりは、行政が関与する形で商品の品質を保証し、不正を取り締まる点が特徴である。

既に地理的表示制度を採用している欧州連合（EU）では、原産地と結びついた特徴ある産品の名称を登録し、当該名称に係る産品の品質基準・生産基準等を定め、明細書として公示した上で、その基準に適合した産品についてのみ当該名称の使用を認め、明細書への適合について第三者機関等が検査を行うことにより、基準が守られていることを保証している。

国内の地理的表示保護制度においては、生産・加工業者の団体が生産地や品質等の基準を明記した申請書類と明細書や生産行程管理業務規程等の添付書類を提出することにより、登録申請を農林水産大臣に対して行う。

申請後、２か月にわたる申請内容の公示及び３か月間にわたる第三者からの意見提出の期間を設け、学識経験者の意見聴取を経て、農林水産大臣による審査が行われる。ここで農林水産大臣が基準に合致していると判断すれば、地理的表示及び団体として登録、地理的表示の使用が認められ、登録された産品であることを証するＧＩマークを付すことになる。登録後は、登録を受けた団体が品質等の管理を実施し、農林水産大臣が団体の品質管理体制を監督することになる。第三者や当該団体などの通報により不正使用を確認した場合、農林水産大臣が不正使用を行っている業者に対し、不正表示の除去や抹消を命令し、これを取り締まることになる。

第Ⅰ部　産地ブランド―地理的表示制度をふまえて―

　前述したように「地理的表示」の定義として「特定の原産地に基本的に起因する品質、評判又は特性を持つ商品に使用される表示」という要件が課されているために、制度としての「品質、評判または特性」を監視する体制は必須である。我が国においても、生産・加工業者の団体が個々の生産・加工業者に対して品質管理をし、農林水産大臣がその団体の品質管理体制の監視監督をすることになる。

　地理的表示制度は、地域と消費者を結びつける新たな「公共財」としての役割を担うことで、地域団体商標と合わせて当該地域の持続可能な発展にもつながっていく。さらに、地理的表示は各国で共通した概念であることから価格や質の面でグローバリゼーションが進むなか、農林水産物・食品の輸出促進にもつながることが期待される。またＧＩマークが付いているものは高品質なものであることが分かり、他の商品との差別化が図られ、需要者にとっても利益となる。

GIマークのロゴ
出典）農林水産省

b）メリット

　申請する側の関係者は、メリットとして「国のお墨付きをもらえる」と述べることが多い。ただし、地域ブランドとして他の商品との差別化が図られ、より高品質の産品として価格に反映できる点は、地域団体商標も同じである。だが、地域団体商標においては当該商品の品質は各事業所等の団体に任されており、商標の不正使用についても各事業所等の団体が訴訟などを起こして対応していかなくてはならない。結果、必ずしも品質を均一に保つことが難しく、ま

た訴訟などには費用もかかることから、中小の農林漁業の関係者などから十分な権利救済がなされていないという不満の声が上がっている現実がある。一方、地理的表示は行政、国が品質の管理の遵守に関与し、行政側が模造品などのマーク表示の取り締まりを実施してくれる。それにメリットを見出し、申請に踏み切る生産者は多い。この点は、11章の事例からも明らかである。

　地理的表示は、国の行政が地域ブランドの不正使用に対して取締りを行い、生産者にとっては訴訟等の負担がなく、生産者は品質の管理等に専念することができる設計となっている。登録された産品にしか付することができないGIマークにより、市場には需要者の信頼に見合う高品質のもののみが流通し、自分たちのブランドの保護が可能となる。結果として、将来的には協定等を結んだ海外の国において日本の地域ブランドを展開するにあたり、高品質であることが保証された状態で流通させることに寄与することになる。さらに、行政が地域ブランド価値の向上と他の商品との差別化を推進する制度ともいえる地理的表示制度は、宣伝広告費の削減と品質の維持向上につながる可能性もある。また、申請資格については地域団体商標も法改正で緩和する傾向にあるが、地理的表示も申請できる団体のすそ野は広い。例えば、農協以外の生産者組合にも門戸を開いており、11章の事例の「つくば銀杏」は地域団体商標には申請資格がなかったが、地理的表示には申請資格があるということも明示的に申請理由に挙げている。ただ中小の団体にまで門戸が開いているというメリットは、あくまで資格団体がきちんとドキュメントを作成し、生産工程管理ができるという前提のうえのものであり、デメリットにもなるリスクがある。

c）デメリット

　このように多大なメリットが見込める地理的表示であるが、申請に際して多くの書類等の作成が求められ、客観的な基準等をクリアすることも必要となることから、ハードルは低くない。地方自治体、農協の職員などと生産者との連携、価値の再定義、基準などについての合意形成も重要となる。

　また、国全体として行政コストが掛かるというデメリットがある。地理的表示は、各国の官僚機構が地域産業資源の品質コントロールを強固に行うことから、そのために要するコストがかさむからだ。

　そのコストは官僚機構がどの程度の管理監督を行うかによって異なる。EU

の場合、加盟国は地域産業資源の品質を管理する責任を負う管轄当局を特定する義務があり、各国は保護の対象となる名称を使用する産物が明細書に記載された要件を満たしていることを検証するための検査機関を設立することが規則に定められている。例えば、EU共通の制度が導入される以前からフランスが農産物等の原産地や伝統的な食文化の品質を保証する制度として実施しているAOC（Appellation d'OrigineContrôlée 原産地呼称統制制度）の場合、承認や監視は公的機関であるINAO（Institut National des Appellation d'Origine）が行っている。INAOは地方にも事務所を設け、AOCの承認申請があれば、その地方事務所が審査し、その後、当該製品の原産地以外から選出された専門家による現地調査を経て承認の可否を決定する。承認となった場合は、原産地の定義となる境界線の設定を行う。AOCのように詳細な規則を設け、それを厳格に管理する場合、制度の設立と維持に掛かるコストは当然高くなる。

(3) **不正競争防止法**

　不正競争防止法も不正な商標使用の歯止めになる制度であることは、商標法と共通する。違いとしては、商標法が商標権という権利を申請者に与え、その権利に基いて保護する制度であるのに対し、不正競争防止法は登録の有無とは関係なく、商標その他の表示の使用が禁止される行為を類型化（2条1項1号、2号）することで保護している。したがって、商標法から漏れている対象も保護の範囲となる可能性のある制度といえる。例えば、非類似であったとしてもフリーライドがなされていると考えられるケースの場合、商標法では保護が及ばないが、不正競争防止法による保護の可能性が考えられる。

ａ）周知表示混同惹起行為

　不正競争防止法では商標に関係する2条1項1号で、「他人の商品等表示として需要者の間に広く認識されているものと同一又は類似の商品等表示」を使用等し、「他人の商品又は営業と混同を生じさせる行為」、即ち周知表示混同惹起行為を規制している。

　ここでいう周知の範囲は、一定の地域で知られていれば足り、かつその保護の範囲は周知である範囲にのみ及ぶ（東京地方裁判所昭和51年3月31日等）。例えば、横浜市の有名なトンカツ店「勝烈庵」が類似の店名の使用差止を求め

た裁判では、「勝烈庵」は横浜市を中心とする周辺地域に周知性を有するとして、鎌倉市大船所在の「勝れつ庵」への差止請求を認めた一方で、静岡県富士市所在の「かつれつあん」については差止請求を認めなかった。

　また「混同」については、「取引の実情において、取引者、需要者が、両者の外観、呼称、または観念に基づく印象、記憶、連想等から両者を全体的に類似のものとして受け取るおそれがあるか否かを基準として判断」している（最高裁昭和58年10月7日）。例えば、神戸市所在の「ホテル　ゴーフル　リッツ」は高級ホテルである「リッツ」と関係があるかのような誤信を生じさせるとして混同を認めた事案がある。

b）著名表示冒用行為

　また、同法2条1項2号は「自己の商品等表示として他人の著名な商品等表示と同一若しくは類似のものを使用し、又はその商品等表示を使用した商品を譲渡」等する行為、即ち著名表示冒用行為を規制している。

　ここで要求される著名性は、全国的に知られている必要があると解され、前述の1号の周知性よりも高く設定された要件である。地域団体商標の周知性の要件が複数の都道府県にわたる程度で足りるとしたことと比較しても、より高い程度が求められている。一方で、1号とは異なり、混同のおそれは要求されない。それゆえに、出所混同の可能性がない場合でも違反となり得る。高品質で顧客誘引力のある著名ブランドを第三者が無断で使用することで、当該著名ブランドをフリーライドした上、著名表示が有していた表示力を希釈化させ、さらに著名ブランドのイメージを汚染することにつながることから、著名表示は混同を要件とすることがなく、保護することとしたものである。

　例えば、スコッチウィスキーのジョニウォーカーの図形が鏡に使用された事案では、差止請求が認められた。酒類と鏡とでは全く別の業種であり、出所を混同する可能性は低いが、鏡でジョニウォーカーの図形を使用させることによって、スコッチウィスキーの持つ表示力を希釈化等させることにつながると判断されたのである。

c）品質等誤認惹起行為

　同法2条1項13号本規定は、商品、役務の原産地や品質等について誤認さ

せるような表示をし、又はその表示をした商品を譲渡等する行為、即ち品質等誤認惹起行為を規制するものである。例えば、静岡で製造、加工されたものではなく、静岡原産の原材料が含まれていないにもかかわらず、「静岡の一番茶」と表示する行為が挙げられる。昨今社会問題となった産地偽装行為も本規定の規制の対象となる。さらに、原産地を明示的に誤認させる行為ではないが、暗示的表示により誤認を生じさせる場合も該当する。

原産地表示に関しては、それが地域の事業者等以外の者により使用されることで需要者の誤認を惹起するおそれがある。このような第三者による違法な行為を不正競争と認定し、規制することで地域ブランドの保護を図ることが可能である。

では、品質等誤認惹起行為の「原産地誤認」とはいかなる意味であろうか。コアなケースとして、原材料、製造、販売のいずれも地域ブランドとは関係のない地域であれば、原産地について誤認させるような表示があったと見ることに問題は無い。問題となりうるのは、原材料、製造場所、販売場所がそれぞれ異なる地域にまたがる場合である。これは特に全国的に販売されている商品について生じうる問題である。こうした場合、本規定に基づき訴えを提起された被告が、商品の原材料や生産は、原告の地域ではなくとも、商品の一部を原告の地域で販売している等の事実を証明すれば、原産地の誤認とはならない可能性がある。しかし、地域ブランドを使用する事業者の保護という点を鑑みれば、当該名産品の原材料及び生産地域に比重を置いて参酌するべきである。

d) 地域ブランドへの適用

地域ブランドの普及により地域振興を促進するためには、不正競争防止法による行為規制に依存するだけではなく、商標法等による権利付与や保護を受けて、財産権として自らの権利を活用していくことが重要である。しかし、地域ブランドの価値を守るためには、地域団体商標の登録による商標権の付与や地理的表示保護制度による保護だけでは不十分な場合がありうる。周知性が不十分で商標登録されていない産品等を含め、これらの制度から漏れる範囲を不正競争防止法によって保護することが可能な場合もある。

(4) 証明商標

　我が国の商標は特許庁に出願することにより得られる権利であるが、前述したように品質の保証を特許庁が行うわけではない。品質等が認証・証明された商品であること示す制度として、証明商標制度がある。日本の現行の商標法では証明商標制度に関する規定はなく、認証・証明マークを商標登録することによって保護を図っているが、諸外国では自由貿易協定が進み国際的な競争が激化する中で、地理的表示と同様に需要者に簡単に高品質であることを示すことができる制度として採用されている。

　証明商標とは、言葉、名称、シンボル、図形又はその組合せで構成される。証明商標は一般に商標権者が使用するものではなく、商品又は役務の生産者以外の第三者である証明商標権者が、同商標を付した商品又は役務が一定の特徴を有すること、又は一定の品質若しくは基準に合致していることを検査、試験、証明したことを消費者に知らせることを目的としている。

　証明商標制度をとる代表的な国であるアメリカでは、商標権の所有者は自らその証明商標を使用することができず、その商標を使用することを許可した者の管理に専念しなくてはならない。そのため証明商標の登録にあたっては、権利者に管理能力が十分にあるかが審査されることになるが、その証明内容がどのように確保されるかは基本的に審査されることはない。

　さらにアメリカの商標においては地理的表示保護制度についての定義はなく、証明商標のうち原産地を保証しているものが地理的表示とみなされる、という運用になっている。

3　まとめ

　以上のように、事業者にとって商標に関する権利行使の面では、歴史がある商標の制度と、比較的新しい地名を冠した地域団体商標という制度が存在する。加えて、欧州のワインを制度の発祥とする地理的表示の保護の制度がスタートした。また、米国などでは制度化されている証明商標も存在する。

　地方行政の担当者や産地の関係者は、各産地の特性に加え、どのような制度があり、それぞれにどのようなメリットとデメリットがあるのかという点について、更には日本だけでなく輸出入で関係する国の制度などについての理解も深めておきたい。

また、どのようにブランドを保護していくのかについては複数の方法があり、当該地域ブランドにあった選択をすることが重要である。それぞれの制度は相互に排他的なものではないので、重層的な手法をとることができる。実際、11章で後述するが、商標と地理的表示の保護など重複して申請をしている事例も登場する。その他、不正競争防止法上の制度による保護の可能性があることは前述した通りである。ただし、「地域団体商標」と「地理的表示」については共通する部分も多く、利用者にとっては混同しやすいと思われるので、両制度の差異を認識しておかなくてはならない。前述したように両者の大きな差異は、行政による品質の管理であり、地域団体商標はあくまでも登録した者が各自でその品質や侵害について対応していかなくてはならない。これから両制度の利用を考えている事業者等並びに地方自治体職員は、メリットがあるよう制度を活用するために、両制度のそれぞれの特徴を頭に入れておきたい。

　また、「生産を始めて何十周年の記念に地理的表示を申請した」といった動機も聞かれたが、なぜ申請をするのか、取得するメリットと申請に要する手間や時間のコストについて、生産者と関係団体で冷静に議論をする必要がある。地方自治体の行政担当者も、事業者などから相談があった際には、なぜ申請するのかを確認し、それぞれの特性にあった解決方法を提示できれば、費用対効果の高い、地域ブランドの保護に直結する支援を提供できるはずである。

謝辞
　本章の「2　各制度の概要」では荒木雅也氏、西悠氏にご助言いただいた。記述に関しては、筆者の責とするものである。

参考文献

・愛知県産業労働部産業科学技術課（2012）「地域ブランド化のススメ～地域資源をブランド化するための視点～」 http://www.pref.aichi.jp/0000049320.html（アクセス2015年8月30日）
・青木幸弘（2004）「地域ブランド構築の視点と枠組み」，商工ジャーナル，2004年8月号:14-17．
・高柳長直（2007）「食品のローカル性と産地振興―虚構としての牛肉の地域ブランド―」，経済地理学年報，53: 61-77．
・Baumert, N. (2012) The Development of Geographical Standards for Sake in Japan in Augustin-Jean L., Ilbert H., Saaverdra-Rvano N. (eds.) Geographical Indications and International Agricultural Trade: The Challenge for Asia, Houndmills, Basingstoke, Palgrave McMillan, 164-180.
　Cohen, E. & Avieli, N. (2004) Food in Tourism – Attraction and Impediment. Annals of.

Tourism Research, 31（4）: 755-778. doi : 10.1016/j.annals.2004.02.003
・Everetta S. & Aitchison C.（2008）The Role of Food Tourism in Sustaining Regional Identity: A Case Study of Cornwall, South West England, Journal of Sustainable Tourism, 16（2）: 150-167. doi : 10.2167/jost696.0
・Sims, R.（2009）Food, place and authenticity: local food and the sustainable tourism experience, Journal of Sustainable Tourism, 17（3）:321–336.
・香坂玲・冨吉満之（2015）『伝統野菜の今　地域の取り組み、地理的表示の保護と遺伝資源』清水弘文堂書房
・香坂玲（2014）「地域資源としての地理的表示」　季刊　『政策・経営研究』2014 Vol.1: 59-77
・日経新聞　（2015)「イオン、全農場で安全認証　信頼高めアジア輸出促進」　日経新聞　2015年10月1日　企業・消費面

志賀高原ユネスコエコパークと産地保護

長野県山ノ内町役場　観光商工課
ユネスコエコパーク推進室　酒井　義之

　長野県と群馬県の県境、長野県山ノ内町を中心とする志賀高原一帯（長野県山ノ内町、高山村の全域と、群馬県中之条町、草津町、嬬恋村の一部）は、ユネスコ人間と生物圏計画（通称 MAB; Man and Biosphere Programme）の掲げる、自然と人間社会が共存する地域「ユネスコエコパーク（Biosphere Reserve）」として認定されている。この中心となる地域には原生的な森林が大面積で保たれ、その周辺にも幽玄な亜高山性針葉樹林に美しい湖沼や高層湿原が点在し、その中にたくさんの動物たちが住まう生物多様性が存在する。

　志賀高原はスキー、スノーボードやトレッキングなどを楽しむ国内有数の観光レクリエーション地。志賀高原の麓では、志賀高原を水源とする清流と寒暖の差により育まれた、つがる、シナノスイート、サンふじ、といった品種のリンゴ生産を軸に、ブドウや、桃などの果樹の他、キノコやソバの栽培が盛んである。

　特産であるこれらの果実は、優れた環境により甘みが深く、リンゴはシャキッとした歯ごたえが特徴で、どの果実も首都圏の高級フルーツ店にも並ぶ品質を誇っている。

　生産された農産物は、生産者による個選と農業協同組合（JA）などを通して出荷する共選により国内に流通し、生産者の多くは主に JA を通して出荷している。

　志賀高原ユネスコエコパーク登録地のなかで、耕作可能な地域がある長野県山ノ内町、高山村では、山ノ内町を管轄する JA 志賀高原と、高山村を管轄する JA 須高の２つの JA があり、それぞれの共選所を通してリンゴなどの農産物が出荷される。

　現在は、「JA 志賀高原のリンゴ」などとして JA そのものもブランドイメージも定着している。

　しかし、市場の縮小や JA 組合員の減少、農家の高齢化が進む中で、近隣 JA の合併によって事業の効率化や相乗効果の創出を目指すため、2016 年 9 月に「JA 志賀高原（1 町）」「JA 須高（3 市町村）」「JA 北信州みゆき（5 市村）」及び「JA ちくま（2 市町）」は「JA ながの（4 市町村）」と合併することが検討されている。

　この合併が実施されると、出荷パッケージからは「JA 志賀高原」「JA 須高」の表示が消滅することが予想され、志賀高原ユネスコエコパーク地域で生産された農産物は、品質の異なる他地域の生産品と混同されることにより、その特色が大きく希釈し、生産者は今まで育て上げたブランドイメージを損なうという危機感を抱えることになった。

　ここで注目したのが「志賀高原ユネスコエコパーク」を一つのブランドとして位置づけ利用していくことだった。志賀高原ユネスコエコパークのロゴを使用することで、生産地域を明確化し産地保証の目印として他地域と差別化をすること。また、生産基準を新たに設定し、貴重な自然環境と共存した地域の住民の生産による美味しい農産物を、消費者が今まで以上に安心して購入していただくこと

を目標とし、山ノ内町、高山村とJA志賀高原、JA須高の担当者が集まり、まずは両町村の共通生産品である「リンゴ」について生産基準の調整を行うことになった。

表示するロゴについては、MAB制度の正規ロゴである「ユネスコ／MAB」ロゴの商用利用ができないことから、新たな生産基準にあわせた新ロゴをJAが主体となり制作し表示する案と、志賀高原ユネスコエコパークにおけるMAB制度の運営を行う志賀高原ユネスコエコパーク協議会が広報のために制作したロゴを利用する案を検討した。

また、リンゴの新たな生産基準については、既にある生産基準をベースにした検討を行っていた。有機堆肥と枝の剪定方法などにより、糖度が16％でコクのある味になる、ふじリンゴ「サンチャンピオン」の栽培基準だ。この基準を満たすリンゴは、生産される「ふじ」のうち5％程度と、非常に厳しい基準である。これに更なる減農薬や無農薬といった基準を加えるとなると、もとより落葉果樹は無農薬では栽培ができないといわれるなかで、今以上の減農薬による栽培で、色、形、味の基準を満たすことができる農家がいるのか、数ある既存の生産基準に加え、新たな基準が生産者の負担になること、審査に対する業務の煩雑さ、などの議論がおこり調整が難航した。

議論の結果、現状では新たな基準を設けての運用は難しいという判断になり、当面は産地保証としてロゴによりエリア内の生産であることを示すことで一致した。

ロゴについては制作にかかる費用や期間を要することや生産基準の新設が難しくなったことにより、新ロゴの制作はとりやめ、志賀高原ユネスコエコパーク協議会のロゴを使用することになった。

この協議会ロゴについては、既に商標登録を行っており第三者による無断利用を防止しているため、ユネスコエコパーク登録地内の生産者によるロゴ使用申請に基づき、協議会がロゴ利用許可を行い産地保証する形となっている。

ロゴの利用者にとっては、ユネスコエコパークの登録地域内での生産物として出荷することができ、JAが統合されたとしても産地を明確化できる。また、登録商標として保護されているため、法律によっても地理的表示を保護していると言える。

現時点では、農産物の単なる地理的要素としての利用に留まるが、今後は、地理的要素に加えて更に意味のあるロゴとして育つ必要がある。

今年は、ロゴがリンゴに利用される初めてのシーズンであるため、今のところリンゴ生産者がロゴの使用に関し、ユネスコエコパークとしての特別な思い入れをもっているとは言い難い。また消費者も、このロゴが意味するものを理解して購入する方はほとんどいないであろう。

一方このロゴは、既に自然保護活動や山岳観光、スノースポーツなどの分野でも利用されており、それぞれの分野がMABの理念である「生態系の保全と持続可能な利活用」を推進することで、それぞれの分野で相乗効果が生まれ、文化や歴史的な背景、自然環境が一連のストーリーとなって価値を押し上げ、地域全体のブランドイメージが確立してくことが期待されている。ロゴのイメージが「生態系の保全と持続的な利活用」と結びつくことが重要になる。

MABの理念に沿った「生態系の保全と持続可能な利活用」に取り組む姿が、消費者の購買意欲に繋がるよう、ユネスコエコパーク内の生産者自身もこの理念を意識しながら生産に取り組むと同時に、行政やJAは、この生産者の努力がロゴを通じて消費者に伝わるように、どんな環境で生産され、なぜ安全で安心なリンゴなのかといったことを積極的な広報で支援しながら、極上な味覚と安心安全な農産物としてのブランドづくりと、地域の発展につなげていくことが求められている。

志賀高原ユネスコエコパーク協議会のロゴ

第Ⅰ部　産地ブランド―地理的表示制度をふまえて―

第2章
我が国の地理的表示保護制度
（地理的表示法）

内藤　恵久（農林水産省農林水産政策研究所企画広報室　企画科長）

1　我が国の地理的表示保護制度の概要
(1) 制度創設の経緯

　「地理的表示」は、原産地の特徴と結び付いた特有の品質等の特性や社会的評価を備えている産品についてその原産地や特性を特定する表示である。既に多くの国で保護の仕組みが設けられているが、特にEUが積極的に保護に取り組んでいる。EUでは、産地と結び付いた品質等の特性のある産品の名称を登録し、登録に際して定められた品質や生産方法等の基準に適合した産品にのみ登録名称の使用を認めている。これによって、地域で育まれた伝統と特性を有する産品について、画一化された商品に対する優位性を確保し、差別化による生産者の利益とともに、品質保証を通じた消費者への利益を追求している。欧州と同様、地域に根ざした優れた産品が多くある我が国においても、農林水産業振興・地域活性化等の面から、このような保護制度の必要性が指摘されてきたところである。

　しかしながら、これまで我が国では、TRIPS協定の規定を受けて保護が行われている酒の地理的表示を除き(注)、地理的表示を特定しその積極的保護を行う仕組みは設けられていなかった。一方、地域ブランドの名称の保護を行う仕組みとして、地域団体商標制度が2006年に創設されており、農産物・食品の地域ブランド保護にも積極的に活用されてきた。ただし、地域団体商標制度においては、品質を保証する仕組みは講じられていないこと、不正使用に対しては原則として権利者が対応するため小規模事業者では対応に困難な点があることなど、農産物・食品のブランド化に活用する上での課題もあった。このような状況を踏まえ、2014年に特定農林水産物等の名称の保護に関する法律（平成26年法律第84号、地理的表示法）が制定され、2015年6月から制度がスター

トすることとなった。
（注）酒税の保全及び酒類業組合等に関する法律に基づく表示規制による（第14章参照）

(2) 制度の目的

　地理的表示法の目的は、品質等の特性が産地と結び付いている農林水産物・食品の名称を知的財産として保護することによって、①生産業者の利益保護を通じた農林水産業の発展を図るとともに、②需要者の利益保護を図ることである（地理的表示法（以下条項を指す場合は単に「法」と記す。）第1条、提案理由説明）。つまり、生産業者の長年の努力により地域ブランドの確立が図られても、そのブランドを保護する仕組みがないと、その名声へのただ乗り等の事例が生じ、評価の低下を招く等生産者の努力が報われないことになる。また、消費者にとっても、名称を信頼して購入しても期待した品質の産品が得られず、その利益が損なわれることになる。

　このため、地理的表示を品質等の基準とともに登録し、基準を満たすものに限りその地理的表示の使用を認めることによって、生産者の努力を守るとともに、消費者の信頼に応えられるようにするための制度が創設されたのである。これによって、まがい物が排除され、また、一定の基準が確保されることで消費者の評価が上昇することを通じて、対象農産物の付加価値が向上し、生産者の利益や地域活性化につながることが期待される。また、地理的表示のマークにより優れた日本産品であることを示すこと等を通じ、日本産農林水産物・食品の海外展開を図る上での効果も期待される。

(3) 制度の概要・特徴

　本制度では、地域と結び付きを有する特性を持つ地域ブランド産品の名称を「地理的表示」として、その生産地や品質等の基準とともに、農林水産大臣が登録する。この登録により、基準を満たすものについて、地理的表示であることを示す標章（GIマーク）とともに、登録された地理的表示を使用することが認められる。一方、基準を満たさないものについては地理的表示やGIマークを使用することが禁止される。この規制を守らず、不正に地理的表示を使用していた場合は、行政による取締りが行われる。

　基準を守っているかどうかは、生産者が加入する生産者団体が、品質の基準

等について明細書を定め、検査等により品質管理を行うことによって、確認・指導を行う。この品質管理を行う生産者団体は複数設立することが可能なので、品質管理を行う体制を整えれば、特定の団体に加入しなくとも、地域の生産者が幅広くその地理的表示を使える仕組みとなっている。

　本制度の特徴としては、第1に、**生産地域と品質等の結び付きを重視し、それを国が審査・登録する**ことによって、品質等に一定のお墨付きを与えていることがある。ブランドの確立のためには、優れた品質とともに、地域との関連性や物語性が必要と言われるが、こういった内容について、公的な審査を経て内容が明らかにされることで、ブランド化に資する効果が期待される。第2に、**品質保証の仕組みがある**。品質や生産方法などの基準が明細書として定められ、この基準遵守を確保する措置を義務づけることによって、品質を守る産品のみが市場に流通し、品質等に対する消費者の信頼が高まる効果が期待される。第3に、不正な使用については行政の取締りが行われ、訴訟等の手続をとらなくても、自分たちのブランドを守ることができる。第4に、基準を守る生産者に広く地理的表示の使用が認められ、地域全体の共有財産として、ブランド振興を図ることができる。このような点が、商標による保護とは異なる、本制度による地理的表示保護の特徴といえるだろう。

　こういった特徴を持つ地理的表示保護制度は、地域ブランドの構築を図る上で、極めて有効な手法となると考えられる。地域ブランドについては、その地域の風土に根ざした品質といった地域との関連性が差別化を図る上で重要なポイントとなる。また、地域ブランドでは多数の生産者が関与するため、事業者ごとの取り組みに差が出やすく、企業のブランドと違って品質等の確保を徹底することが難しいといった特徴がある。地域ブランド化の取り組みに当たっては、こういった特徴を考慮して対応を行う必要があるが、地理的表示保護制度によって、地域性と関連づけた差別化ポイントの明示や、消費者に約束したその品質等の内容を全ての生産者が守る仕組みが講じられ、また実効ある取締りが行われることから、本制度に取り組むことが、地域ブランドを構築していく上で効果的な手段となることが期待されるのである。

第2章 我が国の地理的表示保護制度（地理的表示法）

図 我が国の地理的表示保護制度の大枠

制度の大枠

① 「地理的表示」を生産地や品質等の基準とともに登録。

② 基準を満たすものに「地理的表示」の使用を認め、GIマークを付す。

③ 不正な地理的表示の使用は行政が取締り。

④ 生産者は登録された団体への加入等により、「地理的表示」を使用可。

効 果

○ 産品の品質について国が「お墨付き」を与える。

○ 品質を守るもののみが市場に流通。
○ GIマークにより、他の産品との差別化が図られる。

○ 訴訟等の負担なく、自分たちのブランドを守ることが可能。

○ 地域共有の財産として、地域の生産者全体が使用可能。

資料）農林水産省

2 保護の要件

(1)「地理的表示」の定義

本制度で対象となる「地理的表示」は、次の要件を満たす名称の表示である（法第2条第1項から第3項まで）。

① 一定の農林水産物等（食用農林水産物や飲食料品等）の名称であること。
② その名称が示す農林水産物等が、特定の地域を生産地とし、その生産地と結び付きのある品質等の確立した特性を持つもの（＝特定農林水産物等）であること。
③ その名称によって、生産地と特性を特定できるものであること。

まず、地理的表示保護制度の対象となる「農林水産物等」は、①食用の農林水産物、②飲食料品、③非食用の農林水産物であって政令で定めるもの、④農林水産物を原材料とする非食用の加工品であって政令で定めるものである（法第2条第1項）。具体的には、①には精米、精肉、野菜、果実等が、②にはハム等の肉製品、めん類、豆腐、菓子、塩等が、③には花き、い草等の工芸農作

物、真珠等が、④には精油、木炭、木材、畳表等が該当し、ブランド振興に取り組まれている農林水産物・食品のほとんどが対象になる。なお、③については、観賞用の植物、工芸農作物、立木竹、鑑賞用の魚、真珠の5品目が、④については、飼料（農林水産物を原材料としたもの）、漆、竹材、精油、木炭、木材、畳表、生糸の8品目が定められている（特定農林水産物等の名称の保護に関する法律施行令〔平成27年政令第227号〕第1条及び第2条）。ただし、酒については、別の地理的表示の保護の仕組みがあることから対象外であり、また、医薬品、医薬部外品、化粧品及び再生医療等製品も対象外となっている。

この農林水産物等の名称のうち、生産地と結び付きのある品質等の特性を持ったもの（＝特定農林水産物等）の名称が地理的表示保護の対象となる。

「特定農林水産物等」の定義は、

> ① 特定の場所、地域又は国を生産地とするものであること。
> ② 品質、社会的評価その他の確立した特性が、生産地に主として帰せられるものあること。

の二つの要件を満たす農林水産物等である（法第2条第2項）。つまり、一定の地域で生産された産品が、他の地域で生産される物と異なる特別の品質等の特性を持っており、その特性がその生産地域の自然環境（気候や土壌など）や独自の生産ノウハウなどによって生み出されている場合に、その産品（＝特定農林水産物等）の名称を保護しようとするものである。なお、生産地の考え方や、生産地と特性との間にどのような結び付きが必要かについては、(2) c で説明する。

この特定農産物等の名称であって、その名称により、生産地や生産地と結び付きのある特性が特定できる名称の表示が「地理的表示」である（法第2条第3項）。例えば、「〇〇干柿」という名称によって、産地である「〇〇地域」と「糖度が高い、もっちりした食感などの特性」が特定できれば、この「〇〇干柿」という表示が地理的表示に該当することになる。なお、名称に関する要件の詳細については、(2) d で説明する。

(2) 保護要件
a）概要

地理的表示の登録の要件は以下のとおりである（法第13条）。

① 申請者が適切な生産者団体であり、その生産者団体が行う品質管理に関する業務（生産行程管理業務）が適切に行われるようになっていること。
② 名称が示す農林水産物等が、制度の対象となっており、かつ、生産地と結び付きのある確立した特性を持った農林水産物等であること。また、既に登録された地理的表示が示す農林水産物等でないこと。
③ 名称が、その産品に関して、生産地と特性を特定できる名称であること。また、既存の登録商標と同一・類似の名称でないこと。

b）申請者及びその業務についての要件

　地理的表示の登録を受けられるのは、生産者団体に限られる（法第6条）。ここで、生産者団体とは、地理的表示が示す農林水産物等の生産業者を直接・間接の構成員とする団体である（法第2条第5項）。法人格はなくてもよいため、例えば、法人格のないブランド推進協議会といった団体も含まれる。ただし、法令・定款等により、加入の自由が定められていなくてはならず、また、法人格のない場合には、代表者又は管理人の定めがあるものに限られる。さらに、①生産者団体に問題があって地理的表示の取消しを受けた日から2年経過していないときや、②役員の中に地理的表示法の違反による刑の執行が終わってから2年を経過していない者等が含まれるときは、その生産者団体は、登録を受けることができない（法第13条第1項第1号）。

　申請者が行う生産行程管理業務については、当該業務が適切に行われるようになっている必要がある（法第13条第1項第2号）。この業務によって、生産地、品質等の特性、生産の方法等の内容を担保できるようになっている場合にのみ、登録を認めているのである。具体的には、①生産行程管理業務の基準となる明細書に定められた内容が、申請書に記載された内容と異なっているとき、②生産行程管理業務の方法が特定農林水産物等の名称の保護に関する法律施行規則（平成27年農林水産省令第58号、以下「施行規則」という。）で定める基準に適合していないとき、③生産者団体に業務を適確に実施する経理的な基礎がないときや業務を公正に実施するための体制が整備されていないとき、については登録を受けることができない。なお、生産行程管理業務の詳細については、5で説明する。

c）名称が示す農林水産物等についての要件

　申請に係る農林水産物等は、特定農林水産物等でなければ登録を受けられない（法第13条第1項第3号イ）。特定農林水産物等は、(1)で説明したとおり、①特定の場所、地域又は国を生産地とするものであること、②品質、社会的評価その他の確立した特性が、その生産地に主として帰せられるものであること、の二つの要件を満たす農林水産物等である。

　このうち「生産地」については、実際に生産が行われている地域を指すが、ここで、「生産」とは、産品に特性を付与し、又は特性を保持するために行われる行為とされているので（法第2条第4項）、その産品を作り出すための全ての行程を指すのではなく、特性に関連する生産行為のみが該当する。例えば、ある自然的条件にある土地での農産物の栽培によって特別の品質が生み出されている場合の「栽培」、加工行程によって特別の品質が生み出されている場合の「加工」、漁獲後の処理行程によって品質が保持される特別の効果がある場合の「処理」等が該当する。このように、その生産地域の自然的な条件や行われる生産行程が、産品の特性を生み出すものであることから、生産地は、例えば自然条件が共通するとか、地域独特の生産ノウハウが共通しているといった共通性を持つ地域になる。

　次に、「確立した特性が生産地に主として帰せられるものであること」についてであるが、まず、「確立した特性」については、申請された農林水産物等が、同種の農林水産物等と比較して差別化された特徴を有しており、その特徴を有した状態で、概ね25年生産された実績があること（伝統性要件）とされている（農林水産物等審査基準：特定農林水産物等審査要領（平成27年5月29日付け27食産第679号食料産業局長通知）別添4）。このため、新開発の産品やこれからブランド化を行う産品は、登録の対象とならない。

　また、「特性が生産地に主として帰せられるものであること」については、生産地の特徴や生産地ならではの生産方法が、特性と結び付いていることを、矛盾なく合理的に説明できることとされている（農林水産物等審査基準）。具体的には、例えば、生産地域の気温、降水量、土壌などによって特別の品質が生み出されているとか、その地域で伝統的に受け継がれてきた独特の生産方法や地域固有の品種によって特別の品質が生み出されているといった場合が該当する。

さらに、申請の対象とする産品について、既にその名称が地理的表示として登録されている産品と重複する場合は、登録が受けられない（法第13条第1項第3号ロ）。これについては、農林水産物等の区分、生産地、生産の方法、特性を総合的に勘案して、申請農林水産物等が既に登録を受けた特定農林水産物等と同一と判断される場合に、この要件に該当するとされている（農林水産物等審査基準）。

d）名称についての要件

名称については、その産品に関して、生産地と特性を特定できる名称でなければならない（法第13条第1項第4号イ、施行規則第16条）。これまで使用されていない名称ではその産品の特性を特定できないため、その産品の名称として使用されてきたものである必要がある。一方、生産地と特性を特定できる名称である限り、地名を含む名称、地名を含まない名称いずれであってもよい（名称審査基準：特定農林水産物等審査要領別添3）。地名を含む名称の場合、その地名は過去の行政区域名や旧国名等でもかまわない。また、名称に使われている地名と、実際の生産地が必ずしも一致していなくても（例えば、名称に使用されている地名より広い地域で生産されている場合）、これまでその名称で販売されてきているなどの実態があり、生産地を特定することができれば保護の対象となり得る。

生産地と特性を特定できない名称の代表的なものは、普通名称（いわゆる一般名称）である。さつまいも、高野豆腐等は、一定の性質を持つ産品一般を指す名称であり、保護の対象とならない。また、動物・植物の品種名と同一の名称も、各地で生産され生産地について誤認を生じさせるような場合は生産地が特定されない名称となり、保護されない。また、登録に際して新しく定められた名称は、名称を聞いても品質などの特性がわからないため、特性を特定できる名称にはならない。このほか、他人の著名な商品名と同一・類似の名称も、生産地と特性を特定できない名称である。

また、その名称が産地と特性を特定できる名称であったとしても、既に登録されている商標と同一・類似の名称は、原則として地理的表示の登録がされない（法第13条第1項第4号ロ）。ただし、商標権者等が地理的表示の登録を申請する場合や（例えば、地域団体商標の商標権者である農業協同組合が、これと同

一の名称について地理的表示の登録を申請する場合)、商標権者等の承諾を受けて申請する場合は、地理的表示の登録が可能である（法第13条第2項）。

　なお、地域団体商標などの商標が存在するときに、地理的表示を登録すると、商標権の効力及び地理的表示保護の効力、双方の効力を活用できる。具体的には、商標権者として差止請求や賠償額の推定等の商標法で定められた規定を活用できるとともに、ＧＩマークの使用ができ、地理的表示の不適正使用については行政による取締りが行われる。ただし、地理的表示の登録がされた場合、商標権の効力は適正な地理的表示の使用に及ばなくなることには留意が必要である（商標法第26条第3項）。

3　申請、登録の手続き

(1) 申請

a) 申請書の作成

　登録の申請を行えるのは、生産行程管理業務を行う生産者団体に限られる（法第6条）。申請は、申請書に明細書等の書類を添付して農林水産大臣に提出する（法第7条）。申請は、「特定農林水産物等の名称の保護に関する法律第3条第2項の規定に基づき、農林水産大臣が定める農林水産物等の区分を定める件」（平成27年農林水産省告示第1395号、以下「農林水産物等の区分等を定める告示」という。）で定められた農林水産物等の区分ごとに行うこととされている。このため、同じ名前で呼ばれていても、例えば、青果と果物の加工品は別々に申請する必要がある。申請書の様式は省令で定められており（施行規則別記様式第1号）、この様式に従って申請を行う。申請書には、①申請者に関して、氏名・住所等、②登録を申請する農林水産物等に関して、その区分、名称、生産地、特性、生産の方法、特性が生産地に主として帰せられるものであることの理由、生産実績、③その他必要な事項（同一又は類似の商標の有無など）を記載する（法第7条第1項、施行規則第6条）。

　申請書の作成については、申請書作成マニュアル（地理的表示保護制度申請者ガイドライン別紙1）で詳細に定められており、これに従って作成する必要がある。

　留意すべき点としては、まず、「生産地」については、申請する農林水産物等の生産が行われている場所、地域等の範囲を、その範囲が明確となるように、

可能な限り行政区画名を用いて記載する。なお、生産地とは農林水産物等に特性を付与・保持する行為が行われる地を指すため（法第２条第４項）、例えば、加工方法によって特性が付与される場合は、加工地を生産地として記載する。

「特性」については、抽象的に「おいしい」「すばらしい」「味が良い」「美しい」といった記載ではなく、①物理的な要素（大きさ、形状等）、②化学的な要素（酸味、糖度、脂肪分等）、③微生物学的な要素（酵母、細菌の有無等）、④官能的な要素（食味、色、香り等）、⑤その他の要素を踏まえて、同種の産品と比較して差別化された特徴を説明しなければならず（農林水産物等審査基準）、このような要素について具体的に記載する[1]。また、特性として社会的評価を記載する際は、単に「全国的な知名度がある」といった表現ではなく、可能な限り具体的な事例（受賞歴、新聞への掲載等）を踏まえ、過去又は現在の評判が申請農林水産物等をどのように評価したものであるかを記載する。

「生産の方法」については、特性と関係する生産の行程を記載する。特性と直接関係しない生産の行程を記載する必要はない。申請書に記載した生産の方法は、一般に公開されるので、記載が必要でない行程まで記載して、営業秘密・ノウハウが開示される事態が生じないよう注意する必要がある。

「特性が生産地に主として帰せられるものであることの理由」については、生産地や生産の方法が、どのように特性に関係しているか（結び付き）を記載する。例えば、生産地の自然的条件（地形、土壌、気候等）を説明した上で特性との結び付きを説明したり、生産の方法が特性にどのように結び付いているかを記載する[2]。

b）申請書の添付書類

申請書に添付する書類は、明細書、生産行程管理業務規程のほか、生産者団体の定款や財務諸表、申請する産品の写真や登録要件を満たす農林水産物等であることを証明する書類、同一・類似の商標がある場合の商標権者の承諾を証明する書類等である（法第７条第２項、施行規則第７条）。

---

[1] 例えば、2015年７月に申請の公示がされた「八女伝統本玉露」の場合、香気成分が同地域の煎茶、玉露に比べそれぞれ５倍以上、２倍であることや、うまみ成分であるテアニン等のアミノ酸含有量が同地域の煎茶、玉露に比べそれぞれ４割、１割多いこと等が、データとともに示されている。
[2] 例えば、2015年７月に申請の公示がされた「夕張メロン」の場合、山や丘陵に囲まれた地形的特徴から昼夜の気温差が大きい、降水量が少ない、火山灰土壌で水はけが良いといった自然的条件とともに、特別の品種の選定、栽培技術の蓄積等が、芳醇な香り、ジューシーな果肉、充分な糖度の条件としている。

添付書類の一つである明細書は、登録を申請する農林水産物の区分、名称、生産地、特性、生産の方法、特性が生産地に主として帰せられるものであることの理由、生産実績等を定めたものであり、生産行程管理業務の基準となるものである。明細書の作成については、明細書作成マニュアル（地理的表示保護制度申請者ガイドライン別紙2）が示されており、これに従い作成する。この明細書は、生産者団体ごとに定める必要があり、生産者団体が複数あるときは、その生産者団体ごとの明細書を定め、申請書に添付する必要がある。明細書は、申請書に記載された内容と異ならないよう定める必要があり（法第13条第1項第2号イ）、基本的には、申請書の記載内容と同様の内容又はそれをより詳細化したものとなる。ただし、申請書に記載された内容の趣旨に反しない範囲で、異なる内容を定めることは認められている。

　具体的には、特性について、申請書に記載した内容よりも厳しい規格を設けること（例えば、申請書では糖度12度以上とされている中で、明細書では糖度13度以上とすること）や、新たな要件を付加すること（例えば、申請書で定めていない重量や直径の基準を明細書で定めること）、生産の方法について、新たな行程を追加すること（例えば、県が定めた防除基準に従って防除を実施する旨を追加すること）などが可能である。一方、特性の付与又は保持にとって必要十分な範囲を超える生産方法（例えば、特性の付与又は保持と無関係な特定の餌を与えることを定めること）を記載することはできない。

　生産行程管理業務規程は、明細書に適合した生産が行われるようにするための生産行程管理業務の方法について定めた規程であり、明細書への適合性の確認方法、生産者に対する指導方法、地理的表示等の使用の確認や指導の方法等を定める。生産行程管理業務規程の作成については、生産行程管理業務規程作成マニュアル（地理的表示保護制度申請者ガイドライン別紙3）が示されており、これに従い作成する。この生産行程管理業務規程についても、生産者団体ごとに定める必要がある。なお、生産行程管理業務については、5で詳説する。

c）申請書、添付書類等の作成に当たって

　地理的表示は、生産地域と結び付きのある一般品と異なる特性を有する産品の名称を保護する仕組みである。このため、まず「生産地域と結び付きのある一般品と異なる特性」を明確にすることが第一となる。地理的表示産品は、あ

る地域において、一定の生産方法により一定の品質等の特性を有する産品の生産が長年行われ、消費者も含めその一定の品質等が認識され、社会的評価を確立してきたものである。このような産品の名称を地域の共有財産として保護するのが地理的表示の保護制度であるため、登録に当たって、その内容を変えるものではなく、これまで確立されてきた特性等を申請書に記載することになる。ただ、その内容が明文化されていない場合や、関係者の間で認識に一定の差がある場合も多いと思われるので、その内容を関係者の間で協議し、合意・確定していくことが必要である。

　この「特性」と関連する特徴を持ち、「特性」を生み出す行為が行われる地域の範囲が「生産地」であり、「特性」を生み出すのに関連する生産の行程が「生産の方法」となる。このように、「特性」を基礎に「生産地域」や「生産方法」を首尾一貫するよう定め、これを申請書や明細書に記載する。そして、このように首尾一貫する「特性」「生産地域」「生産の方法」等を担保するものが生産行程管理業務であることから、生産行程管理業務規程では、これらを担保するために必要な措置を過不足なく定めればよいこととなる。

(2) 審査、登録等

a）申請の公示

　地理的表示の登録申請があった場合、農林水産大臣は、審査手続を開始する。まず、申請方式等形式面のチェックが行われ（必要な場合は補正の手続）、また、申請者が登録を受けることのできる生産者団体であるかどうかの確認が行われる。この確認を経た後、申請内容が農林水産省のホームページに公示される（法第8条第1項）。併せて、申請書と明細書、生産行程管理業務規程が二月間、農林水産省食料産業局知的財産課において公衆の縦覧に供される（同条第2項）。

b）意見書の提出

　公示内容等を踏まえ、登録の申請に意見がある者は、公示の日から3月以内に意見書の提出をすることができる（法第9条）。例えば、品質等の特性、生産地、生産の方法などに異論がある場合や、保護要件を満たさないと考える場合等意見がある場合は、誰でも意見書の提出が可能である。なお、登録申請から意見書提出の期限までに、公示の対象となった産品と重複する産品について、別の

登録申請が行われたときは、最初の登録申請に対する意見書の提出があったものとみなされる（法第10条）。

c）審査と学識経験者からの意見聴取
　申請に対する審査は、農林水産省食料産業局知的財産課の審査担当者（審査官）が、特定農林水産物等審査要領に基づき行う。この審査の内容やｂの意見書を踏まえて、必要がある場合は、審査官から申請書等の記載内容の自主的な補正を求められることがある。
　意見書の提出及び審査官の審査が終了した後、申請内容が保護要件を満たすかについて、学識経験者からの意見聴取が行われる（法第11条）。

d）登録
　a）～c）の手続きを経た後、審査結果がとりまとめられ、登録の可否が判断される。登録が認められる場合は、特定農林水産物等登録簿に登録が行われる（法第12条）。登録簿は公衆の縦覧に供される（法第14条）。
　登録がされると、申請した生産者団体に通知がされるとともに、農林水産省のホームページに公示が行われる（法第12条第3項）。登録を受けた生産者団体は、一月以内に登録免許税（登録件数1件に付き9万円）を納付し、納付についての領収証書の原本を農林水産省食料産業局知的財産課に提出しなければならない。

4　登録の効果（使用が禁止される表示の内容など）
　地理的表示の登録によって、地理的表示の使用が一定の場合に限定されることになるほか、ＧＩマークの使用の義務づけ等の効果が生じる。地理的表示に関する表示規制等については、法令で定めるもののほか、地理的表示保護制度表示ガイドラインが公表されているが、その概要は次のとおりである。

(1) 地理的表示を付すことができる場合
　地理的表示の登録が行われると、地理的表示を付すことができるのは一定の場合に限られる（法第3条第1項）。具体的には、地理的表示を付すことができる対象物は、登録を受けた生産者団体の構成員である生産業者が生産し、かつ、

登録基準を満たしている農林水産物等及びその包装・容器・送り状である。また、地理的表示を付すことができる者は、①登録を受けた生産者団体の構成員である生産業者と、②その生産業者から対象となる産品を直接・間接に譲り受けた者（流通業者など）である。したがって、生産業者から購入した地理的表示対象産品を、流通業者が小分けして販売する場合でも、地理的表示を付すことが可能である。なお、地理的表示を付す場合は、併せて、ＧＩマークを付さなければならない（(4)参照）。

(2) 地理的表示を付すことが禁止される場合

(1)以外の場合は、同種の産品等に地理的表示等を付すことが禁止される（法第3条第2項）。具体的には、まず禁止の対象となる物は、その地理的表示が表す産品と同一の区分に属する農林水産物等とその農林水産物等を主な原材料とする加工品及びこれらの包装・容器・送り状である。何が同一の区分になるかについては、穀物類から生糸類までの42区分が告示で定められており（農林水産物等の区分等を定める告示）、その区分内のものが同一の区分に属する農林水産物等となる。

禁止される表示の内容は、地理的表示及びこれに類似する表示である。この類似する表示には、①生産地の表示を伴う表示、②「種類」「型」「様式」「模造品」等の表現を伴う表示、③翻訳した表示が含まれ（施行規則第2条）、TRIPS協定の追加的保護の水準（第3章参照）であることが明確にされている。一方、食品表示法など法令の規定に基づき産品の原産地を表示する場合は、原則として、地理的表示又はこれに類似する表示には該当しない。なお、登録内容に適合する物であっても、使用できるのは登録された地理的表示（「○○りんご」という地理的表示の場合、「○○りんご」及びこれと社会通念上同一と考えられる「○○林檎」等）であり、これと類似の名称（「○○ apple」）は使用できない。このため、外国への輸出を想定している場合は、登録に際して、輸出の際に使用する名称（「○○ apple」）も併せて登録しておく必要がある。

(3) 禁止の例外

上記の禁止内容に該当する場合でも、次のような場合はその名称を使用することが可能である（法第3条第2項ただし書）。

一つ目は、地理的表示の登録産品を主な原材料とする加工品及びその包装等に、地理的表示を使用する場合である。具体的には、地理的表示の登録がされた「〇〇りんご」を主な原材料とするりんごジュースに「〇〇りんごジュース」と表示する場合などが該当する。主な原材料として使用されているかどうかの判断は、当該加工品に登録産品の特性を反映させるに足りる量の登録産品が原材料として使用されているかどうかによるとされている（地理的表示保護制度表示ガイドライン）。

　二つ目は、地理的表示登録の前に出願された商標等の使用に関する場合である。地理的表示の登録の日前に出願された登録商標については、その商標が地理的表示と同一・類似であっても、商標権者その他その商標を使用する権利を有する者は、その商標の指定商品・役務についてその商標を使用することができる。地理的表示の登録の日前から、商標法等の規定により商標の使用をする権利を有している者も同様である。

　三つ目は、その名称を既に使用していた者（先使用者）が、その名称を使い続ける場合である。対象となるのは、地理的表示の登録の日前から、その地理的表示と同一・類似の表示を不正の目的でなく行っていた者とその業務を継承した者であり、これらの者から、その表示がされた産品を直接・間接に譲り受けた者も同様である。

　このほか、不正の目的でなく自己の氏名・名称等を使用する場合や、登録された地理的表示の中に普通名称が含まれる場合にその普通名称を使用する場合等も例外となっている（施行規則第3条）。

(4) 地理的表示を表す標章（GIマーク）の使用

　産品に地理的表示を使用するときは、併せて地理的表示であることを示す標章（GIマーク）を付さなければならない（法第4条第1項）。GIマークのデザインは、省令により様式が決められており（施行規則第4条及び別表）、フルカラーのデザインが原則である。このGIマークについては、農林水産省が2015年4月に我が国で商標登録を行っており、主要国においても商標の登録手続を進めている。

　GIマークを使用できるのは、登録内容への適合が確認された産品についてのみであり、これ以外には、GIマーク及びこれに類似するマークを付すこと

第2章　我が国の地理的表示保護制度（地理的表示法）

はできない（第4条第2項）。(3)で述べた例外的に地理的表示の使用ができる場合であってもＧＩマークは使用できないため、地理的表示産品を主な原材料とした加工品で地理的表示を使用できる場合であっても、ＧＩマークは使用できない。

(5) 表示規制違反等に対する措置

(4)までで説明した表示規制等の違反があった場合、農林水産大臣の是正措置の命令（法第5条）を経て、罰則の対象となっており、行政が主導して不適正な表示の是正を行う措置が講じられる。

是正措置の命令については、①地理的表示又はこれに類似する表示を付すことができない場合に、これらの表示を付していたときは、表示の除去又は抹消が、②地理的表示を使用し、ＧＩマークを付さなければならない場合にＧＩマークを付していないときは、ＧＩマークを付すことが、③ＧＩマーク又はこれに類似するマークを付すことができない場合にこれらのマークを付していたときは、マークの除去又は抹消が命じられる。この命令に従わないときは、罰則の対象となり、①の命令の場合は、個人の場合5年以下の懲役又は500万円以下の罰金（併科が可能）、団体の場合3億円以下の罰金（法第28条及び第32条第1項第1号）、②及び③の命令の場合は、個人の場合3年以下の懲役又は300万円以下の罰金、団体の場合1億円以下の罰金となっている（法第29条及び第32条第1項第2号）。

①、②又は③の違反の事実があることを発見した場合、誰でも、農林水産大臣に適切な措置をとるよう申し出ることができる（法第25条）。申出先は農林水産省食料産業局知的財産課又は地方農政局等の担当窓口である。この申し出があった場合、農林水産大臣は調査の上、是正措置の命令等の適切な措置をとることとされている。この申し出のほか、電話やメール等で不適正表示等についての情報を担当窓口に連絡することもできる。

また、以下の場合には、農林水産大臣が生産者団体に必要な措置の命令を行い、不適正な状態の改善を図ることとしている（法第21条）。この命令に生産者団体が従わない場合、登録の取消しの対象となる（法第22条）。

41

① 団体の構成員が不適正な地理的表示又は標章の使用・不使用をしたり、これらに関する是正命令に違反した場合
② 明細書が登録された内容に適合していない場合
③ 生産行程管理業務の方法が基準に合わなくなった場合、業務を適確に行う経理的な基礎や公正な業務の実施に必要な体制が欠けた場合

5 登録後の品質管理（生産行程管理業務）

(1) 生産行程管理業務の意義

　地理的表示の登録産品は、生産地域と結び付きのある特別の品質等の特性を持つ産品であり、この内容を継続的に保証し続けることによって、消費者の信頼を得て、評価を上げていくことが、制度の大きな特徴の一つとなっている。この品質管理を適確に行っていくため、我が国の地理的表示保護制度においては、生産者団体が、基準となる明細書を定め、これに従って、構成員である生産者に対して明細書に適合した生産が行われるよう指導、検査等の業務を行う仕組みをとっており、この業務を「生産行程管理業務」と呼んでいる（法第2条第6項）。この生産行程管理業務を行う生産者団体の構成員のみが地理的表示を使用できることとして、一定の品質等を満たす産品のみが地理的表示を付して流通することを確保している。

　ただし、生産行程管理業務を行う生産者団体は一つには限られず、ある生産者団体に加入したくない場合には、生産者数人で別の生産者団体を構成し、その団体が登録を受けて生産行程管理業務を行えば、地理的表示の使用が可能となる。当初の登録申請時に複数の生産者団体で申請するほか、地理的表示の登録後に生産者団体の追加を行うこともできる（法第15条）。生産者団体が複数ある場合、生産行程管理業務はそれぞれの団体が行う。

(2) 生産行程管理業務の実施方法

　生産行程管理業務の方法に関しては、登録申請までに規程（生産行程管理業務規程）を定める必要があり、生産行程管理業務規程が、施行規則で定める基準に適合していないと、地理的表示の登録はされない（法第13条第1項第2号ロ）。

この基準の内容は、

① 明細書で定められた生産地、品質等の特性、生産の方法に適合した生産が行われているか確認すること。
② 適合しない場合は適切な指導を行うこと。
③ 法令に従った地理的表示及びGIマークの使用が行われているか確認すること。
④ 違反の場合は適切な指導を行うこと。
⑤ 毎年、生産行程管理業務の実施状況の実績報告書を農林水産大臣に提出するとともに、その書類を5年間保存すること。

等となっている（施行規則第15条）。

生産行程管理業務規程の作成については、生産行程管理業務規程作成マニュアルが定められており、これに従って作成する必要がある。内容として、明細書適合性の確認・指導の方法や、地理的表示使用の確認・指導の方法、実績報告書の作成・保存等を定めることとなっている。このうち「明細書適合性の確認」については、明細書に記載されている生産地・特性・生産の方法に従って生産することを確認する方法を具体的に記載する（明細書の記載内容に応じて、例えば、定められた品種の使用を配布記録により確認、栽培方法について生産者作成の月報や現地調査により確認、出荷規格について選果場で確認等）。「明細書適合性の指導」については、明細書適合性を確認した結果、明細書に記載されている生産地・特性・生産の方法に従って生産されていないことがわかった場合の指導方法を具体的に記載する（明細書の記載内容に応じて、例えば、定められた栽培方法に従った生産が行われていない場合の警告、警告に従わない場合の出荷停止や品種配布の停止等）。

なお、生産行程管理業務については、その全部又は一部を第三者に行わせることができる（生産行程管理業務審査基準：特定農林水産物等審査要領別添5）。例えば、基準への適合状況の確認を、適切な外部検査機関に行わせるような場合等である。

なお、生産者団体が、この生産行程管理業務規程に従って生産行程管理業務を行っていない場合は、措置命令や登録の取消し等の対象となる（法第21条及び第22条）。

(3) 生産行程管理業務実施のための経理的基礎及び体制

　生産行程管理業務を行う生産者団体は、業務を適確・円滑に実施するに足りる経理的な基礎を有するとともに、業務の公正な実施を確保するために必要な体制を整備する必要がある（法第13条第1項第2号ハ及びニ）。「経理的な基礎」とは、生産者団体の規模や会費収入の状況、構成員に対する指導・検査等の業務の内容等を総合的に考慮して、生産者団体が生産行程管理業務を安定的・継続的に行うに足りる財産的基盤を有していることをいう。また、「業務の公正な実施を確保するため必要な体制が整備されている」とは、業務を行うに当たって、特定の生産業者に対してのみ便宜を供与したり、利害関係者の不当な介入を受けたり、生産者団体自らの利益のみを追求した結果、業務の公平性が損なわれるといった事態に陥ることを回避するための体制が整備されていることをいう（いずれも生産行程管理業務審査基準）。これについては、①業務に従事する役員等の選任・解任の方法等の定め、②業務の実施についての監督体制、③業務の従事者の人数や業務分担、設備の設置状況、といった点を考慮して判断される。

(4) 生産行程管理業務に関する報告、届け出等

　生産行程管理業務の実施内容については、少なくとも年1回、実績報告書を作成し、実績報告書、対応実績がわかる資料（検査日誌、生産業者から提出された月報等）等を、所在地を所管する地方農政局等に提出する必要がある。この資料は提出から5年間、保管する必要がある。

　また、生産行程管理業務規程を変更するとき（法第18条）や生産行程管理業務を休止するとき（法第19条）は、あらかじめ、農林水産大臣に届け出なければならない。なお、生産行程管理業務を休止した生産者団体の構成員については、適切な品質管理措置を受けられないことから、地理的表示及びＧＩマークの使用ができない（地理的表示保護制度申請者ガイドライン）。

6　登録の失効、取消し

(1) 登録の失効

　地理的表示の登録は、①登録生産者団体が解散し清算が終わったとき、②登録生産者団体が生産行程管理業務を廃止したときは、失効する（法第20条）。

本制度においては、生産者団体が行う生産行程管理業務によって、その地理的表示産品の品質管理を行っていることから、この業務ができない場合は、登録を失効させることとしているのである。なお、登録された生産者団体が複数あって、ある生産者団体についてのみ失効の事由が生じた場合は、その団体に係る部分のみが失効する。登録が失効した場合、効力を失った事由及びその年月日を届け出る必要がある（法第20条第2項）。

(2) 登録の取消し

地理的表示の登録は、以下の場合、取消しの対象となる（法第22条第1項）。⑤又は⑥を理由とする取消しの場合、登録番号と取消しの理由が公示され、意見書の提出、学識経験者からの意見の提出の手続を経ることとなっている（同条第2項において準用する法第8条、第9条及び第11条）。

① 登録生産者団体が、生産者団体でなくなったとき
② 登録生産者団体が、欠格事由に該当したとき
③ 登録生産者団体が、農林水産大臣の措置命令に違反したとき
④ 登録生産者団体が、不正の手段で、登録又は変更登録を受けたとき
⑤ 登録された産品が特定農林水産物等でなくなったとき
⑥ 名称が産地や特性を特定できない名称になったとき
⑦ 商標権者等の承諾を得て、商標と同一・類似の名称が登録されている場合に、その承諾が撤回されたとき

7　制度の活用と地方自治体の役割

(1)これまで説明してきたように、地理的表示の保護制度は、地域ブランドの構築を図る上で、非常に有効な手段となるものであり、この活用により、農林水産業の振興、地域の活性化を図っていくことが期待される。

地理的表示の保護制度は、ある産品が生産地域と結び付きのある一般品と異なる特性を有する場合に、その産品の名称を保護する仕組みである。このため、制度を活用するためには、まず「生産地域と結び付きのある一般品と異なる特性」を明確にすることが第一となる。つまり、その産品が、どのような品質や社会的評価を持っているかを把握し、一般産品と異なる差別化のポイントが何

であるかを明確化する必要がある。併せて、その差別化のポイント（特性）が、生産地域とどのようなつながりを持つか、すなわち自然的な条件の影響、伝統的な生産ノウハウの存在、地域文化とのつながり等を洗い出していく必要がある。

(2)この「特性」と「生産地域との結び付き」を確定するに当たっては、地理的表示保護の仕組みが地域の共有財産として保護する仕組みであることから、関係者の合意形成が必須である。対象となる産品については、長い年月をかけて一定の品質と社会的評価を確立してきてはいるものの、品質等について明確な基準がなく、関係者の中で一定の認識の差があることも多いと思われ、これを消費者の認識なども踏まえつつ、関係者の間で合意を形成し、確定していく必要がある。この特性と結び付く生産地の範囲が「生産地」となり、特性を生み出すのに関連する生産の行程が「生産の方法」となる。このように、「特性」を基礎に、「生産地域」や「生産の方法」を首尾一貫するよう定めていくことになるが、これらの確定にも関係者の合意形成が重要である。

地理的表示を使用できる範囲を定めることとなる「特性」「生産地域」「生産の方法」の確定に当たっては、関係者の間で意見が異なることも生じうるが、これを適切に、一定の客観性をもって定めていくことが不可欠であり、また、今後の地域ブランドの発展、さらには地域の振興に重要である。地方自治体は、当該地域の自然的条件や該当産品に関するデータ等を有しており、また、合意形成に当たって、生産者とは異なる立場でアドバイスを行うことができることから、地域全体の振興を担当する地方自治体の役割が大いに期待される。とりわけ、地域ブランド振興のため、自治体も参加して「〇〇ブランド協議会」等を設置している場合は、その協議会が地理的表示の申請主体となることは十分考えられ、そのような場合、自治体が主導して合意形成を図ることも考えられるだろう。

(3)このように定められた「特性」「生産地域」「生産の方法」等を担保するものが生産行程管理業務であり、この的確な実施が保護の要件となっている。ブランドを維持・発展させていく上で、品質等の保証を的確に行い消費者の信頼を裏切らないことが極めて重要であるが、我が国制度上は、これを生産行程管理業務で行うこととなっているのである。この業務を的確に行うため、生産行程管理業務規程で「特性」「生産地域」「生産の方法」をどのように確認するか

等について、過不足なく定めるとともに、これを適切に実施しうる業務実施体制の整備が重要である。この業務は生産者団体が主体的に行い、国がその適切な実施をチェックする仕組みとなってはいるが、地元自治体においてもその適切な実施を注視するとともに、場合により、公的検査機関が生産者団体の委託を受けて生産行程管理業務の一部（品質検査業務等）を実施し、消費者の信頼度をより高めるといったことも考えうる。

(4)以上のとおり、地理的表示保護制度を活用していくためには、「その産品の品質等の特性（差別化ポイント）の洗い出し」「特性、生産地域、生産の方法等に関する関係者の合意形成」「品質等を担保する体制の整備」が重要であり、これらの実施に当たり自治体の支援も期待される。

その上で、地理的表示として登録された後は、生産行程管理業務によって、消費者の期待を裏切らないような品質、表示の管理を継続的に行っていくとともに、ＧＩマーク等を活かしたプロモーション、行政と連携した偽物対策など、価値向上に向けた様々な活動が重要となる。これに併せ、生産体制の強化、販売活動などに関係者が一丸となって取り組むことで、その地域ブランドの構築・強化が図られることが期待される。このうち、特にプロモーション等については、これまでも地元の特産物のＰＲ等に各自治体が積極的に取り組んでいるところであり、生産者、自治体が連携して取り組んでいく必要があろう。

(5)以上は、個別産品としてのブランド構築・発展についての話であるが、個別産品のブランド化にとどまらず、これを核にして、地域全体の活性化につなげていくことも重要である。地理的表示の対象産品は、その地域の自然環境や、伝統的ノウハウ、歴史など、地域と強い結び付きのある産品であり、地域全体のイメージと強い関連を持つものである。地域性を活かしたブランド化された産品（＝地理的表示産品）が地域全体のイメージを向上させ、その強化された地域イメージがさらに個別産品のブランド力を高めるという、良い循環を作ることが重要である。そして、観光振興などとも連携し、人を呼び込み、地域全体の活性化につなげられれば、その地域ブランドはより高い効果を発揮することになるだろう[3]。このような取り組みのためには、農林水産物や食品の生産

---

[3] フランスでは、「味の景勝地」という取り組みによって、地域産品のブランドを核に、産品と関連する自然・文化遺産や滞在施設等の地域資源を結びつけ、地域全体のブランド化を図り、観光客の増加等につなげる取り組みが行われている。我が国でも、こういったことに取り組もうとする動きが生じ始めているが、今後の方向として注目される。

第Ⅰ部　産地ブランド―地理的表示制度をふまえて―

関係者のみならず、自治体、商工業関係者、観光関係者など、幅広い関係者の協力関係が必要になり、とりわけ自治体の役割は大きいと思われる。

(6)今後、地方自治体関係者の支援・協力を得て、地理的表示保護制度が有効に活用され、地域ブランド構築、さらには地域活性化に大きな役割を果たすことを期待する。

第3章
国際的な地理的表示保護の状況

内藤　恵久（農林水産省農林水産政策研究所企画広報室　企画科長）

1　TRIPS協定における保護内容等国際的な地理的表示保護の状況
(1) 概　況

　地理的表示の保護について、現在最も広く受け入れられている保護のルールは、知的所有権の貿易関連の側面に関する協定（以下「TRIPS協定」という。）で定めるものである。TRIPS協定は、WTO（世界貿易機関）設立協定の附属書であり、TRIPS協定で定められた内容は、160ヵ国・地域を超えるWTO加盟国が遵守しなければならない内容となっている。TRIPS協定は1995年1月に発効しているが、ここでは、著作権、商標、特許等と並んで、地理的表示が知的所有権の一つとして取り扱われている。

　TRIPS協定においては、(2)で説明するように、一般の商品に関する地理的表示については産地を誤認させる表示等を禁止する一方、ワイン、蒸留酒に関する地理的表示については、産地の誤認を招かない場合（真正な原産地を表示する場合、「種類」「型」等の表現を用いる場合等）であっても、本来の産地以外で生産されたワイン等に使用することを禁止している。

　このようにTRIPS協定が求める地理的表示保護は、ワイン等の地理的表示を除き、原産地の誤認を招く表示の禁止にとどまり、また、保護の方式についても特段の定めはない。現在、多くの国で地理的表示の保護が行われているが、その保護内容や方式は国によって様々である。保護内容については、地域と結び付いた独特の特性のある産品を尊重し、地理的表示を手厚く保護する国（EU、スイス、インド等）がある一方、地理的表示の保護に必ずしも積極的でなく、保護の拡充に反対している国（米国、オーストラリア等）がある。また、保護の方式については、地域と結び付いた独特の特性を重視し、これにふさわしい特別の保護制度を設けて保護を行う国と（EU等）、出所を示す識別のしるしの一つとして商標制度の中で保護する国（米国、オーストラリア等）がある。前者の、

地理的表示を特別の保護制度によって、商標とは独立した保護を行っている国は100ヵ国以上に達しており、アジアにおいても、中国、インド、韓国、タイ、ベトナム等多くの国で、特別の地理的表示の保護制度が設けられている。地理的表示を特別の保護の方式で手厚く保護している代表的な仕組みとして、2でEUの保護制度について詳説する。

なお、地理的表示保護に関する国際条約としては、ほかにリスボン協定（原産地名称の保護及び国際登録に関するリスボン協定）がある。この協定では、品質又は特徴が、自然的要因及び人的要因を含む地域の環境に、専ら又は本質的に由来する場合に、その生産物を表示する地理上の名称を、「原産地名称」（地理的表示の一種）と定義している。この原産地名称について、世界知的所有権機関（WIPO）の国際事務局への登録によって他の加盟国でも保護し、保護内容は、真正な原産地が表示される場合や「種類」「型」「模造品」等の表現を用いる場合も含まれる手厚いものとなっている。ただし、加盟国数は28と少数にとどまり、我が国も加盟していない。

表1　諸外国における地理的表示制度（独立した保護）の導入状況

アジア	中東	欧州 （EUを除く）	EU	中南米	アフリカ
11か国	7か国	17か国	(28か国)	24か国	24か国

※国際貿易センター（WTOと国連貿易開発会議（UNCTAD）の共同設立機関）調べ（平成21年）
資料）農林水産省

(2) TRIPS協定における取扱い

TRIPS協定においては、地理的表示を「ある商品に関し、その確立した品質、社会的評価その他の特性が当該商品の地理的原産地に主として帰せられる場合において、当該商品が加盟国の領域又は領域内の地域若しくは地方を原産地とすることを特定する表示」と定義している（第22条第1項）。つまり、①商品に一定の品質等の特性があって、②その特性とその商品の原産地が結び付いている場合に、③その原産地を特定する表示を「地理的表示」と呼んでいることになる。我が国制度における地理的表示の定義も、この定義に即したものとなっ

ている。

　地理的表示の保護内容については、一般の商品に関する地理的表示とワイン・蒸留酒に関する地理的表示で、保護の程度が異なる。一般の商品については、「商品の地理的原産地について公衆を誤認させるような方法で、当該商品が真正の原産地以外の地理的区域を原産地とするものであることを表示し又は示唆する手段の使用」等が禁止されている（第22条第2項）。要するに、その商品の産地を誤認させるような表示が禁止されることとなる。このため、逆に言うと、その商品の本当の産地を誤認させないような表示、例えば、「パルマハム」という地理的表示の場合、「北海道産パルマハム」という表示や、「パルマ風ハム」という表示は、その産地がパルマであるという誤認を招かないと考えられることから、表示が認められると考えられる。こういった内容は、地理的表示の保護を重視する立場からは、十分なものではないという主張がされている。

　一方、ワインや蒸留酒の地理的表示については、手厚い保護が講じられている。これらの地理的表示に関しては、真正の原産地が表示される場合、翻訳して使用される場合、「種類」「型」「様式」「模造品」等の表現を用いる場合についても、本来の産地で生産されていないワイン等に使用することが禁止される（第23条第1項）。産地の誤認を招かなくても使用が禁止されるということであり、例えば、「山梨産ボルドーワイン」「ボルドー風ワイン」といった表示も禁止されることになる。この保護内容は「追加的保護」と呼ばれている。EUなど地理的表示保護に積極的な国は、この保護をワイン以外にも拡大するよう主張しており、スイス、インド、ブラジル等もEUと同じ考え方をとっている。これらの国は、地域の特性を活かした高品質の産品の名称を保護し、これによって自国農産物・食品の優位性を確保しようとしている。一方、米国、オーストラリア、カナダ等は、地理的表示産品と類似の産品（チーズなど）を大量に生産していることもあり、地理的表示保護の強化によって不利益が生じないよう、保護の拡充に反対している。追加的保護の拡充の問題はWTOで議論が行われているが、このような対立から議論の進展が見られない状況となっている。

(3) 地域間の貿易協定におけるEUと米国の対立

　(2)で説明したとおり、EUは地理的表示全般についてワイン等の地理的表示と同等の保護水準（追加的保護）とすること等についてWTOで主張しているが、

議論は進んでおらず不満がある。一方、米国等はこれ以上の地理的表示保護の強化に反対している。

　このような中で、EU、米国双方とも、FTA協定等地域間の貿易協定の中で、地理的表示保護についての自らの立場を反映させようとしている。例えば、2011年に発効したEUと韓国との間のFTA協定においては、地理的表示をTRIPS協定の追加的保護の水準で保護することを定めるとともに、附属書によって、保護の対象となる地理的表示を特定している。これによって、協定で定められた地理的表示が、相手国で、手厚い保護が受けられることになっている。EUは、コロンビア・ペルーとのFTA協定、シンガポールとのFTA協定、カナダとのFTA協定等においても、追加的保護の水準での地理的表示保護を定めており、ベトナムとの間でも地理的表示保護を内容に含むFTA協定の締結に合意した。このように、EUは、FTA協定の地域間の貿易協定を通じて、EUの地理的表示が相手国で手厚く保護されるよう取り組みを強化している。

　一方、米国は、地理的表示保護の強化によって、商標権者や同種の産品の生産者等の利益が害されることのないよう、既に商標がある場合の地理的表示保護の禁止、登録の際の異議申立手続の整備等を、米国と韓国との間のFTA協定などいくつかの地域間貿易協定において定めている。

　このように、地理的表示を巡っては、特にEUと米国の間で、FTA協定等地域間の貿易協定においても対立のあるところであり、それぞれが望ましいと考えるルールを地域間の貿易協定を通じて広げようとしている。TPP交渉や日・EUのEPA交渉など我が国が関係する地域間の貿易協定に関しても地理的表示に関する議論が行われているが、米国とEUの間のTTIP交渉を含め、今後の議論の方向性に注目しておく必要があろう。

2　EUの地理的表示保護制度

(1) EUの地理的表示保護制度の概要

　ヨーロッパでは、古くから農産物・食品の地理的表示の保護が図られてきた。例えば、フランスでは、20世紀初頭から、ワインの原産地呼称（地理的表示の一種）をはじめとして、農産物・食品の原産地呼称の保護が行われてきた。フランスでは、自然的な条件とこれに対応した人的な要素（生産のノウハウ等）を備え、産品の特異性を生み出す地域を「テロワール」と呼んでいるが、この地域に根

ざした品質を持つ産品を尊重し、これを保護しようとする仕組みが古くから設けられてきたのである。また、スペインやイタリアも同様の制度を導入して、地理的表示の保護を図ってきた。

このような経緯も踏まえ、1992年に、農産物及び食品の地理的表示について、EU全体に適用される仕組みが導入された。このEUの保護の仕組みは、原産地と結び付いた特性のある産品の名称を登録し、その産品の品質や生産方法の基準を明細書として定め、その基準に適合した産品にのみ登録名称の使用を認めるものである。このような形で地理的表示を保護することによって、差別化による生産者への利益とともに、品質保証を通じた消費者への利益を追求する仕組みとなっている。なお、現在の保護の仕組みを定めている規則は、2012年に制定された「農産物及び食品の品質制度に関する欧州議会及び理事会規則（R（EU）No1151/2012）」[1]である。

現在、農産物・食品の地理的表示の登録数は1,200を、ワイン・蒸留酒の地理的表示は2,000を超えている。2010年の農産物・食品の地理的表示産品の生産額は158億ユーロに達し、ワイン・蒸留酒の地理的表示産品の生産額386億ユーロをあわせると、543億ユーロの生産額となっており、地理的表示産品が、農業等の生産に一定の地位を占めていることがわかる。

地理的表示保護による価格上昇の効果をみると、農産物・食品の地理的表示産品と一般品との価格差は1.55倍、ワインについては2.75倍となっており、地理的表示の仕組みが産品の価格上昇に一定の効果を上げていることがうかがえる。

---

[1] 本規則は、農産物・食品の地理的表示を対象としており、ワイン・芳香ワイン、蒸留酒の地理的表示の保護については、別規則に基づき行われている。以下の説明は、原則として、農産物・食品の地理的表示に関するものである。

図1　地理的表示産品と一般品との価格差（2010）

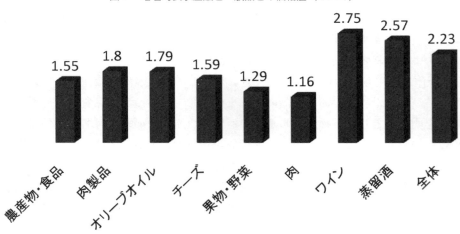

資料）AND-International（2012）

(2) 保護される名称と保護の手続

　地理的表示として保護される名称には、保護原産地呼称（PDO；Protected Designation of Origin）と保護地理的表示（PGI；Protected Geographical Indication）の2種類がある。双方とも、生産地と関連する特性を持った産品の名称であり、TRIPS協定上の地理的表示に該当するものであるが、PDOはPGIより地域との関連が強いものが対象となっている。具体的には、PDOの場合、産品の品質又は特性が自然的、社会的要件を備えた地理的環境に専ら又は本質的に起因していなければならない。つまり、産品の品質・特徴が、その地域の土壌・気候等の自然環境や地域独自の生産ノウハウと強く結び付いていることが必要とされる。この要件は、フランスのAOC（統制原産地呼称）やリスボン協定上の原産地名称と同内容である。また、生産行程の全てが一定の地域で行われる必要があるため、原料もその地域で生産される必要がある。一方、PGIの場合は、品質、評判その他の特性と原産地に一定の結び付きがあればよく、また生産行程のいずれかがその地域で行われていればよい。このため、地域外からの原料で生産した場合も対象となる。

　保護の手続については、まず、産品の生産者団体が、産品の生産地のある国に、生産地域、品質、生産の方法等を定めた明細書を添えて申請を行う。申請

を受けた国は、登録要件に該当しているかどうかの審査を行い、要件に該当していると判断した場合には、欧州委員会に書類を提出する。書類の提出を受けた欧州委員会は原則6か月以内に審査を行い、登録要件を満たすと判断すれば、申請内容を公告し、3か月間の異議申立手続を経て、登録簿に登録を行う。この登録によって、名称の地理的表示としての保護が開始する。なお、EU加盟国以外の第三国からの申請も可能だが、その第三国で名称が保護されていることが要件として付加されている。この場合の申請は、欧州委員会に直接行うか、その第三国の当局を通じて行う。

　2014年末段階で、農産物・食品の地理的表示で、PDOとして登録されている名称の数は584、PGIとして登録されている名称の数は617であり、合計して1,200を超えている。登録されている産品は、肉、ハム等の肉製品、チーズ、果物・野菜・穀物、油（オリーブオイル等）、その他幅広いものとなっている。登録数が多い国は、イタリア（267名称）、フランス（218名称）、スペイン（176名称）等である。

表2　PDOとPGI

	PDO（保護原産地呼称）(Protected Designation of Origin)	PGI（保護地理的表示）(Protected Geographical Indication)	備考
生産地	特定の場所、地域又は例外的に国を原産地としている		
生産地との結び付き	品質又は特性が、自然的、人的要因を備えた特定の地理的環境に専ら又は本質的に起因している	その地理的原産地に本質的に起因する、固有の品質、評判その他の特性を有している	PDOの方が生産地との結び付きが強い
生産地で行われる生産行程	生産行程の全てがその地域で行われる（原料もその地域産である必要）	生産行程のいずれかがその地域で行われる	PGIの場合、原料は他地域の物でも可
マーク			

資料）筆者作成

表3　地理的表示（PDO・PGI）の登録状況（2014年末）

区分	PDO	PGI	計
肉	38	107	145
肉製品	34	108	142
チーズ	183	36	219
その他畜産物（卵、蜂蜜等）	30	9	39
油、油脂	109	15	124
果物、野菜、穀類	136	205	341
水産物	12	25	37
パン、菓子類	3	62	65
その他	39	50	89
計	584	617	1,201

資料）EUの地理的表示のデータベースであるDOORに基づき筆者作成

(3) 保護の内容

　登録された名称については、明細書の基準を満たさない産品に業として使用することが禁止される。禁止される範囲は、登録されている産品と類似の産品である場合や、類似でなくとも保護されている名称の評判を不当に利用する場合となっており、また、その産品を原料とする加工品についても禁止の対象である。さらに、名称の悪用、誤用、想起となる場合も禁止され、真の生産地が示されている場合や、翻訳されている場合、「style」「type」「imitation」等の表現が添えられている場合も同様となっている。1で説明したTRIPS協定の追加的保護の水準を超えて、想起（その名称を思い起こさせる表示）等も保護内容とされるなど、非常に手厚い保護内容である。また、TRIPS協定では、追加的保護の対象はワイン・蒸留酒の地理的表示に限られているが、EUでは、農産物・食品の地理的表示全般に手厚い保護が講じられている。なお、PDOとPGIで保護内容に差はない。

(4) 品質保証の仕組みと行政の役割

　PDO又はPGIとして登録された産品については、厳格な品質保証の仕組みが講じられている。具体的には、まず、登録に際して、生産地、品質、生産の方法等が明細書として定められる。そして、この基準に適合した産品のみが

登録名称を使用して市場に流通するよう、公的な管理当局（行政）から権限を与えられた独立の第3者機関が基準の適合状況をチェックすることとなっている。例えば、パルマハムの場合、豚の生産段階、食肉処理の段階、ハムの製造・熟成の段階で、それぞれ詳細な基準が定められているが、この基準を遵守した生産がされているかを第三者機関が検査等によってチェックし、基準に適合した産品のみが市場に出されるようにしている。こういった厳格な品質管理措置はEU制度の特徴の一つであり、これが地理的表示産品の評価を上げる一因となっていると考えられる。

また、基準に適合しない産品に地理的表示が使用されている場合は、公的管理当局（行政）が取り締まり、流通の禁止等の措置をとっており、これにより規制の実効性を確保している。公的管理当局は国の機関であることが多いが、スペイン等では地方自治体が管理当局となっている。

この取締りの業務のほか、地方自治体を含む行政は、地理的表示産品に関するプロモーションや生産者団体の活動支援等を行っている。

(5) 我が国制度との比較

我が国の制度は、EUの制度も参考に創設されたものであり、EUの制度との多くの共通点がある。具体的には、①品質等の特性と地域との結び付きの重視、②品質・生産方法等の基準を明示するとともにその基準を遵守する仕組み（品質保証の仕組み）、③基準を守る者が幅広く名称を利用できる仕組み、④地理的表示であることを示す特別のマーク、⑤行政による偽物等に対する取締り等である。

一方、いくつかの相違点もある。具体的には、①EUでは原料もその地域で生産するなど地域との結び付きの強いPDOの区分があるが、我が国ではそのような区分はないこと、②保護水準についてEUの方がより手厚い保護となっていること、③品質等の基準遵守の確保を行う主体が、EUでは独立した第三者機関であるのに対し、我が国では生産者団体であること、④既存商標がある場合、EUでは誤認を招かなければ地理的表示として保護が可能だが、我が国では商標権者の承諾がある場合等に限って保護が認められること等である。

このように若干の差はあるが、両制度とも、地域と結び付く特性を持った産品の保護によって、生産者の利益とともに、消費者の利益にもつなげようとす

る目的は同一であり、仕組みも非常に類似したものとなっている。

表4　EUの制度と我が国の制度の比較

	EUの保護制度	我が国の保護制度	備考
保護の対象	生産地域とつながりを持つ品質等の特性を有する農林水産物・食品の名称 つながりの程度により、PDO及びPGIの2種類	生産地域とつながりを持つ品質等の特性を有する農林水産物・食品（特定農林水産物等）の名称	EUでは、原料の生産も含めすべての生産がその地域で行われる等地域とのつながりが強いPDOの区分があるが、我が国にはない
保護水準 品質・生産等の基準	明細書に適合しない産品についての名称使用を禁止 真正の産地を表示する場合、翻訳、type等の表示（追加的保護）に加え、想起させる場合等も禁止	登録された産品以外についての地理的表示及びこれに類似する表示の使用禁止（類似する表示には、追加的保護の内容を含む）	EUは、追加的保護を超える手厚い保護 我が国の場合、「類似する表示」に追加的保護の内容を含む
基準遵守の管理	品質・生産等の基準を明細書として定め、公示	品質・生産等の基準を定め、公示	ほぼ同様の仕組み
違反に対する対応	公的管理当局または第三者機関によるチェック	生産者団体が農林水産大臣の審査を受けた生産行程管理業務規程に基づきチェック	EUは第三者認証、我が国は生産者団体による自己認証 行政による対応が行われる点で共通
名称を使用できる者	公的管理当局が行う（具体的な対応は各国による） 明細書に適合することが確認された産品については、誰でも使用可能	農林水産大臣の措置命令、命令違反の場合の罰則 生産行程管理業務を行う生産者団体の構成員たる生産業者及び当該者から直接・間接に産品の譲渡を受けた者	生産行程を管理する団体は複数設立が可能であり、基準遵守の体制が整いさえすればどの生産者も名称使用が可能な点で、EU制度と共通
同一の既存商標がある場合の取扱い	商品の同一性について消費者の誤認を招かない場合は、地理的表示の保護可能	商標権者が登録する場合、商標権者の承諾がある場合に限って、地理的表示の保護可能	我が国の場合、既存商標と同一の地理的表示の保護には、商標権者の承諾等が必要
特別のマーク	特別のマーク（PDO、PGI）の使用を義務づけ	特別のマーク（GIマーク）の使用を義務づけ	ほぼ同様の仕組み
一般名称化	登録名称は一般名称化しない	明示的規定なし	

資料）筆者作成

地理的表示の保護制度の活用に向けた地域の農業・食品産業の対応方向

一般社団法人食品需給研究センター　関根　隆夫

　「地理的表示（GI）のメリットは何か」－地域の生産者から率直な問いが、相談や問い合わせとして投げかけられている。しかし、まだ制度が施行されたばかりで未知数といえる。むしろ、この制度をどのように活用して、市場戦略を再構築するかにかかっていると思われる。そして、「この産品はGI登録に向いているのか」というストレートな問いも多く聞かれる。これは、「地域で育まれてきた伝統的な産品はどのようなものか」について生産者自身が整理することで自ずとみえてくるのではないだろうか。本稿ではこれらについて、地域の農業・食品産業における対応のあり方として考えてみたい。

　地域で育まれてきた伝統的な産品について、品質特性を明確に定義づけることが、GI制度の大きな特徴のひとつとなっている。実際に地域の産品についてみると、その品質特徴は何か。他産地の産品との違いは何かについて明確な定義があるのは意外に少ないのが実態である。産品の品質特性は、申請者ガイドラインによれば物理的、化学的、微生物学的、官能的な要素を踏まえて記載とあるが、具体的には外観・形状（大きさ、形、色、固さ・柔らかさ、模様等）、味覚（糖度、酸味、苦み、食感、固さ・柔らかさ、香り等）、栄養素（成分など）の要素を用いて整理するとよい。また、青果物等では出荷規格基準、牛肉・豚肉では枝肉格付規格等の基準を示すことで品質の客観性を保証することができる。GIを申請するにあたり、地域の生産者が品質特性について定義するために議論を重ねていく必要がある。しかし、だれがどのような方法で議論を進めていくかも大きな課題ではある。そして実際に産品の価値を共有することで地域の意思統一を図るまでたどり着くにはGI登録後、経済効果が生まれるまで待たなければならないかもしれない。

　また、地域の伝統的な産品について、その名称は地域共有の知的財産である点を、申請やその検討を機会にあらためて考える必要がある。その名称を他産地の生産者が使用して経済活動を行うことを排除すること、そして品質基準を守って生産する地域の生産者の参入も受け入れ、本来の品質特性を確立し維持し、消費者に提供することが可能となると考えられる。これもGIの特徴といえる。

　この品質基準を維持し、保証するためには、生産者は品種、生産方法（栽培基準・飼養基準、製造方法など）、出荷規格の基準について遵守する必要がある。また、生産（栽培、飼養、加工、製造）、集荷、検査、出荷販売等の各段

階ごとに、生産者、生産地、生産方法、出荷規格、出荷先・出荷量などについて生産者団体が検査・確認を行うことが求められている。このような品質保証の仕組みをつくることがＧＩの大きな特徴である。このことは産品の需要者や消費者の信頼を確保する観点からきわめて重要な仕組みといえる。

さらにＧＩ登録をめざし、どのように活用していくかについては市場戦略の再構築が重要である。市場戦略とは生産者団体がめざす市場における経済活動全体を方向づけるための戦略であり、事業の選択と組み合わせ、対象とする市場の設定、顧客への提案などをどのように整備するかの戦略である。今後のＧＩ産品を活用した農業・食品産業の活性化は市場戦略に左右されると言っても過言ではない。具体的には、まずは産品の価値（商品力）である。商品そのものが有する価値、おいしさ、魅力、楽しさ、安心感など。競争力や販売力を決定づけるものである。この価値基準を理解し共有することが出発点となるのではないか。２つめは消費者に提案するベネフィット（便益）である。消費者にどのような便益（例えば、おいしさ、健康機能、豊かな食生活、喜び、やすらぎ、人に贈る喜びなど）を提案するか。対象とする消費者の階層の絞り込みができているか鍵となる。３つめは市場標的の設定である。産品の価値を理解し、産品に最適な市場（業種業態や食品のカテゴリー）の絞り込みができているか。商品の品質特徴を活かし、その販売先の業種業態を絞り込む必要がある。そしてどのような方法で供給するかである。４つめは売価設定と荷姿・パッケージデザインである。対象とする市場（販売先の業種業態）に対応した売価設定がなされているか。また、荷姿やパッケージデザインがそれぞれの市場に最適な提案がなされているかである。５つめは顧客に対応した産品の価値の提案である。顧客（販売先・消費者）に対応した最適な商品価値が提案されているか。顧客とは小売業の場合、コンビニエンスストアから百貨店まで多様な業態がある。価値基準や品質水準は業種業態ごとに異なっており、それぞれリピーターが存在しているのである。

最後にＧＩ登録を活用して地域の農業・食品産業の活性化を図るためには、プロモーション活動を強化してことが重要となる。プロモーションのねらいは、ＧＩ産品の名称と品質価値を認知してもらうこと、理解してもらうこと、購買してもらうことである。このためには需要者や消費者の属性に対応した手法で情報提供や産品の提案活動を実施していく必要がある。このプロモーション活動は、地域、県、国の各段階で役割分担し、連携し、実施することが不可欠であるといえる。

農業・食品産業において地域間の競争が本格化するなか、ＧＩ制度のメリットを活かしながら、市場戦略を再構築し、プロモーションを強化していくことで需要者や消費者の支持を高めることにつながるものと考えられる。そして生産者の利益を守り、地域活性化の一助となることが期待されよう。

第4章
欧州における展開

木村　有紀（㈱NTTデータ経営研究所）

1　欧州の地理的表示制度とは

　地理的表示法が2015年6月から施行されている。地理的表示保護制度とは、特定の産地と結び付いた特徴のある農林水産物や食品について、その名称を登録して保護しようとするものである。例えばフランスのシャンパーニュ地方で一定の製法で作られた発泡酒だけが「シャンパン」を名乗ることができるのだ。

　地理的表示制度は、欧州で確立された食品認証システムである。1992年にEU規則が成立して以来、EU加盟国全体に導入されている。2006年からはEU以外の国からも出願できるようになり、インドや中国、タイからも農産物が登録されている。EU域内では「ダージリン」はインドのダージリン地方で作られたお茶だけが名乗ることができるのである。

　EU規則で保護される地理的表示には、保護原産地名称（Protected Designation of Origin：PDO）と保護地理的名称（Protected Geographical Indication：PGI）の2つがある。PDOの定義は厳しく、特定の地域で生産から加工まで一貫して行われたもの。一方PGIの定義はやや緩く、工程の一部が特定の地域で行われていればよい。

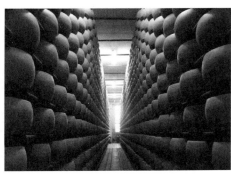
PDO パルミジャーノ・レッジャーノチーズ（伊）

PDO ジベッロの生ハム（伊）
（筆者撮影）

第 I 部　産地ブランド—地理的表示制度をふまえて—

地理的表示として守られているものには、ワインやシャンパンのほか、チーズ、生ハム、バター、米、塩、野菜や果物などさまざまな食品がある。

2　欧州の地理的表示制度は普及しているか
(1) 登録の実態
a) 右肩上がりの登録

欧州の地理的表示の登録は1996年から始まり、20年近い歴史がある。2015年7月31日現在、PDO は593件、PGI は646件が登録されており、毎年、着実に増えている。

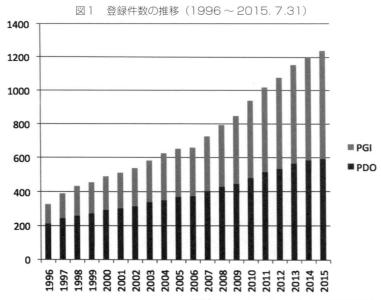

図1　登録件数の推移（1996～2015.7.31）

出典）European Commission, DOOR データベース

b) 中心は南ヨーロッパ

国別の登録件数をみると、最も多いのがイタリア、次にフランス、スペインであり、上位3か国で全体の半数以上を占めている。以下、ポルトガル、ギリシャ、ドイツと続き、これら上位6か国で全体の8割を占める。このように、欧州の制度といっても欧州の国すべてが等しく参加しているわけではなく、南ヨーロッパ諸国が中心となっている。

ヨーロッパで農業といえば、アメリカに次いで世界第2位の輸出額を誇るオランダが有名だが、オランダからの登録はわずか10件。これは中国からの登録件数と同じレベルで、全体の1％にも満たないのだ。

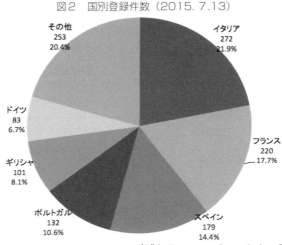

図2　国別登録件数（2015.7.13）

出典）European Commission, DOOR データベース

　南ヨーロッパに偏っているのには、歴史的、文化的な背景がある。そもそも地理的表示制度はフランスで始まったとされている。ブルーチーズとして有名なロックフォール・チーズは、中世の時代からロックフォール村の洞窟で熟成させたものと決められてきた。また、ワインは地元で実ったブドウから作られ、その土地の名前をワインの銘柄とする伝統もあった。

　ところが19世紀末にブドウに病害が広がり、ワインの銘柄の偽装が横行した。そのため1919年に原産地を名乗ることのできる土地の範囲を定める原産地統制呼称保護（Appellation d'Origine Contrôlée : AOC）に関する法律が制定された。さらに1935年には産地の範囲に加えてブドウの品種や糖度といった条件も定めるワインのAOC法が制定された。その後1955年にはチーズAOC法が制定されるなど、その他の農産物にも広がっていった。

　フランスのAOC制度はやがて近隣諸国にも広まり、スペインやポルトガル、イタリアでも原産地名称を守る制度が創設された。1992年のEU規則は、これらに基づいて制定されたのである。南ヨーロッパ諸国はもともと国内で認証していた食品をEUへ申請できるため、登録件数が圧倒的に多いのである。

(2) 消費者の認知度
a) 知られていなかった地理的表示マーク

　1996年に登録が始まってから10年以上が経過した頃、地理的表示制度の評価が行われた。食品の認証制度というものは、消費者がパッと見てわかることが重要だ。そこで一般の人がどれだけPDOやPGIのロゴマークを知っているか調べたところ、EU平均でたった8％の人しか知らないという結果となった。

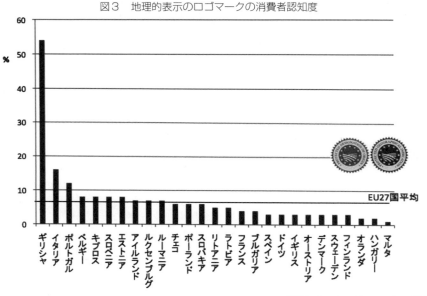

図3　地理的表示のロゴマークの消費者認知度

出典）London Economics（2008）

　ギリシャだけが54%と突出して高い認知度だが、これは当時ギリシャの名産品のフェタチーズが地理的表示として守られるかどうかというニュースが大きく報道されていた影響とされている。

　登録件数の多い国を見ると、イタリアでは16％の人が、ポルトガルでは12％の人が知っていたが、フランスでは4％、スペインでは3％とほとんどの人が知らないという状況だった。当時、ロゴマークの表示は任意とされていたため、ほとんどの人は気付いていなかったのである。そこで、地理的表示制度の認知度をもっと向上させようと、2009年よりロゴマークの表示が義務付けられることとなった。

第4章　欧州における展開

> ～「フェタチーズ」は誰のもの？～
>
> 　フェタチーズは、山羊と羊の乳から作られる地中海沿岸東部の伝統的なチーズである。ギリシャではよく食卓に上る食品で、1930年代からフェタチーズの生産をルール化し、1988年には生産方法を法律で定めていた。
>
> 　しかし、フェタチーズを作っていたのはギリシャだけではない。デンマークやフランス、ドイツ、イギリスでも作られており、ギリシャより生産量が少ないものの、輸出量はギリシャよりも多かったのである。フェタチーズが1996年にギリシャのPDOとして登録されると、その他の生産国はこれに反対して欧州司法裁判所に提訴した。「フェタ」はチーズの種類を指す一般的な名称である、ギリシャだけのものではない、と主張したのである。
>
> 　確かに「フェタ」という地域があるわけではない。フェタはいったんPDOから登録を外されたが、検討の結果、一般的な名称ではないとして2002年に復活。しかしフェタ生産国は、自国の生産品を守るためさらに控訴し、争いは続いた。
>
> 　結局、ギリシャ以外のフェタ生産国では牛乳から作られていること、国内での消費が少ないこと、ギリシャらしい商品パッケージが多く、消費者がフェタをギリシャに関連づけているとして、2005年、ついにギリシャのフェタチーズがPDOとして認められることとなった。その他のフェタ生産国は、商品の名称の変更に3年間の猶予が与えられた。
>
> 　このように、何が地理的表示として認められるのか、合意することは難しいのである。

（筆者撮影）

b) 知られている国、そうでない国

　表示が義務化されるようになって、地理的表示のロゴマークの認知度は徐々にあがってきたようだ。2008年にはEU平均8％であったものが、2014年には13～14％に伸びている。

　地理的表示産品をたくさん登録している国では消費者の関心も高い。登録件数の多いイタリア、フランス、スペインにおけるPDO認知度はそれぞれ30％、20％、19％である。しかし、登録が少ない国では当然ながら消費者の関心は低い。イギリスでは4％、オランダでは2％と今でもほとんど知られていないままである。

図4 地理的表示のロゴマークの消費者認知度の推移

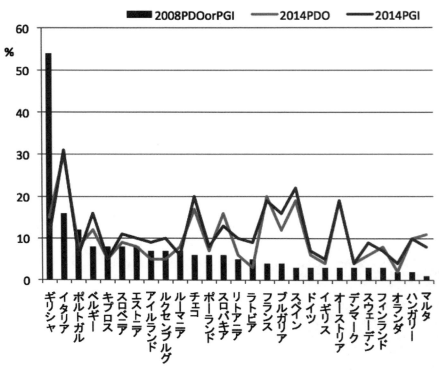

出典）London Economics（2008）及び TNS Opinion & Social（2014）

c）イタリアとアメリカを比べる

 欧州の制度は、欧州以外の地域では知られているのだろうか。イタリアとアメリカの消費者にインターネットでアンケートをして調べてみた。イタリアは地理的表示産品の登録数が最も多い国、アメリカはイタリア産食品の最大の輸出先である。調査は、2014年8月1日〜8月5日に実施した。調査対象は20歳〜69歳の男女約400名である。

 EUの地理的表示制度のロゴマークとともに、国際的な認証制度であるフェアトレードマークやEUの有機栽培食品の認証マークを知っているかどうか、尋ねてみた。その結果、イタリアではEUの認証マークを知っている人は4割以上だった。一方、アメリカではイタリアより少なく、PGIは15.2％、PDOは13.6％の人が知っていると答えた。

フェアトレードのマークの認知度は、アメリカの方がイタリアに比べてとても高い、という結果だった。

図5　イタリアとアメリカにおけるEU地理的表示ロゴマークの認知度

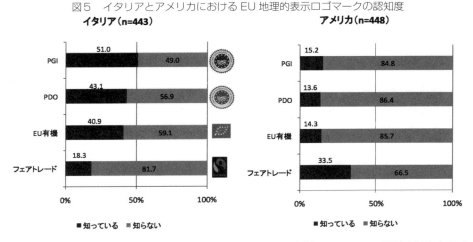

出典）NTTデータ経営研究所（2015）

　EUの地理的表示制度のロゴマークがイギリスやオランダでほとんど知られていないことを考えると、アメリカで15％程度の人が知っているのは驚きである。アメリカからEUの地理的表示制度に登録しているケースはゼロなのだが、ロゴマークのついたEUからの輸入食品を目にしているのだろう。
　EUの登録制度は、EU以外の消費者にも普及していく可能性は十分ありそうだ。

d）地理的表示を知っている人とは

　いったいどのような人が地理的表示制度を知っているのだろうか。アンケート調査結果を年齢、性別、世帯年収、学歴、職業別に集計し、グループ間で統計的に差があるかどうかを調べてみた。
　その結果、年齢別に差があることがわかった。イタリアでは20代〜30代ではPDOマークを知っている人が多く、60代では少なかった。アメリカでも30代では知っている人が多く、50代では少なかった。
　また、アメリカでは、女性よりも男性の方が知っている人が多かった。

第Ⅰ部 産地ブランド―地理的表示制度をふまえて―

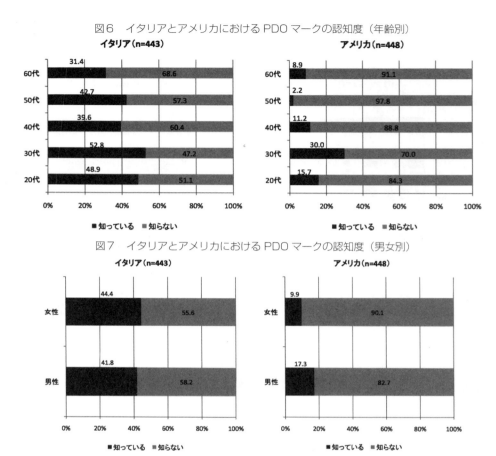

図6 イタリアとアメリカにおけるPDOマークの認知度（年齢別）

図7 イタリアとアメリカにおけるPDOマークの認知度（男女別）

イタリアでは男女や世帯年収、学歴等による差はなかった。アメリカでは高収入世帯、経営者とフルタイムの会社員はマークを知っている人が多く、自営業、学生、主婦、退職者は少ない傾向はあるが、統計的な差があるほどではなかった。

また、食に関心の高い人には、ロゴマークを知っている人が多いことがわかった。アンケートで次のような質問をして、すべてに「当てはまる」と答えた人を抽出し、回答者全体と比べてみた。

・自炊を心がけている
・有機栽培食品を食べるようにしている
・肉より野菜を食べるようにしている

・冷凍食品より新鮮な食品を食べるようにしている
・輸入食材よりも地元の食材を食べるようにしている

　いずれの国でも食に関心が高い人はロゴマークを知っている人が多いが、特にアメリカでははっきりとした違いが現れた。

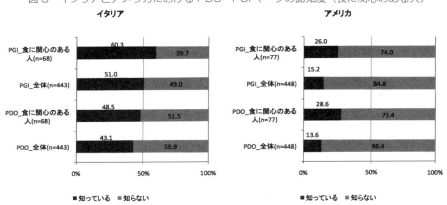

図8　イタリアとアメリカにおけるPDO・PGIマークの認知度（食に関心のある人）

　今回の調査をまとめると、地理的表示を知っている人とは、イタリア、アメリカ共に20代〜30代、食に関心の高い人、そしてアメリカでは男性が多いことがわかった。

3　欧州の地理的表示登録品は売れているか

(1) 地理的表示登録品の売上

a) 地理的表示の収益への影響

　2008年に発表された地理的表示制度の評価で18品目のPDOやPGIについて、認証されていない同等の食品と比較したところ、より高い価格で取引されているものが14品目、同じ価格のものが4品目であった。価格差は5％から300％まで様々である（London Economics 2008）。

　一方、地理的表示として登録すると、生産コストも上昇してしまう。定められた条件に基づいて生産加工しなければならず、検査や認証も受けなければならないからだ。

　価格の上昇からコストの上昇を差し引いてトータルでみた場合、影響はまち

まちである。7品目では収益が上昇、6品目で目立った効果は見られず、5品目では不明、との結果となった。収益が上昇した場合でも、効果は2％から150％までと幅がある。地理的表示に登録したからといって、それだけで収益に結び付くとは限らない。

それでは、地理的表示に登録するメリットは何だろうか。同調査でPDOやPGIの生産者95名にアンケートを行ったところ、地理的表示の収益性への効果は限定的と感じているが、評判が良くなるという点で高く評価しているようだ。

b）売上の推移

地理的表示産品の2010年の売上は、生産地の卸段階で543億ユーロ、日本円で約7.5兆円と推定される。EUにおける食品全体の売上が9,562億ユーロであるので、地理的表示産品は全体の5.7％である。

内訳はワインが過半数（56％）を占め、農産物・食品は3割ほど（29％）、その他はスピリッツ類である。登録品数も年々、増加しており、2005年からの5年間で売上は12％増加している。

図9　欧州地理的表示産品の売上の推移

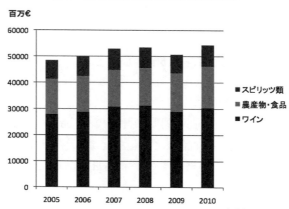

出典）AND International（2012）

最も売れている商品は、フランスのワイン、次にイタリアのワイン、イタリアの農産物・食品、イギリスのスピリッツ類、スペインのワインと続く。

販売されている市場は、国内が過半数（60.1％）を占め、EU市場とEU外への輸出はそれぞれ2割ほど（20.4％、19.5％）である。

c）輸出

地理的表示産品の2010年の輸出額は115億ユーロ、日本円で約1.6兆円と推定される。内訳はワイン（51％）とスピリッツ（40％）が大きく、農産物・食品は1割（9％）である。

地理的表示登録品の売上は食品全体の5.7％に過ぎないが、輸出の売上に限ってみると15％を占めており、輸出における重要性が高い。

表1　輸出売上における地理的表示登録品のシェア

品目	輸出全体 百万€	地理的表示登録品 百万€（％）	地理的表示登録品 のシェア
ワイン	6,732	5,886（51）	87％
スピリッツ	7,167	4,614（40）	64％
農産物・食品	61,713	1,007（9）	2％
合計	75,612	11,507（100）	15％

出典）AND International（2012）

輸出先は、アメリカが約3分の1（34億ユーロ）で圧倒的に多い。アメリカがEUから輸入する食品・飲料の30％は地理的表示産品と推定されている。以下、スイス（8.4億ユーロ）、シンガポール（8.3億ユーロ）、カナダ（7.3億ユーロ）が続く。

(2) 消費者の購入意欲
a）地理的表示登録品を買う人とは

本書2(2)cに前述したアンケート調査の中で、回答者全員にPDO食品とはどのようなものかを説明した後、購入意欲をたずねてみた。その結果、「認証を受けない食品より高くてもPDO製品を買う」と答えた人は、イタリアでは79％、アメリカでは46.7％であった。

図 10　消費者の購入意欲

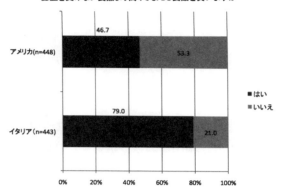

出典）NTT データ経営研究所（2015）

　回答者の性別や年齢、年収、職業などの属性をみると、イタリアでは違いはなかったが、アメリカでは 20 代～30 代の購入意欲が高かった。

　また、もともと PDO マークを知っていた人は、価格が高くても PDO 食品を購入すると答える割合が高いことがわかった。特にアメリカでは、PDO マークを知っている人は、20 ポイント以上も購入意欲が高い。

図 11　消費者の購入意欲（認知度別）

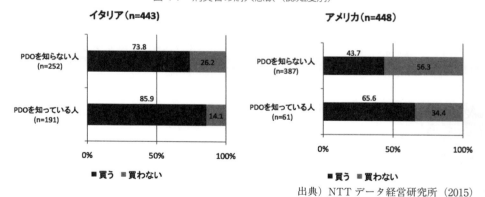

出典）NTT データ経営研究所（2015）

b）プレミアム価格

　「認証を受けない食品より価格が高くても PDO 食品を買う」と答えた人に対し、どれくらい高くてもよいかを尋ねてみた。認証を受けない食品の価格を

イタリアでは€20、アメリカでは$20と仮定し、PDO食品の価格を10%プラスまで、20%プラスまで、30%プラスまで、それ以上、の4段階で尋ねた。

購入意欲はイタリアの方が圧倒的に高かったものの、プレミアム価格の許容範囲はそれほど違いがなく、むしろアメリカの方が高価格帯まで許容する人が若干、多かった。回答者の性別や年齢、年収、職業などの属性をみると、イタリアでは違いはなかったが、アメリカでは男性の方が価格の許容水準が高かった。

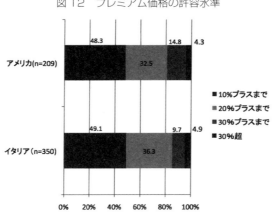

図12　プレミアム価格の許容水準

出典）NTTデータ経営研究所（2015）

4　欧州の地理的表示はどう守られているか
(1) さまざまな地理的表示の考え方

ところで「北海道産モッツァレラチーズ」や「パルメザンチーズ」という商品をスーパーで見かけたことがある人も多いだろう。これはEUの地理的表示規則からみると違反表示なのだが、日本はEU加盟国ではない。日本が加盟している世界貿易機構（WTO）の「知的所有権の貿易関連の側面に関する協定」（通称TRIPS協定）では認められている表示なのだ。

このように、地理的表示を国際的に保護する制度はEU規則の他にもいくつかあり、それぞれ保護の仕方も違っている。考え方の違いから、国際的な場でも議論が続いている。例えばWTOのTRIPS協定は159か国が加盟しているが、EUをはじめとする国はすべての品目で保護のレベルを厳しくするよう主張している。一方、米国、カナダ、オーストラリアなどは欧州の地名にちなむ

商品を生産していることから、今の保護水準を支持する立場である。EUでフェタチーズを巡りギリシャとその他の生産国が争ったように、同じような対立がWTOでも続いている。

表2　地理的表示を保護する国際的な制度

条約名	リスボン協定	EU地理的表示規則	TRIPS協定
締結年	1958	1992	1995
加盟国	28カ国	28か国	159カ国
国際登録制度	○（世界知的所有機関WIPOの国際事務局へ登録）	○（欧州委員会へ登録）	×（国内法の整備を求めるのみ）
保護の効力	登録された原産地名称は、すべての加盟国で保護	登録された原産地名称は、すべての加盟国で保護	原則、自国での保護のみ。
特徴	「○○産」「○○風」等を認めない	「○○産」「○○風」等を認めない	・ワイン・スピリッツは「○○産」「○○風」等を認めない ・その他の一般品目は「○○産」「○○風」等を認める

(2) 模倣の実態

　欧州で地理的表示制度が確立された、といっても、規則がきちんと守られているわけではない。例えば、イギリスの老舗高級百貨店ハロッズで販売されていた「トスカナ・エキストラ・バージンオリーブオイル」が実はイギリスで瓶詰めされたものだった、という事件があった。本来、生産から加工まですべての段階がイタリアのトスカナ地方で行われていなければ「トスカナ」という名称を使ってはならないのである。このケースはイタリア当局が抗議して、ハロッズは販売を中止した。

　また、世界中に展開するサンドイッチ店サブウェイのドイツの店舗では、「サルサ・アジアゴ」がサンドイッチの中身として販売されていた、という事件があった。アジアゴ・チーズはイタリアのPDO登録品であり、これもイタリア当局が抗議している。

　そのほかにもイギリス産「サン・ダニエル・ハム」、ポーランド産「モデナのバルサミコ酢」、スペイン産「モルタデーラ・ボローニャ・ハム」、ベルギー

産「ゴルゴンゾーラ・チーズ」など、イタリアの地理的表示の侵害は多数に上る。
　イタリア食品産業連盟の発表によると、2010年のイタリア産品の模倣被害額は推定60億ユーロ、日本円で約8,300億円にのぼる。この中には地理的表示の侵害のほか、商標の侵害、デザイン及び著作権侵害が含まれる。さらにイタリア以外の産地を表示していてもイタリア風の名前を使ったり、イタリアの国旗のカラーをパッケージに使ったりなど、消費者にイタリア産と誤解させるようなケースを問題視しており、その被害は540億ユーロ、約7.5兆円と推定している。
　フランスでも、イタリア産「シャンパン」、ポルトガル産「ボルドー」、トルコ産「ボジョレー」等の被害がある。また、「ショコニャック」という名前のチョコレートが問題になったこともある。フランス当局は、フランスの地理的表示を侵害すると思われるケースについて、年間50件ほど抗議を行っているそうだ。

(3) **模倣対策**
a) イタリア
　① 政府による取り締まり
　　EU規則では、地理的表示の侵害は政府が取り締まることになっており、これをEX Officio（政府の責任）制度という。イタリアでは、農業食糧森林政策省の農産加工品・品質保護・不正防止中央監査機関（ICQRF）に取り締まりの担当部署 Unit Ex Officio が設置されている。
　　ICQRFでは国内外の地理的表示についてインターネット上の監視を行っている。2014年4月にはイタリア農業食糧森林政策省、イタリア地理的表示コンソーシアム協会（AICIG）、アメリカの電子商取引大手eBayと覚書を取り交わしている。ICQRFやAICIGがeBay上で原産地認証産品のコピー品を発見したら、eBayに報告すればすぐにその広告を削除してもらえるしくみだ。EU内でコピー品が出回っている場合にはICQRFのUnit Ex Officio がその流通を抑止するのである。
　　このような監視のほか、消費者啓発も重要と考えており、2013年からGoogleのサイトにイタリアのPDOやPGI食品を詳しく紹介する「Made in Italy」のページを公開している。

② コンソーシアムによる取り締まり

地理的表示産品の生産管理団体が組織するイタリア地理的表示コンソーシアム協会（AICIG）も独自の監視活動を行っている、AICIG では、Alibaba（阿里巴巴）、T-mall（天猫）、Taobao（淘宝網）、eBay といった中国やアメリカのインターネットショップ大手のサイトの監視を行っている。また、監視マニュアルを作成してエージェントに提供し、世界各地の小売店舗の監視も委託して行っている。

b）フランス

フランスでは、原産地呼称機関（INAO）がその役目を果たしている。INAO は農林水産物や食品に関する地理的表示と品質表示を管理する機関で、政府7割、民間3割の資金により運営されている。2014 年時点、EU の PDO に相当する AOC や、EU の PGI に相当する GIP をはじめとして、フランス国内のさまざまな品質表示を管理している。

INAO では地理的表示の侵害について、国内の監視を自ら行い、国外の監視を民間事業者に委託して行っている。民間事業者は、世界中の商標登録の状況を常時監視し、INAO に報告する。INAO は報告を受けて疑わしいケースに対応し、世界中に 40 名ほどいる協力弁護士に相談して年間 50 件ほどの抗議活動を行っている。その際の抗議費用は、INAO と侵害を受けた生産者団体が折半するしくみである。

c）EU 域外での模倣を防ぐには

① 国際協定を結ぶ

EU の地理的表示制度は、加盟国以外の国には効力が及ばない。そのような地域で地理的表示を保護するためには、知的財産に関する国際協定が必要となる。1994 年にオーストラリアとのワイン協定を皮切りに、EU ではメキシコ、チリ、南アフリカ、カナダ、アメリカなど、ワインやスピリッツの生産国を中心に交渉してきた。シャンパンやコニャックといった EU の地理的表示を守ってもらう代わりに、テキーラやカナディアン・ライ・ウィスキーなどの名称を EU 内で守ることになっている。

ワイン・スピリッツ以外の農産物や食品では、2011 年に署名された EU-

韓国自由貿易協定が初めての例である。協定にはお互いが合意した地理的表示の品目をリスト化し、保護するしくみとなっている。

② 権利化する

地理的表示を守るためには、当然ながら、まずは権利として認められなければならない。地理的表示が法的に認められない国でも、商標や意匠なら登録できる場合がほとんどである。このような制度を活用し、生産者団体自らが知的財産として認められる形で権利化することが第一歩である。

③ 啓発する

模倣を抑制するには、消費者に生産者やその産品を理解してもらい、知的財産としての地理的表示の重要性を認識してもらうことが重要である。消費者に対して生産者側の情報を積極的に提供することで、産品のプロモーションと模倣の抑止につながっていくはずだ。

5 最後に

地理的表示には、生産者が自らの産地に由来する商品にプライドを持てるようになること、消費者にそのような産品を知ってもらい、買ってもらうこと、それにより生産地が活性化することが期待されている。

欧州の事例を見ると、1992年に規則が成立したとはいえ、しばらくは一般の人に知られていなかった。今でさえ、最も登録産品の多いイタリアで4割、EU全体では1割強の人しか知らないのである。また、登録したからといって収益性が向上するとも限らない。地理的表示制度は、それだけですぐに生産者にメリットをもたらすものではないのである。

まず、地理的表示制度がうまく機能していくためには、認証する側と認証される側の人だけに閉じたものでなく、食品を購入する一般の人にも広く知ってもらう必要がある。また、収益性を向上させるには、マーケティング戦略も必要である。

今回行ったアンケート調査によると、地理的表示制度は年代の若い人、食への関心が強い人には訴求しやすい。地理的表示制度を知っている人は、たとえ登録品が他の商品より高くても買ってくれる。買ってもらうためには、消費者に対して制度や産品のプロモーションを積極的に行うことがとても重要である。

知名度が上がれば、やがて偽物が出回る。良いものは模倣されるのが常であり、模倣は成功の代償のようなものだ。とはいえ、ブランドを守るために偽物を監視し、放置せずに対抗することも必要だ。欧州では、政府が取り締まるだけではなく、生産者が自ら組織化し、国境を越えて eBay などのオークションサイトも含めてインターネットでの監視活動を行っている。

欧州の地理的表示制度がもともと産地と食品を結びつける文化のある国で普及していることを考えると、地域の名産品を求める文化のある日本にも親しみやすい制度になるはずだ。制度をつくるのは国の役割だが、行政のみに依存するのではなく、その制度をうまく使って地域ブランドを育てていくのは産地の人々自身の努力に委ねられている。

(本章の一部は農林水産政策科学研究委託事業を活用した。)

参考文献

- AND International, "Value of production of agricultural products and foodstuffs, wines, aromatised wines and spirits protected by a geographical indication (GI) Final report." 2012
- European Commission, Agriculture and Rural Development, Database of Origin & Registration (DOOR) http://ec.europa.eu/agriculture/quality/door/list.html
- Federazione Italiana dell'Industria Alimentare（イタリア食品産業連盟）"II giornata nazionale anticontraffazione, Elementi per intervento vice president Pancrazio." http://www.federalimentare.it/documenti/II%20Giornata%20Anticontraffazione/LE%20POSIZIONI%20E%20LE%20RICHIESTE%20DI%20FEDERALIMENTARE.pdf, 2011
- London Economics, "Evaluation of the CAP policy on protected designations of origin (PDO) and protected geographical indications (PGI) Final report." 2008
- NTT データ経営研究所 「平成 26 年度農林水産政策科学研究費委託事業農産物における知的財産を保護する制度の評価及び科学技術のマッピング報告書」2015
- TNS Opinion & Social, "Europeans, agriculture, and the common agricultural policy (CAP) report." 2014
- WIPO, "Defining a name's origin: the case of Feta." http://www.wipo.int/ipadvantage/en/details.jsp?id=5578 2015 年 8 月 5 日アクセス
- 農林水産政策研究所「地理的表示の保護制度について － EU の地理的表示保護制度と我が国への制度の導入―研究報告書」2012

第Ⅱ部 産地ブランドと地域再生

第5章
産地戦略と地域活性化

湯田　元就　(㈱　日本能率協会総合研究所　主幹研究員)

　国内外の市場環境の変化は、農林水産業を競争の激しいグローバル市場に否応なく巻き込み、付加価値につながる独自性が求めている。そのような独自性に含まれるものとして、地域で長年にわたり育まれてきた伝統や文化がある。地域の歴史が資産となるわけであるから、地域ぐるみで産品や産地の付加価値を高める活動に取り組む。産地戦略は、地域が目標を共有し、市場においてより有効な手立てを実行するための航海図になる。

1　産地の"古きを温ねて新しきを知る"

> 　地域で育まれた風土や文化・歴史は付加価値創出の源泉であり、産地においてその文化・歴史等を経済価値に転換する仕組みをデザインする必要があります。地理的表示の取り組みは、地域振興を介した産地のアイデンティティを回復する地域百年の計につなげていかなければなりません。

　産地として変化に対応する力をいち早く身に付けることにより、変化は新しいチャンスとなるはずである。ここでいう変化とは、市場環境のみならず、産地の経営資源、技術動向、地球環境、政治、制度など生産、流通、販売に係わるあらゆる変化である。そして、現在のグローバル化する社会に適合した新しい価値観に基づいて、これまでの歴史や伝統を振り返り、産地の伝統や歴史を経済に転換し、価値を生み出していく仕組みを産地自身が考えることが求められている。

　かつて高度経済成長以前の日本には「村落共同体」があり、地域の限られた資源を分かち合ってコミュニティを維持してきた。お祭りなどの地域で古くから伝わる活動は、自然との共生の中で地域の人々が生き・つながることの拠り

どころとなっていることも少なくない。我が国の「村落共同体」による地域資源の分配の歴史を、その資源を活用して新たな価値を創出する「共創体」に昇華し、地域ぐるみによる高度な戦略性により戦う態勢を整える必要がある。長い歴史の中で時代ごとに新しい文化を取り入れ融合しながら、独自の文化に昇華することで現在の日本の伝統や文化がある。特に、江戸三百諸侯の時代には、河川の流域を単位として自然との共生を通じて、それぞれの地域に適した多種多様な文化が形成された。

　国の経済力の面では豊かになった一方で、地域社会のつながりは希薄になっている。今後、農林水産業は、これまで以上に国の根幹を支え、地域のアイデンティティとなり、地方創生の源となる重要な産業に違いない。国土が狭く生産性の低いわが国の農林水産業にとって地理的表示保護制度は、自由貿易の中で、地域に根付いた農林水産品等の価値を認めることによって、地域の暮らし、産業、文化等を保護する仕組みであると言える。日本は南北に細長く変化に富んだ気候や風土に恵まれ、多様な農林水産物と食の伝統技術、食品加工技術がある。

　地理的表示保護制度への産品等の登録及びその活用は、その制度の趣旨からも、個人やある生産団体または商業者など地域の一部の利益のためにあるのではなく、産地や産地を取り巻く関係の地域も含めた地域全体の資産であり、誇りとなるものである。産地全体の価値を向上していく将来像を描くことなしに、例え運よく産品等の登録がなされたとしても、それはこれまで産地において綿々と受け継がれてきた資産の上に胡坐をかく行為であり、一時良い時があったとしても、長い目で見れば、かえって産地としての価値を棄損する結果になるかもしれない。地理的表示に資する産品等は、産地において長年の積み重ねてきた結果であることから、産地の利害関係者が集まり、産地戦略を丁寧に検討することにより、その価値を正当に次の世代に繋いでいく産地百年の計となる。

2　グローバル市場で勝つ「独自性」を見出す

> グローバル市場では、産地の独自性をいかに発揮するかを考えることが重要です。地理的表示は、グローバル市場で勝ち抜くための武器になります。産地には、地域ぐるみで考え、世界標準の品質基準と産地戦略を実現するグローバルな視点と地域での積極的な行動が求められています。

　グローバル化の進展は、国境の壁が低くなる一方で、地方の文化や伝統に根差した「独自性」が付加価値を生み出す時代である。地域の活性化を考える際には、全国横並びで安心してしまうことはやってはいけないことであり、他とは違う「独自性」を発掘することが極めて重要となる。地理的表示は、その最も重要な要素の1つになる。産地戦略を考える上で、地域の外部の状況を知ることは重要である。しかし、先ずは地域の内部に目を向け、そこにある価値あるものを見つめ直すことが必要である。地理的表示保護制度では、産品等と産地との結び付きが申請に際して問われるが、これを単に作文の世界と解釈をしてしまうと、みすみす地域にある資源を価値のないものにしてしまいかねない。産品等と産地の結び付きについては、科学的に証明する、しないという問題ではなく、又は、糖度が高い、低い、さらに言えば、おいしい、おいしくないというような問題でもない。地理的表示における産品と産地の結び付きの重要性は、グローバル市場においてその存在感を示し、産品等もしくは産地の「独自性」を需要者に対してストーリーとして語れることに意味がある。

　そこに暮らしていると意外なほど気付かないことも多いものだが、地域に根付く文化や伝統、風土は、他者には真似することのできない唯一無二の地域の資産であり、地理的表示は、自由貿易主義に抗う重要な武器となる。国際的にもWTO（世界貿易機関）協定の枠組みの中で地理的表示保護制度が確立しており、既に110か国を超える国々で導入されており、欧州の国々を中心に地域に根付いた農産物や歴史ある一次加工品の価値は高まりをみせている。地理的表示の活用は、いわば、世界的な大競争という厳しい経済環境の中で、地方の持続的な暮らしを支える農林水産業・農山漁村の活性化の拠りどころとなるものである。地域で育まれた伝統と特性を有する農林水産物や食品であり、かつ、品質等の特性が産地と結び付いた地理的表示に資する産品等は、間違いなく他

の産地や外国には真似のしようのない地域の宝である。TPP等自由貿易制度に対処するには、産品等の個性を生かし、世界標準の品質をもって、地域ぐるみによる高度な戦略性をもって産地の強化を図っていくことをおいてほかにはない。産地を持続的に成長させ、守っていくことの最大の意義は、そこで生まれる人・育つ人の帰する居場所づくりだと思う。世界的な大競争や変化が著しいストレスの多い社会だからこそ、心の拠りどころとなる郷土の重要性や地域に根ざす文化や伝統の価値が増してきているのだと思う。

そもそも地理的表示とは、地域ブランド産品等の名称のことであり、その名称を聞けば産品等の特性や産地が特定できる農産品等を指す。地理的表示を、国の制度である地理的表示保護制度に登録し、お墨付きを得るには、産品等の特性が、生産地の有する自然的要因や人的要因と結び付いていることが求められ、その状態で、産品等が一定期間継続して生産されていることが必要である。登録された産品等には「地理的表示マーク」を付すことができ、不正使用に対して個々の事業者の代わりに国が取締りを行うなどのメリットがある。しかし、国内法で定められた制度であることから、登録されたとしても直ちに海外で産品等の名称が保護されるものではなく、基本的には日本国内でしか効力は及ばない。農林水産省では国内及び海外の主な農林水産物の輸出先国に「地理的表示マーク」の商標登録の出願を進めている。また、今後、政府による二国間交渉などを通じて、海外での保護が進む可能性は大いにあり、海外においても、「地理的表示マーク」や地理的表示を製品に付すことで真正品であることを特定でき、差別化することは可能になるものと考えられる。

農林水産省の制度である地理的表示保護制度と類似する制度として、特許庁が所管する地域団体商標制度がある。双方ともに地理的表示に係る知的財産を認めることにより特色ある地域づくりに資する制度である。ただ、いずれの制度も単に登録されただけでは販売促進効果は限定的であると言える。このことは、先に制度化された地域団体商標制度の申請にご苦労された600件近い団体の方々は大いに感じられていることではないかと思う。一方で、申請に当たり、団体内部において商品に対する考え方の統一や基準づくりに取り組まれたり、関係する団体との調整に気を配られたりした団体では、構成員のモチベーション向上につながった、模倣品が減少した、イメージアップにつながったなど得るものもあったという話を聞く。地理的表示保護制度への申請に際しても、

登録すること自体を目的とするのではなく、地域が1つとなり、どのように販売し、どのように地域全体を盛り上げて行くのか、また、品質をどのように維持し第三者に対して担保していくのかを合わせて考えておくことで産地として得られるものは多いに違いない。産地戦略策定の重要性は、策定過程を通じて地域が一つになってグローバル市場に対し地域ブランドを育てていくことにある。どちらの制度が有利であるとか、どういう場合どちらが良いのかの前に、当該地域において地域ブランドとしてどのように戦略を考えていくのかという議論が先だろうという気がする。いずれにしても、これまで地域で育まれてきた産品等があることの幸運と、品質管理体制を構築することの努力と、産地戦略の立案による地域ぐるみの協調関係が、地理的表示を活用していく上で求められている。

3　産地戦略立案に向けたステップ

> 産地戦略を立案し地域活性化につなげる鍵は、「地域ぐるみ」で取り組むことです。地域ブランドに資する産品と利害関係者をリストアップから始め、関係者の呼び掛け地域全体で考えます。地理的表示は、産地の共有財産として長期的な視点で産地価値向上に取り組みます。安易な申請や登録を認めず価値ある制度に育てることが重要です。

グローバル市場において地域が持続可能な成長軌道を描き続けるには、産地で地域資源を共同で管理し、6次産業化も念頭に置きながら新たな価値を創造していく仕組みを産地に組み込んでいくことが求められる。産地が置かれた状況は様々だが、地域活性化を図る鍵は、「地域ぐるみ」で取り組むことができるかにかかっている。産地戦略を検討する際には、先ずは広域的な視点から、都道府県の農政関係部署や地域ブランドを担当する部署、都道府県単位の農協等の団体が主導して、地域ブランド化を目指す産品等の情報を整理し、地理的表示の候補となりうる産品等のリストアップを行うことから始める。地理的表示は地域共有の財産であること、また、地理的表示保護制度への登録申請には地域での合意形成が前提条件となることから、リストアップした産品等について、その特性や産地の状況等、想定される生産者団体に関連情報を提供し、地

域の関係者に広く呼び掛けから始める。呼び掛けを通じて、地域全体での取り組み体制を構築する。合わせて、関係者への呼び掛けの際には、産地や産品等に関する現状の整理を行う。

図1　産地戦略策定に向けたステップ

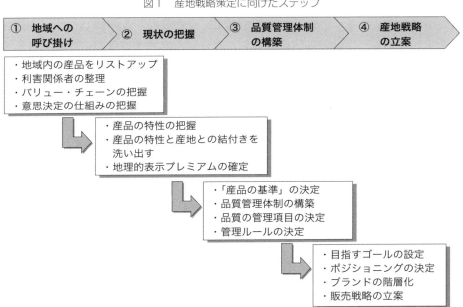

出典）筆者作成

次いで、産地の現状の把握を行う。準備段階でもあり、行政等の広域的な団体が推進役の役割を担う必要があるかもしれないが、生産者自身が主体的に参加できる環境を醸成することが望まれる。産品等のバリュー・チェーン（生産から販売・消費までの一連の流れ）や産地内での意思決定はどのようになっているかを整理する。登録申請の際には、産地の範囲などを明確にし、産地の内外で異議が出ないように事前に状況を把握する。市場環境と地域の実情を踏まえつつ、「産品等の基準」を設定する。「産品等の基準」を厳しくすることで、国内外の他の市場からの参入を防御し、付加価値を高める戦略を選択する場合に有効である。ただし、産地自身にも基準を満たすことが厳しくなるため、地域においてどのような戦略を採るかを考える。目標を見据えて、産品等が有する価値をアピールし、他者には簡単に真似のできない独自のストーリーを産地で

共有、強化することにより、類似や代替商品に対して優位性を構築できる。産地が発信する独自のストーリーは共感する需要者を引き寄せ、新たな市場を創り出す。需要者との相互作用によりストーリーは強化され、さらなる成長を促す。そして、需要者がその産品等に対して期待する「品質への信頼」と品格を備えることになる。産品等の品質管理に関しては、関連する検査、試験機関等についても整理する。これらの情報を基に、専門家なども招聘しつつ、検討資料を示しながら、生産者等関係者自らが取り組む品質管理体制の構築や産地戦略の立案につなげていく。

　産地が一つにまとまり品質基準やその管理体制や産品等の販売方法を考えることで、地理的表示登録に向けた説得力が増すとともに、その後の産地価値向上の取り組みに寄与することになる。一方で、申請後、不運にも何らかの理由で登録に至らなかったとしても、産地が一体となって品質管理体制や産地戦略を策定することで次につながる大きな効果が期待できる。地理的表示保護制度では、他の知的財産の制度と異なり、登録申請に際して産品等の品質を明細書に規定し、その品質を維持するための品質管理体制を定めることが求められる。そして、産地として登録するため、申請した生産者団体は、その範囲で生産する生産者に対して、明細書によって定めた品質基準を遵守する限り、登録した産地内の共有財産として産地内の生産者を排除することはできない。地域の合意が不十分な場合には、異議申し立てや審査において登録が認められなくなる可能性がある。地理的表示保護制度への申請は基より、地理的表示により地域活性化を目指すのであれば、産地全体で議論を重ねながら取り組み、長期的な視点に立って産地全体の価値向上していくことを考えなければならない。

　産地の一部団体の抜けがけや、取りあえず申請しておこうというような産品等が、誤って登録されてしまうと制度そのもの意義が崩れてしまい、折角のグローバル市場に対して有効な制度が意味を失われてしまいかねない。この辺は、日本の農林水産業全体での利益を考えて産地の申請する側も、登録をアドバイスや審査する側も十分考慮する必要がある。現状では残念ながら、産地自身が関わっているか否かはケースバイケースだが、相対的に歴史があり競争力のある産品等で、外国産等の産地が不明確な産品に地域ブランド名を付していたり、便乗して低価格・低品質の産品を流通させたりと、無節操な産地管理が行われていることも少なくない。経済のサービス化の進展は、一次産業にこれまでと

は異なる厳しい品質への信頼性や関係者の倫理性を求めている。地理的表示の場合は、指示命令系統がある一つの組織体ではなく、産地という緩やかなつながりの中で活動し、実現していくことが求められるため、産品等の品質保持、販売や流通の実行に際して様々な工夫が必要になる。

4　地理的表示を活用した地域ブランドづくり

> 産品や産地を特徴づけるものは何であるか、「ストーリー・テリング」による品質がプレミアムを作り上げます。また、地域ブランドを維持するためにグローバル基準の品質を意識し、その体制づくりに取り組む必要があります。

　地理的表示は、地域ブランドとして「プレミアム」な産品と言える。そして、その産品とともに産地も「プレミアム」であることが、消費者に付加価値を提供する上で、また、地域の人が産地に誇りを持つために重要である。このため、産地の風土、歴史、文化などに基づいた産地・産品の普遍的な思想を構築するとともに、シンプルに記憶に残り、インパクトを与える表現やアプローチを考える。そして、販売につなげていくために、戦略において達成する目標（「ゴール」と言う。）や、産品等を販売する対象を明確にした戦略を練ることになる。この「プレミアム」の価値の源泉は、一般的なニーズ調査のようなマーケティング活動から導かれるものではなく、作り手側の主観とこだわりが生み出す価値を、需要者の心に伝えることである。ここで示す品質が需要者にとって「本物」であり、プレミアムたらしめるものである。地理的表示保護制度に係る「生産者団体」を目指す団体は、産品等の特性と生産地の結び付きを整理し、文献などによる裏づけ（根拠）によって矛盾なく合理的に説明することが求められる。産地戦略では、この特性等に基づいて、産品等がもつ"確立した「特性」"と産地と結び付いた「ストーリー」を合わせることにより産品等が備えるべき特徴を整理する。ここで、ストーリーとは、産品等の特性と産地との複数の結び付きを取捨選択し、練り上げることにより再構築した「価値創造への道筋の付け方」を指す。また、このストーリーづくりは、「ストーリー・テリング」と呼ばれる。

「プレミアム」とは、「機能的価値」と「情緒的価値」が融合して形成される。「情緒的価値」が形成する産地や産品等、地域の人々等に対する共感、その価値が生み出される間に語り継がれ・継承されたさまざまな歴史や文化、さらには、継続的な関係性から生まれる顧客との逸話などのストーリーによりさらにコミュニケーションが促進され、息の長い関係につながる。地理的表示におけるプレミアムは、マーケティング活動から生まれるのではなく、上質な産品等の特性とともに需要者に語りかける歴史・伝統を基盤とした上質な「ストーリー・テリング」が求められる。ここでは便宜上、地理的表示制度を活用していく産品等が備えるべき特徴を「地理的表示プレミアム」として整理する。「地理的表示プレミアム」は、同種の他の産品等と比べ差別化された特徴をもつ"確立した特性"と"産品等がもつ産地と結び付いたストーリー"を掛け合わせて考える。さらに、品格を備えた産品等として、需要者が食品等としてその産品に期待する「品質への信頼」を掛け合わせることにより確定する。

「ストーリー・テリング」とともに地理的表示の信頼を獲得するために、第三者からみても疑いの持たれない品質管理体制を構築することが必要である。地理的表示保護制度において品質管理体制の構築が求められる理由は、「産品等の基準」を満たす産品のみが市場に流通する仕組みを作るためである。このことで、消費者等が安心・安全に地理的表示を付した産品等を選択できるようになり、積み重ねていくことによって産品等に対する需要者からのロイヤリティの強化につながる。仮に地理的表示保護制度に登録された産品等において品質管理がおざなりになり、品質の劣る商品が市場に出回った場合、その商品への信頼が損なわれてしまう。日本の農林水産業の活性化に向けて一つひとつの産地が制度を盛り立てていくために、品質管理については真剣に取り組んでいくことが必要である。

グローバル市場における産地戦略を検討には、産品等の品質について世界標準を念頭に置くことが必要である。ひとたび食品事故が発生すると産品等や産地に対する消費者の信用低下が避けられない。食品の安全を確保する取り組みを進めていくことが重要である。特に、国境を超えた競争が激しくなる中で、日本の農林水産物・食品等の安全性を確認するための国際的な認証が求められることもある。海外市場を目指す場合には、相手国の法規制や取引で求められる国際規格などを正しく理解する必要がある。高品質を謳うだけではなく、輸

出先国や取引先が求める要求事項に取り組まなければならない。明細書に記載されている「産品等の基準」や生産行程管理業務規程のレベルを引き上げると、生産者団体へ加入するための基準のハードルは上がるが、類似産品との一層の差別化を図ることができる。また、管理技術のレベルアップは、他産地の産品等との差別化につながり、産地の競争力をより高めていくことにつながる。品質管理体制については、産地自身で産品等の基準を決めればよく、条件さえ整えば、従来からの生産基準の準用や生産者団体内で自主基準を設定することでも登録申請は可能である。ただし、自主基準だけでは、需要者の立場からみれば必ずしも十分な取り組みとして認められない可能性もある。特に、西欧先進国への輸出の場合、国内の制度に過ぎない地理的表示保護制度で定めた基準では、十分な品質基準であるとは認められない可能性がある。将来、輸出を考えている場合には、産品等や輸出先に応じたユーロGAPやHACCAP、FSSC、FSMS等の国際規格についても検討を行うとともに、生産者団体とは異なる第三者機関を活用した審査なども視野に入れなければならない。

図2　付加価値の源泉「地理的表示プレミアム」の確定

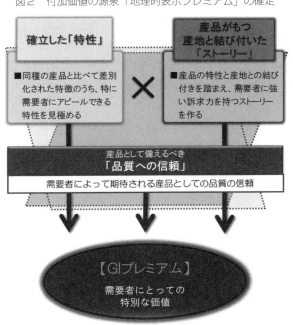

出典）筆者作成

5　産地戦略の立案　地方行政職員にできる３つの活動

> 　地域の関係者が集まり納得するまで議論して、合意形成を図ることが最大の課題です。産地戦略の立案には、産地全体が当事者として主体的に取り組み、ゴールを共有することに意義があります。ゴールが共有できれば何をすべきかは自ずと見えてくるはずです。産地戦略の最も重要なことは、販売の出口を作ることです。グローバル市場を念頭においた、意思決定と行動力が求められます。

　産地戦略を策定することは、関係者間でゴールを明確にして共有することである。戦略とはこれこれこういうものであると難解な捉え方をすることはない。関係者が集まりそれぞれが納得するまで議論し、ゴールを設定し、行動することである。この時、地域の共有財産である地理的表示について検討するのであれば、関係者間の合意は前提条件となる。ただし、合意のために戦略が不合理になってしまうのであれば元も子もない。この時、リーダーの存在や意思決定の仕組みがあると、その後の取り組みにも有効になる。産地として目指すゴールが共有できれば、具体的に「いつまでに」「誰が」「どこで」「誰に対して」「何を」「どのように」について計画的に進めるためのアクションプランを整理する。この際に、産地の人材で不足している専門家や第三者の力を借りてプランづくりや行動の支援をえることも役立つ。グローバル市場で戦うには、意思決定力と行動力が求められる。

　生産から販売、消費までの一連の流れにおいて、経済的な利益を生み出すのは、唯一、需要者（消費者）に対して産品等を交換（販売）する時点である。戦略における全ての思考や活動はこの一点に集約する。ただし、同時に産地の価値を棄損しない様に、自立的・継続的に成長をしていく視点は必要である。ゴールを設定する際には、どこで交換（産品等の販売先）を行うことができるかを明確にする。産品等の出口としては、①日本の強みを生かした海外市場の展開、②近隣都市や大都市への販売拡大、③業務用（BtoB）用途の強化・開発、着地型による地元への集客など販売先が考えられる。産地における経営資源（産地内部で活用可能なヒト・モノ・カネ・情報）を駆使して戦略の出口を考える。戦略の策定に留まらず、その後の持続的な取り組みとしていくために、戦略策

第5章　産地戦略と地域活性化

定の過程において品質管理体制の構築も念頭に入れておくべきことである。グローバル市場を念頭に置いた品質管理体制の役割としては、明細書等に記載した内容の監視に加え、①国際標準や環境問題に対応した品質基準の導入、②生産段階において加工用途に適した品質や工程管理の確立、③園地による品質のバラツキの解消、④産地共通の品質審査体制、⑤公的な研究機関と連携した持続可能な資源管理、⑥利害調整の枠組みの設定などがある。

(1) 産地プラットフォームの構築

　グローバル市場において勝ち抜いていく際に、地域で考慮すべきキーワードは、「独自性」「地域ぐるみ」「世界標準の品質」に集約される。地理的表示保護制度では、これら三つのキーワードに関連した内容を、申請する際の明細書等に記載する。ただ、そのやり方、どの程度の水準とすることが妥当であるかは、産地自らが判断して記載する。品質等基準のハードルを上げると産地としても大変だが、海外を含む他産地の競争相手に対して競争力が高まる。

　一方で、ハードルを下げると産地としては多くの生産者を巻き込め、また、管理コストの低減が期待できるなどのメリットがある。戦略を策定する際に産地でその度合いを判断し決定する。地理的表示の検討に合わせて産地戦略を検討することは、グローバル市場に対処していく認識を産地の中で共有するために重要な過程となる。

　産地戦略の策定には、当該産地と関連する生産者や行政のみならず、マスコミ、地域の基幹産業を含む製造・加工業者、流通業者、研究者などの利害関係者が集まり、歴史・風土などの産地の特色を「強み」の生かし方、産品のプロモーションや世界標準の品質を実現、新たな市場を開拓と産地自身の付加価値向上に継続的に取り組む産地プラットフォームの体制づくりが望まれる。しかし、行政が主導し、生産者等会合参加者がお客様のような見せかけの民間主導の検討であれば時間の浪費になる可能性もある。生産者や古くからその加工・流通に携わる関係者等が、本当の意味で産地の危機感を共有し、一人ひとりが当事者としての意識を持ち、地域ぐるみで新しい価値を創造する仕組みを持たなければならない。そして、その意識や検討は、行動につながって初めて変化が起こる。地域が一体となり、産地が有する風土や文化等の地域独自の特性を経済的な価値に転換する方策を地域ぐるみで考える過程を通じて、産地の付加

価値を向上していくための基盤が次第に構築され、地域で統一した品質管理の体制など地域の持続的な発展に寄与することができるのである。産地戦略を検討することにより、産地において脈々と受け継がれる農林水産業を守るために今何をすべきかを考え、産品等が登録された後もブランドの維持・発展に向けた取り組みを描き、粘り強く活動を続けていくことが重要である。

図3 産地プラットフォームづくり

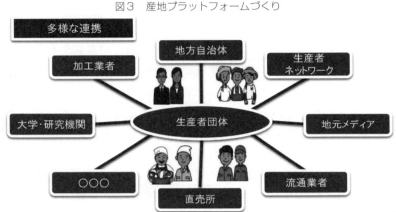

出典）筆者作成

(2) 産地の把握と課題の分析

産地プラットフォームにおいて検討する課題は、産地戦略の立案段階において、産地を取り巻く多様な環境を把握・分析し、まず産地において「強み」となるものは何かを考える。地理的表示に資する農林水産品やその加工品の場合には、地理的表示プレミアムにつながる産品等の特性と産品等と地域の結び付きが他の産品にはない強力な「強み」となる。例えば、積年の農産加工等産業の集積がある。長年にわたりその地域で生産され、産地を形成してきた農林水産品には、風土や歴史的な背景において、そこで生産されてきた必然性や物語がある。同様に、そこで生産されていたり、もしくは、集積地であったりする農林水産品を活用した加工品などについても風土や歴史的な背景が存在し、それらが「ストーリー・テリング」によりプレミアムとして産地や産品等の価値向上につながっていく。プレミアムにつながる要素として、これまで長年の生産・販売の中で培ってきた産品等に対する「品質への信頼」、古くから伝わる素材を生かした「伝統製法」や「鮮度保持技術」により加工した産品等、地域

の風土や歴史に裏打ちされた「伝統や風習」に用いられてきた産品等、健康に役立つなど産品が有する「機能性」を有する産品等、適正な「資源管理」や「環境保護」の取り組みなどが挙げられる。これらの要素に地域ならではのストーリーが掛け合わさることで顧客の捉える品質となり、プレミアムを得ることになる。

　産地戦略を実行に移す段階での成否の鍵は、地域ぐるみでその価値を共有できるかにかかっている。戦略の推進者は、産地における合意形成の重要性を念頭に置き、産地自身の特徴を踏まえて課題を整理する必要がある。地理的表示に資する産地の特徴として、二次産業や三次産業が発達して産地をけん引している場合と、一次産品が古くから地域ブランドを形成している場合がある。

　前者は、その地域で産品が自生していたり、産品が集積する地域であったりしたことから、それを原料とした商業や加工業が集積することなどによって長年の月日の中で地域ブランド化が進んできたケースである。これを「産業集積型」と呼ぶことにする。現状では、加工業者は独自の品質基準により調達・製造しており、生産者と加工業者が個々に取引を行っている場合が多くなっている。例えば、西尾の抹茶や八街の落花生、鹿児島黒酢などの例がみられる。いわば、元祖6次産業化産地である。

　後者は、産地の風土・気候が産品の生育に適しており、古くからある特定の産品の産地が形成されてきた場合である。これを「産地集積型」と呼ぶことにする。産品等の例としては、丹波篠山の黒豆や三ケ日みかん、十勝川西長芋などがこれに当たる。生産者が栽培に対して共同で創意工夫がみられ産品に優れた特徴があり、市場では同種の産品等のコストリーダーとなっている。このような産地では、複数の単位農協間の連携が図られていたり、系統だけに頼らない農協による独自の販売活動がみられたりするほか、生産者が産品等の品質について共有する場がある。

　これらのほかに、採取の量が少ない、その地域でしか取れないなど市場に流通する量が限定的であることからブランド化している産品等がある。これを「希少性型」と呼ぶことにする。事例としては、吉野葛や由比桜えび、鵡川ししゃもなどがある。産地における資源管理が大きな課題となる。産地のタイプによってそれぞれに違った合意形成の課題がみられ、産地戦略を検討していく上で、先ずこれらの合意形成の課題の解決に当たる必要がある。

表1　産地の類型と地理的表示に資する合意形成の課題

産地	地理的表示に資する合意形成の課題
産業集積型	✓ 生産者と加工業者に長期的な信頼関係がある ✓ 一事業者よりも産地の価値向上を重視する ✓ 加工業者間で戦略ゴールが共有できる ✓ 産地として推進するリーダーが存在する ✓ 加工業者間で統一の品質基準が合意できる ✓ 登録を原料の農産品とするか加工品かの合意できる
産地形成型	✓ 生産者が自立した経営意識を持っている ✓ 品質に対する意識を共有している ✓ 生産者間で話し合い意思決定する場がある ✓ 生産者間で生産地の範囲が合意できる ✓ 生産者間で統一の品質基準が合意できる ✓ ブランドの品質レベルの合意がとれている
希少性型	✓ 魚場や採取のエリアが特定されている ✓ 伝統的製法や品質などが共有されている ✓ 漁獲・採取の範囲が定義できる ✓ 資源を活かす独特な製法が産地において共有されている ✓ 資源管理について産地内で合意ができる ✓ 品質を維持するための採取・漁獲方法や製法の合意がとれている

出典）筆者作成

(3) 戦略出口の設定

　産地戦略を考える上で最も重要なことは、産品等やその加工品の戦略的な出口（販売先）をつくることである。つまり、需要者が買う場面を創造することである。戦略とは、目標（ゴール）を設定して、地域のあらゆる力を一つに集中して目標達成のために取り組むことである。産品等を必要とする人が購入をする接点が唯一、その産品等が経済的な価値へと転換される瞬間であり、それ以外のすべての活動は、精魂込めて作っても、また、頑張ってプロモーションしても、需要者に買ってもらう瞬間のためのコストでしかない。また、農業・農村の多面的機能についても、経済的な活動の裏付けがあってはじめて産地において成立することができる。むしろ、地理的表示は産地の風土や歴史に基づく産品等の名称であることからも、産地として多面的な機能をいかに発揮し、

持続させることができるかを産地戦略の中に明記しておくことが重要である。経済的な観点からも、多面的機能の重視が環境保全といったような産地のプレミアムの要素と成りえる可能性もある。

　産地戦略のゴールは、大きくは国内市場と海外市場に分けて考える。国内市場では、産地の経営資源の状況や販売力等に応じて「着地型」と「拡販型」に分けて考える。前者は、伝統野菜など地域の伝統や文化に根付く産品等であり、生産が限定的であるなど主に産品等の希少性や魅力で産地へ需要者を集客できる可能性がある。後者は、産地としての歴史があり、地域ブランドとして見込める産品等である。一定の品質維持や生産量に対応できる体制があることや確立した産品等のブランドに対して大都市や全国的に一定の評価があり、品質等の基準が明確で安定供給に対して地域がまとまっている場合に出口としての可能性がある。これとは別に、直接、消費者に販売するのではなく、産業用の原料として販売を拡大している産地もある。この場合に、製造や加工に求められる厳しい品質をクリアすることにより付加価値の高い原料となる。一方で、規格外品の有効活用として販売する場合もみられる。販売価格を安定させるために多様な出口を検討することは有効なことである。

　海外市場への進出については、行政と民間が連携することにより日本の「和」の文化とともに、その食材として新たな高付加価値産品として販売することが考えられる。この際に、農林水産省が推進している輸出戦略に示されている「Made In」「Made From」「Made By」という区分が参考になる。これらはそれぞれ"日本産"であるという品質への信頼、日本独自の素材を生かした産品等、日本の食文化と一つになった産品等のプロモーションを念頭に戦略を展開する。

　具体的には、「Made In」では、生活習慣病対策等健康や安全・安心のイメージが伝わりやすい機能性を有する産品等であり、品質を担保できる体制や流通技術が求められる。「Made From」に資する産品等は、寿司、鍋、煮物、麺類、鉄板焼、炉辺焼等といった代表的な日本食の素材として提供が可能であり、国内や国外で知名度が高い産品等であり、最高品質の食材を提供が想定できる。この際には、偽物防止の取り組みが重要になってくる。最後に、「Made By」については、出汁文化や調味料、保存食、菓子、織物等日本の伝統的な文化や食文化にとともに提供する産品等であり、日本の文化に裏打ちされたストー

リー性がある出口の一つとして考えられる。これら出口については、産地の潜在力に応じて、どれか一つを選択しても、また、複数の出口を想定することも可能である。海外市場向けについては、個々の生産者や企業の努力は重要だが、国や業界を挙げての日本の文化や食とともに産品をPRする取り組みが求められる。産地戦略において最も重要である戦略のゴールのヒントについて体系的に整理する。

図4　戦略ゴールの体系的整理

出典）筆者作成

a）国内市場
　① 着地型
　　地域の伝統や文化に深く関連する産品等や希少性のある産品等について、地産地消を推進するとともに、産地を訪れる人を対象に生産地ならではの付加価値の高い商品を提供、産地への集客やロイヤルカスタマーの獲得を目指す。
　② 拡販型
　　従前の実績によりブランドが認知され市場での一定の評価と安定供給への信頼がある産品等は、市場流通や小売店への直接販売等を通じて周辺都市や大消費地といった販売先市場への販売拡大を目指す。
　③ BtoB（業務用）型
　　厳格な品質・環境・衛生の基準、納期に対応する生産管理体制を構築することにより、製造・加工を行う事業者に対して、原料や一次加工品の供給を目指す。

b）海外市場

「和」の文化とともに産品等の輸出を考える。キーワードとして、Made In、Made From、Made By を念頭に置く。

Made In（品質への信頼）は、日本産への安全・安心イメージにより海外市場に働きかける。ブランド構築に向け、品質を担保できる生産体制や流通技術確立が鍵となる。Made From（素材）は、日本食の持つ健康イメージや、寿司、鍋、煮物、麺類、鉄板焼、炉辺焼等の代表的な日本食の素材となる産品等、国内や国外で知名度が高く最高品質の食材により海外市場にアプローチする。日本食に関する積極的なプロモーションと、海外の食産業との連携による用途開発が鍵となる。Made By（文化）は、出汁文化や発酵調味料、保存食、菓子、織物等、日本の伝統的な文化や食文化に基づく産品等、日本文化に基づくストーリー性により海外市場にアプローチする。日本の食産業との連携による日本文化に関する積極的なプロモーションが鍵となる。

(4) まとめ

以上、(1)から(3)に示した3つの行動（「①産地プラットフォームづくり」「②産地の把握と課題の分析」「③戦略出口の設定」）は、産地戦略策定に向けて、地方行政と産地の関係者が連携して実施する内容である。取り組み当初には、行政が調整役として表に裏に主導する必要があるかも知れない。しかし、この3つの行動が進むに従って、具体的な戦略の実行段階では、産地の生産者や事業者が主導する体制になっていなければならない。あくまで行政は、制度づくりや補助、研究等の支援をしたり、ときには第三者との調整をしたりといった公共的な役割以上のことを続けていては、むしろ成果を得ることを困難にしてしまう。産地の生産者や事業者が自立して活躍することが必要である。

これら3つの行動を行うに当たっては、国内市場への販売であったとしても、グローバル市場への船出であることを認識して3つのキーワード（「①独自性」「②地域ぐるみ」「③世界標準の品質」）を常に念頭に置かなければならない。つまり、わが産品、そして、わが産地は、他と何が違うのか、差別化することが付加価値となり、有利販売が可能となる。地理的表示では、地域の文化や歴史、風土といったことが差別化につながる。グローバル市場で戦うためには、産地が一つになり取り組むことが重要になる。また、地理的表示においては、需要

者はその産品名または産地名を聞いて一定の品質を期待し、購入を決定する。産地の、もしくは他の産地の誰かが粗悪品を名前を真似て販売してしまうと、一時は信頼と品質のギャップから一部の人が高い利益が得られたとしても、それは長続きせず、その産品の市場または産地自体を破壊しかねない。産地の当事者として、地域ぐるみで議論を尽くし、何か事が起これば産地の総意として意思決定できる仕組みを導入することが必要である。また、需要者の継続的な信頼を維持し、さらに、国内外の新市場への販路拡大やさらなる有利な販売を推進するために、当初より世界標準の品質を実現することを目指し、その体制を整えていくことが必要である。このハードルを下げない努力をすることが、長い目でみれば産地を助けることになる。

参考・引用文献

- カール・アルブレヒト、ロン・ゼンケ『サービスマネジメント』ダイヤモンド社（2003）
- 楠木建『ストーリーとしての競争戦略』東洋経済新報社（2010）
- 経済協力開発機構（2013）「ＯＥＣＤ諸国の農業政策　監視と評価２０１３」
- 経済産業省　特許庁（2015）「地域団体商標事例集2015」
- 経済産業省　特許庁（2013）「地域団体商標事例集2013」
- 国土強靭化総合研究所『国土強靭化　日本を強くしなやかに』相模書房（2012）
- 国土強靭化総合研究所『国土強靭化　日本を強くしなやかに　＜その３＞』相模書房（2013）
- 国立社会保障・人口問題研究所（2012）「日本の将来推計人口（平成 24 年 1 月推計）」（http://www.ipss.go.jp/syoushika/tohkei/newest04/sh2401top.html）
- 下河辺淳『戦後国土計画への証言』日本経済評論社（1994）
- 農林水産省（2015）「地理的表示とは」（http://www.maff.go.jp/j/shokusan/gi_act/outline/index.html）
- 地理的表示活用検討委員会『地理的表示活用ガイドライン～地理的表示保護制度を活用した地域ぐるみの産地活性化～』（2015）（http://www.maff.go.jp/j/shokusan/gi_act/process/pdf/doc14.pdf）
- 渡辺京二『逝きし世の面影』平凡社ライブラリー（2005）

第6章
地理的表示を核とした地域産品ブランディング

小西　邦弘（株式会社電通 人事局 人材マネジメント部 部長職）

1　はじめに

　平成27年6月、日本版「地理的表示保護制度（ＧＩ）」がスタートした。「ＧＩ保護制度」とは、地域産品に関する生産者の「約束」にお墨付きを与え、それに対する需要者との「信頼の絆」を強化することによって地域産品の付加価値の維持・向上に資するための制度であるといえる。ブランド価値の高さとは、一言で言えば「生産者と消費者との信頼の絆の強さ」である。つまりＧＩ制度は「地域産品ブランド」の「高付加価値化手段」そのものであり、活用の仕方次第で地域ブランド価値の維持・向上の有力な手段となる。

　本章では、地域で、長年（といっても、25年程度以上）一定の評価を獲得しているものの、さらに需要者との縁を広げ、信頼の絆を深めることで、飛躍的にブランド価値を高めようとしている地方公共団体・生産者団体職員を対象に「ＧＩを活用した"攻めの"地域産品ブランディング」の方法を提言したい。特に重要なのが、ブランディングのためのプラットフォームを構築し、あらゆるプロセスで、多様なステークホルダーを巻き込み「信頼の絆を深め、縁を広げ、さらに互いの縁を結び付けて行くこと」である。その「縁結び役」を、地方公共団体・生産者団体職員が担うべきである。

2　地理的表示を活用した地域産品ブランディングのあり方

(1) 地域産品ブランディング上の課題

　地域産品ブランディングは、一企業の一商品のブランディングとは大きく異なる特徴があり、従来の商品マーケティング戦略やブランド戦略の教科書・定石が参考にならないことも多い。異なる特徴とは次のａ）〜ｄ）の4点である。

a）多数の主体者・ステークホルダーの存在

　一企業と違い、数多くの生産者・地域事業者・行政関係者等がステークホルダーとして存在しており、各関係者の合意形成・利害調整を図ることが困難で、ブランディングの各プロセスにおける意思決定と責任主体の不明確さや当事者意識の低下を招くことも多い。

b）多様性・多義性

　同じ地域、同じ産品といっても、生産者や集落毎に生産条件・産品特性が異なっており、産品のコンセプト・戦略や生産・管理基準を統一し、管理すること自体が困難な場合がある。

c）産品の質・量の不安定性

　農林水産物を中心とした地域産品は、品質・生産量共に、気象条件・天候に大きく左右され、需給バランスの調整を前提とした戦略・計画立案・実施が非常に難しい。農工連携等の推進などICT技術やメーカーの生産工程・管理ノウハウの導入等により、この問題を解決しようとする動きもあるが、ことGIに相応しい産品の生産管理となると、大量生産・大量販売を前提とした技術が生かしきれない場合も多いと思われる。

d）地域ブランドの公共性

　地域名自体は地域住民全員の公共財であり、歴史・伝統的には、地域に関わりのあった先人達の知恵と努力によってブランド価値が高められてきたものである。地域名を使用する以上、ブランディング活動にも一定の公共性が求められ、地域に関わる多くのステークホルダーへの配慮も必要となる。

　以上、4つの地域ブランドならではの特徴・課題が相互に影響し合い、ブランディングの各プロセスを実施する上での大きな障害となっている。地域産品のGI申請から認証後のブランディング活動を実施する上でも、こうした課題を解消していけるかどうかが成否の鍵を握っている。

(2) 地理的表示（GI）産品の根本的価値

　地理的表示制度導入の根本的意義は「日本各地の農林水産業・食文化の多様

性と伝統を守り育てる」ところにある。産品そのものの品質の良さ、付加価値の高さを「競う」以前に、この多様性を守り育てるためのGI産品ブランディングは如何にあるべきかを真剣に検討する必要がある。と、いうのも「生産基準を厳格に決め、統一し、守り続ける」ことが、逆に産品の「画一化」と「進化の停止」を招いてしまう場合もあり、GI産品の「多様性という本質価値」を損なう恐れがあるからだ。

(3) 地理的表示を地域産品ブランディングに活かすには〜共生と縁結び

地域産品のブランディング活動には、ナンバーワンを競い合う競争戦略・戦術よりも、「オンリーワン」を目指す者同士の「共生の場と仕組みづくり」の方が大切である。そのためには、以下のようなブランディングのあらゆるプロセスにおける「縁結び活動」が重要となる。

a) 地域内生産者間の「縁結び」

地域ブランドは「公共財」であり、単独の生産者、単独の生産者団体が独占することはできない。同一地域内ではあっても異なる生産(地理的・気象的)条件や、生産・管理基準を持つ多様な生産者間の「縁(ネットワーク)」を如何に広げ、如何に「結び付けて」いくかが重要である。「地理的表示の登録申請・GIマーク(国のお墨付き)の共有・品質管理」という共通の目標を掲げ、共有することで、生産者間の「縁結び」につなげていくべきである。

b) 地域内ステークホルダー間の「縁結び」

地方自治体・生産者団体が中心となって「地理的表示の登録申請」を行う際に最も重要なのが「品質の特性・社会的評価」と「地域の自然的・人的特性」との「結びつき」の検討とエビデンスの明確化である。地域の商工事業者、大学・研究機関、地元メディア等も申請段階から巻き込み、各特性の検討とエビデンス(研究成果・報道資料)等の提供をお願いすることで「地域内ステークホルダーが一丸となって」GI産品ブランディングにつなげていくことが重要である。

c) 地域内消費者との「縁結び」

地域産品ブランド価値の高さの原点は、「地域の消費者の、産品(生産者)

に対する信頼度の高さ」である。神戸ビーフや夕張メロンのように、既に国内外でも評価を獲得している地域産品ブランドでない場合、地域の消費者の声を、如何に汲み取り、ブランド構築に活かせるかが重要である。地域活性化・農林水産業・観光・環境等に関わるNPOや勝手連等を巻き込み、仲間になってもらうべきである。彼らこそ、有識者・業界関係者以上に地域産品を愛し、地域産品の目利きもできる「応援団」である。未だ地域外での「評価」が確立されていない場合、「彼らの評価」こそ「社会的評価」と考えることもできる。また、ブランディングの際の「口コミの核」であり、不作の年、品質が低下した時にも応援し続けてくれる「最強の仲間」だと考えるべきである。

3　地理的表示を活用した地域産品ブランディングの実践

　地理的表示申請を機会として、地域内外のステークホルダーと地域産品のブランディングを実践する上で重要となるポイントは、(1)共創(2)共有(3)競争(4)協働の4つである。これから以上4つのポイントの詳細を、実践上の参考となるフレームと共にご紹介してみたい。

(1) 共創〜地域産品ブランド・ストーリーの創り方〜
a）多数の主体者・多様なステークホルダーを巻き込む
　地域産品ブランド戦略のプランニング段階から、先述したような多様なステークホルダー（直接的・間接的利害関係者）を巻き込み、ブランド・ストーリーを共創できるような場と仕組みを創ろう。地域の多様な利害関係者を巻き込むことで、彼らに当事者意識と産品や地域に対する誇り（プライド）を醸成し、今後のブランディング活動の強力な応援団とすることができる。

b）ブランディング・プラットフォームの構築〜SNS等の有効活用〜
　急速に普及しているFacebookなど、ソーシャル・ネットワーキング・サービスをプランニング段階から活用し、ブランディングのプラットフォーム（場）にしよう。多様で多数の利害関係者を全員集めて地域ブランドについての議論をしてもらうことは不可能であるが、SNSではそれが可能となる。その際、対立する意見双方に耳を傾け、客観的に議論の進行を進め、さらに盛り上げられるような優れたファシリテーターの選出が重要である。ファシリテーターは

地域産品・地域情報についての知識を十分に持ちつつ、中立的立場と視点を持ち合わせた地方自治体職員や大学・研究機関職員が相応しいと考える。

また、このSNSによって集められ、ブランディング初期の段階から議論を交わした"仲間"が、当事者意識を持つことで、今後の強力な応援団として、それぞれのSNSを通しプロモーション・PR活動の核となっていくことが期待できる。さらに、オンラインのプラットフォームに加え、リアルな共創の場として、多数のステークホルダーを集め、実際に産品を食べながら、ブランドセッションを行う「ワールドカフェ」のようなイベントを定期的に実施することも有効である。

c）ブランド・ストーリー「共創」法

それぞれ異なる利害を抱え、様々な知識・情報レベルにあるステークホルダー達の意見を吸い上げるためには、漠然とした「問いかけ」よりも、目標が明確で、課題もより細分化され、シンプルで解りやすい「呼びかけ」「問いかけ」をすることが重要である。

「呼びかけ」「問いかけ」では、GI制度の要旨とGI登録申請の目的をわかりやすく説明し、さらに登録申請時の肝となる「地域産品の（他には無い）特性」と「生産地（地域）の特性」を洗い出すための「問いかけ」を行った上で、さらに両者の「結びつき」をブランド・ストーリーの核とした「文脈創造」を目指したい。

---

① 呼びかけ（文例）

　私達「〇〇地域」の食文化の誇りである「産品〇〇」を「日本の誇れる食文化（食材）」として国からお墨付「GI認証」をもらい、世界に向けて発信していきたいと思います。このたび「産品〇〇」の、「他には無い魅力・特徴」を語っていただけるよう「産品〇〇SNS」を設けました。皆様のご意見は「産品〇〇」の申請内容や、今後のブランド戦略の策定に反映していきたいと思います。是非積極的なご参加をお願いします。

> ② 問いかけ1：産品○○の他には無い特徴洗い出し（例）
> 　私達「○○地域」の食文化の誇りである「産品○○」の「他の地域産品には無い特徴・魅力」とは何ですか？
> （味・香り・見た目・栄養・機能性・調理加工法・食べやすさ・評判など、他の地域・国の方々にも誇れる「特徴・魅力」を教えてください。）

　産品によっては、例えば「甘柿」のように、「甘味」など、一つの特性に偏った特徴・評判が寄せられる場合もあるが、その場合は、問いかけの（　）内にある様々な視点をファシリテーターが提示して、さらに多角的な視点から特徴を洗いだせるような促しが必要である。また「他の地域には無い特性」を洗い出すためには、他の地域の類似産品の特徴も提示して、さらに「シャープでクリアな違い」を浮き彫りにしていくことができるような促しが必要である。と、いうのも、明らかにその偏った特性が地域産品最大の特徴ではあっても、他の地域産品との差別化や消費者ニーズにマッチした特徴であるとは限らないからである。他産品との差別化が図れ、消費者ニーズにもマッチした「産品○○」ならではの特性を、様々な「特徴」の組み合わせによって創造し、明確化していく必要がある。

　上記「問いかけ1」に対して寄せられ、洗い出された「産品○○の特徴・魅力」の中から、賛同者の多かった（「いいね！」の数など）特徴を数案抽出し（ここでも偏り無く、様々な視点からそれぞれの代表案を抽出する必要がある）その特徴を支える「地域ならではの（人的・自然的）特性」を「問いかけ2」によって洗い出す。

> ③ 問いかけ2：産品○○の特徴・魅力を支える地域の特性洗い出し（例）
> 　（これまでのご意見で、A～Dまでが産品○○の代表的特徴だということがわかりましたが・・）
> A：特徴A（○○な味）についてお伺いします。
> そのAを支えている○○地域ならではの特性は何だと思われますか？
> ＊地域の特性とは、ア：自然的な特性（地形・土壌・気候・降水量・日照量）や、イ：人的特性（生産・加工・出荷等のノウハウや、産品に関わる伝統的行事や、郷土料理など文化的特性）などがあります。
> ≪さらに同様の問いかけをB～Dまで行う≫

ここでも、一つの地域特性に偏らぬよう「ア：自然的特性、イ：人的特性」項目をファシリテーターが提示し、さらに洗い出せるよう促す必要がある。また、「産品の特徴・魅力を支えている地域特性についてのエビデンス（産品特性についての学術的根拠、地域の歴史等）」の有無や出典、提供の可否についても合わせて聞いておくことも大切である。

d）ブランド・ストーリー・共創フレーム

　地理的表示の保護対象は「生産地（特性：問いかけ2）と<u>結びつきのある確立した特性</u>（特性：問いかけ1）を持った農林水産物等の名称」である。

　「結びつき」とは、「品質、社会的評価その他の確立した特性が、その生産地<u>に主として帰せられるものである</u>」ということである。「<u>特定農林水産物</u>」の「特定」とは、この「地域と産品特性・評価との結びつき」のことであり、「ＧＩ産品のブランド価値」は「結びつきの深さ・強さ」に左右される。つまり、この「結びつき」の特定とそのエビデンス（根拠）の明確化こそが「ＧＩ産品」の本質的価値であり、「ＧＩ産品ブランド」のブランド・ストーリーも、この「結びつきをわかりやすく、シンプルに、消費者視点からストーリー化したもの」であると考えるべきだ。申請上は「問いかけ1」と「問いかけ2」の結果を「エビデンス」と共に提出することとなるが、ブランディング上は、さらに「消費者視点で、わかりやすく、シンプルで、魅力あるブランド・ストーリー」を「共創」していくことが重要となる。そこで以下、ブランド・ストーリーの共創フレームとチェック法をご提案したい。

e）消費者視点に立った「地域産品特性」フォーカス法

　地理的表示制度に登録申請した「多面的な産品の特性」の中から、消費者視点に立ち、よりニーズが高く、より他地域産品との差別性が高い「真の産品ならではの特性（Ⅰ．ＧＩ特性）」にフォーカスを絞り込み、よりシンプルなブランド・ストーリーを作り上げる必要がある（図1参照）。ＴＶ・雑誌・インターネット等、様々なメディアを通じて「美味しいグルメ」情報が溢れている今日、解りやすくシンプルで無い産品特性は、毎日毎時毎分、次々と溢れ出してくる「グルメ情報」の波に埋もれてしまうからだ。そこでいくら地域内同一性が高くても、地域外産品との差別性が低い産品特性は、思い切って削ぎ落として「メッ

セージの単純化」を図る必要がある。また、産品の生産基準も、その「Ⅰ．Ｇ
Ｉ特性（図では甘味と色）」に絞りこんだ方が管理コスト・開発改善コストの削
減にもつながる。また、不作の年、品質低下の年であっても、その単純化した
生産基準を満たした産品は出荷可能となり、天候・災害リスクの回避にもつな
がる。

　また、地域内同一性は低いものの、地域外産品との差別性が高く消費者ニー
ズに合致している生産者・圃場毎の産品特性は「Ⅱ．産品毎個性（図では大きさ、
形状、ポリフェノール）」として重視すべきだ。あまりすべての特性を統一基準
にしてしまうと、産品の画一化、進化の停止を招いてしまいかねない。先述し
た通り「ＧＩ産品の本質的価値」は、地域産品毎の多様性を守り育て、消費者
に「違いを楽しんでもらう」点にあることを忘れてはならない。

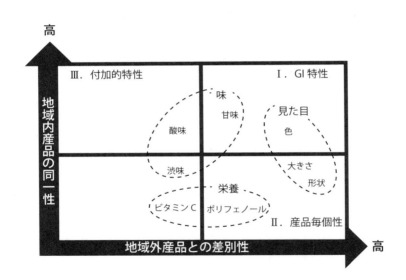

図1　消費者視点に立った「産品特性」絞り込みフレーム

ｆ）ブランド・ストーリー化のための「∴＆∵」チェック法

　フォーカスを絞り込んだ「ＧＩ産品特性」と「地域特性」との「結びつき」
をストーリー化するために「∴＆∵」チェックをお勧めしたい。

　「∴」とは、「ゆえに（therefore）」、「∵」とは、「なぜならば（because）」のこと。
このチェックにより「Ａ地域の特性は（　ａ　）です。ゆえに（∴）Ｂ産品の特

性が（　b　）なのです」あるいは「B産品の特性は（　b　）です。なぜならば（∵）A地域の特性は（　a　）だからです。」というシンプルなブランド・ストーリーの原型が完成する。

EUのPDO認証を受けているイタリアのポレージネ地方のにんにく「Aglio Bianco Polesano（アリオ・ビアンコ・ポレザーノ＝ポレージネの白にんにく）」の申請内容を例にすると、∴チェックでは

> 「Bianco Polesano」は「a 土壌に、白色の発色に影響を与えるリンが豊富に含まれ」ています。∴「b 白色の発色が良く"白い黄金"と呼ばれています」

また、∵チェックでは・・

> 「Bianco Polesano」は「b 白色の発色が良く"白い黄金"と呼ばれています」∵「a 土壌には、白色の発色に影響を与えるリンが豊富」だからです。

このように、地域特性と産品特性との「結びつきを核としたブランド・ストーリー」がシンプルになり、整合性・一貫性もチェックすることができる。

(2) 共有～ステークホルダー間でのブランド戦略の共有法～

以上のように、ブランド・ストーリーを共創できたとしても、実際のブランディング活動で、それぞれのステークホルダーが、各々の利害に基づき、バラバラな生産・PR活動を勝手に行うようでは、ストーリーを創った意味が無くなってしまう。個々のステークホルダーが合意された「生産・管理基準」を共有し、守る必要があるように、共創されたブランド戦略・ストーリーを「共有」し、最低限のルール（原則）を守り、実践することが重要である。

そこで、ブランド戦略やブランド・ストーリーを、地域内のステークホルダー間で、しっかりと「共有」し「実践」できるようなシンプルな共有フレームと、そのポイントをご紹介してみたい。

a）ブランド構造フレーム

一般的なブランドを構成する要素をご説明しておきたい。構成要素は大きく4つ。（図2参照）

まず【ファクト（事実）】：ブランドの持つ特性・特徴規定。

次に【ベネフィット（便益）】：消費者に対してブランドが提供できる独自の便益・メリットの規定と共有が必要である。

さらに【コアバリュー（基本価値）】：何故そのブランドが必要なのか、ブランドの普遍的・不変的価値や、社会的存在価値の規定と共有が必要である。

そして、ブランドについての記憶を引き出す「手がかり」となるネーミング、マークデザイン等の【シンボル（目印）】。

以上4つが一般的なブランドの構成要素である。

図2　ブランド構造フレーム

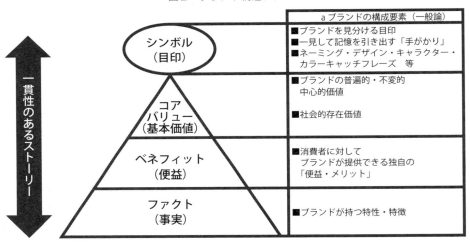

例えば、ビール市場のトップブランド「アサヒ　スーパードライ」のHPで紹介されている情報を、ブランド構造のフレームで整理すると次のようになり、すべてが「お客さまのうまい＝洗練されたクリアな味、辛口」というお客さまへの「約束【コアバリュー】【ベネフィット】」を、3つの【ファクト】が支える「一貫したストーリー」となっており、消費者のみならず、社内外のステークホルダーに対する「ぶれない開発指針・基準」としても機能している。しかも、この規定が発売後28年も経った2015年の「新仕込技術導入」にも活かされていることもわかる。

第6章 地理的表示を核とした地域産品ブランディング

> 【コアバリュー】
>   すべては、お客さまの「うまい！」のために
>   （企業HPトップ下部に明記＝アサヒビール事業方針）
> 【ベネフィット】
>   洗練されたクリアな味、辛口（パッケージに表記）
> 【ファクト】スーパードライのうまさ（＝洗練されたクリアな味、辛口）には、「酵母」、「原材料」、「製法」の3つの秘密があります。
> ① 酵母：「アサヒ318号酵母」は、高い発酵能力と、上品で洗練された味わいを醸し出す香味特性とを併せ持った、たぐいまれな酵母。どこまでも雑味のないクリアな味を生み出してくれます。
> ② 材料：スーパードライの「洗練されたクリアな味」を実現する為には、原材料に求める一定の条件があります。（省略）「ホップ」に関しても香りや味わいに寄与する様々な品質をスーパードライならではのスッキリと上品な苦みを実現する目的で使用しています。
> ③ 製法：「洗練されたクリアな味、辛口。」作りには、全行程において雑味を排除する最大細心の注意が必要です。（省略）麦汁製造の際の工程を最適化することで、原材料由来の雑味を生じさせないよう、新技術を積極的に導入しています。<u>2015年には、新仕込技術を導入したことにより、時間経過による味の変化を抑え、さらに飲みごたえとキレが向上しました。</u>

b）地理的表示産品のブランド構造フレーム

以上の一般的なブランド構造フレームを、GI登録申請を目指す地域産品のブランド構造に当てはめて考えてみよう（表1）。

表1　GI産品ブランド構造フレーム

	① ブランドの構成要素（一般論）	② GIブランド・ストーリー・フレーム
シンボル（目印）	■ブランドを見分ける目印 ■一見して記憶を引き出す「手がかり」 ■ネーミング・マークデザイン キャラクター・カラー等	【GIマーク】＋【地名＋産品名】 ＋【○○＋□□】
コアバリュー（基本価値）	■ブランドの普遍的・不変的中心的価値 ■社会的存在価値	■日本の多様で貴重な農水産物・食文化を守ろう！ ↕ ■○○地域の、他には無い 貴重な農水産物・食文化を楽しもう！
ベネフィット（便益）	■消費者に対してブランドが提供できる独自の「便益・メリット」	同一性・差別性の高い 【品質特性】
ファクト（事実）	■ブランドが持つ特性・特徴	独自の 【地域特性】
エビデンス（根拠）	■BENEFIT（便益）とFACT（事実）を「結び付ける根拠」	【結びつき】

第Ⅱ部　産地ブランドと地域再生

　まずは【シンボル（目印）】。ＧＩマークと、「地名＋産品名」で構成されるが、その他、地域で統一開発されたシンボルマークやキャラクター、さらに個々の農協や生産者名やマークも含まれる。

　次に【コアバリュー】だが、ＧＩマークがあり、認証を受ける（目指す）産品であるからには、その「本質的価値＝日本の多様で貴重な農林水産物・食文化を守ろう！」と、その価値を消費者視点に置き換えた「○○地域の、他には無い貴重な農林水産物（食文化）を楽しもう！」というメッセージが込められているべきだ。

　さらに【ベネフィット】と【ファクト】は、「3　地理的表示を活用した地域産品ブランディングの実践　(1)共創〜地域産品ブランド・ストーリーの創り方」で完成されたブランド・ストーリーから「品質特性」を【ベネフィット】に、「地域特性」を【ファクト】とする。さらにその【ベネフィット】と【ファクト】を結ぶ付ける「根拠」も【エビデンス】として明記して、各ステークホルダーと「共有」しておくことが重要である。

　例として、ＥＵのＰＧＩ産品イギリスウエストカントリー地域の「① West Country Beef」と、「(1)共創〜地域産品ブランド・ストーリーの創り方」でも例示したイタリア ポレージネ地方のPDO産品「② Aglio Bianco Polesano」のブランド構造をご紹介しておこう。（表2）

表2　ＧＩ産品ブランド・構造例

	①West Country Beef	②Aglio Bianco Polesano
シンボル（目印）	（ロゴ）	（ロゴ）
コアバリュー（基本価値）	■EUの多様で貴重な農水産物・食文化を守ろう！ ↕ ■イギリス ウエストカントリー地域の貴重な食文化を楽しもう！	■EUの多様で貴重な農水産物・食文化を守ろう！ ↕ ■イタリア ポレージネ地方の貴重な食文化を楽しもう！
ベネフィット（便益）	■ビタミンEやオメガ3不飽和脂肪酸などの栄養成分が多いヘルシーな牛肉	■日持ちが良く「白い黄金」と呼ばれる程白いにんにく
ファクト（事実）	■この地域では、全ての地域で220日以上一部では年間300日を超えて牧草が成長する	■地域の土壌はリン及びカリ、さらに、カルシウムとマグネシウムも豊富
エビデンス（根拠）	■同地域で生産された牛は他の地域よりもビタミンEやオメガ3不飽和脂肪酸を含む牧草由来の飼料を食する機会が多くなる	■土壌のリン分が産品の白色の発色に影響を及ぼしている ■カルシウムとマグネシウムが高品質な発育を助けている。

＊　参考文献⑧より作成

(3) 競争〜地域内産品間の競争による進化のために〜

　ブランド・ストーリーの共創とブランド構造の共有を経て、さらに地域産品の多様性と進化を促進するには、やはり個々の生産者間での産品の品質や付加価値向上に向けた「競争」が不可欠である。競争無くして進化は望めないからである。

　そのためには定期的に品評会を開催し生産技術を競い合ったり、ボージョレ・ヌヴォーの委員会のように、収穫期に有識者（目利き）も巻き込んだ品評会（格付け）を開き、イベント化したり、さらには、消費者も巻き込んだコンテストやフェアを開催することで、ＰＲ効果を狙うことも考えられる。（例えば、「Ｂ１グランプリ」のように）

　競い合うベクトルは大きく二つ。図１で示した通り、地域内同一性の高い特性（品質）の優劣を競う視点と同時に、より地域外の産品との差別化が図れる特性を競う視点も、産品の多様性維持と進化の促進を図る上では不可欠である。

　また、このような競争を通じて明らかとなった生産者の付加価値の優劣の階層（図３）を、格付け等で明確化し、ＰＲすることで進化を加速させることができる。

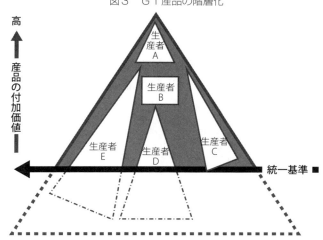

図３　ＧＩ産品の階層化

　さらにその「格付け」自体を「個別の生産者ブランド」として管理・PRしていくことで、地域内産品の多様性自体も拡大することが可能になる。

　例えば、ブルゴーニュワインの格付けとブランド・品質管理、さらに個別生

産者のブランド管理・PR 法は大いに参考となるだろう（図4参照）。

図4　ブルゴーニュワインの格付けとブランド管理法

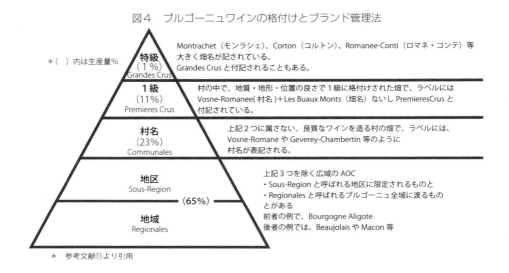

*　参考文献⑪より引用

(4) 協働～地域内協働ブランディングと地域間協働ブランディング～
ａ）地域内協働ブランディングの可能性

　先述した通り「地域ブランド」は地域の共有財産である。地域産品関係者以外のステークホルダー（例えば、郷土料理や観光分野関係者など）の、これまでのブランディング活動が地域全体のブランド価値を高め、それがＧＩ登録申請を図っている地域産品のブランド価値を支援しているという側面を忘れてはならない。逆に、個々の地域産品事業者の地域産品ブランディング活動が、地域産品全体のブランド価値を高め、さらに地域全体の価値向上に貢献しているという構造ともなっている。図5の両矢印はブランドイメージ上の支援・貢献関係に留まらず、それぞれが獲得した「コア・ユーザー（ファン）」をも共有しているということを示している。

　このように、各分野のブランディング活動とブランド価値の「支援⇔貢献」関係を自覚することで、それぞれのステークホルダーが、共同見本市や共同ＰＲ等、様々な機会を捉えて協働ブランディング活動を推進するための「縁結び」（接点の提供）を行うことも、地方公共団体・生産者団体職員の重要な役割である。

第6章　地理的表示を核とした地域産品ブランディング

図5　地域内ブランドとの協働ブランディングによる効果

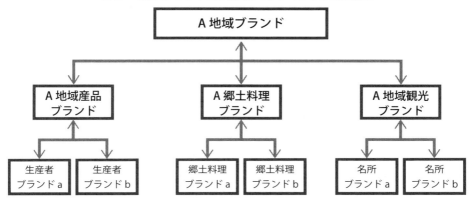

b）地域間協働ブランディングの可能性

　地域内ブランドに「支援⇔貢献」関係が存在するのと同様に、将来的にはＧＩ認証を受けた地域産品間の「支援⇔貢献」関係も出来上がることが期待できる（図6）。近年の「ご当地グルメブーム」や「ふるさと納税（特典）」「（生産者の顔が見える）産直システム」の盛り上がりでわかる通り、特定の地域に限らない「地域産品ファン」は確実に存在し、益々拡大しつつある。

図6　ＧＩ認証ブランド間の協働ブランディングによる効果

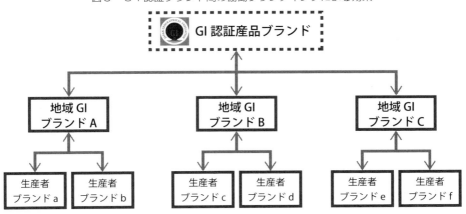

　こうした「地域産品ファン」の共有と拡大を目的とした地域間協働ブランディング活動も「地理的表示制度」の効果として期待できる。「地域産品ファ

113

ン」の共有が可能なのは、ＧＩ認証を受けた地域産品はそれぞれ「差別性と独自性」を持ち、それぞれの「棲み分け」が可能で、カニバリ（共食い）を起こし難いからである。同じ消費者であっても、食シーンや料理メニューによって使い分け・買い分けされることが期待できるのである。（ワインの"料理とのマリアージュ提案"が良い例である）これこそ、ＧＩ産品の一般的農産物との大きな違いである。従って「ＧＩ認証マーク」の付いた産品間で協働ＰＲやイベント、見本市等が実施でき、ブランド相互の価値向上とファンの共有も可能だと思われる。さらには、地理的表示制度を導入している他国の生産者との協働も夢では無いと考える。

4 ＧＩを核とした「地域産品ブランド」のさらなる進化のために

地域産品の生産・品質管理に"ＰＤＣＡ"のマネジメントサイクルを構築する必要があるように、ブランディング活動も、"ＰＤＣＡ"のマネジメントサイクルを構築し、ブランド価値の更なる向上・進化を目指す必要がある。

地域産品のブランド価値の高さとは「消費者の産品（生産者）に対する信頼度の高さと、信頼を寄せるファンのネットワーク"縁"の広さ」に他ならず、地方公共団体・生産者団体職員が、その「縁結び役」となって、PLAN（プランニング）の段階から地域内のステークホルダーを巻き込み、仲間になってもらうべきだ。さらに、DO（実施）からCHECK、ACTIONまで、あらゆるプロセスを通じて彼らとの「信頼の絆」を深めつつ、さらに彼らを通じて、地域外の「縁（ファンのネットワーク）」を拡大していこう。

地域内外の「ＧＩ仲間（ファン）」同志が「日本の多様で貴重な農林水産物・食文化を守ろう！」という理念に共感し合い、「○○地域の、他には無い貴重な農林水産物（食文化）を楽しもう！」という趣味・嗜好で互いにつながり、新しい日本の食文化コミュニティが形成されることを目指そう。

図7　ブランディング活動の進化＝地域の仲間から地域外の仲間づくりまで拡大するプロセス

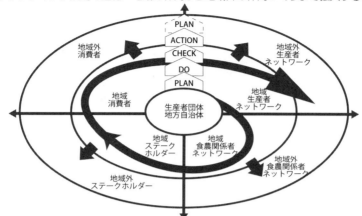

　地域産品ブランディング活動の進化とは、地域内の生産者から食農関係者、さらにステークホルダーから地域の消費者までを巻き込んで、共創・共有・競争・協働を実践する中で「ＧＩ産品ファンのコミュニティ」を形成・拡大することである。また、さらには地域の仲間から、日本・世界中の仲間づくりにまで拡大させていくプロセスだと考え、ブランディングのあらゆるプロセスに彼らを巻き込み「信頼の絆を深め、縁を広げ、さらに互いの縁を結び付けて行くこと」を目指そう。

　その「縁結び役」こそ、地方公共団体・生産者団体職員に他ならない。

参考・引用文献

1　地理的表示制度の概要及びEUのGI制度についての参考文献
　①農林水産省　地理的表示保護制度（ＧＩ）HP
　　http://www.maff.go.jp/j/shokusan/gi_act/index.html
　②高橋悌二『農林水産物・飲食品の地理的表示―地域の産物の価値を高める制度利用の手引き―』
　　農文協（2015）
　③内藤恵久『地理的表示法の解説』大成出版社（2015）
2　地域ブランドについて
　④小林哲「２つの地域ブランド論―その固有性と有機的結合」「ブランド戦略全書　第７章」有斐閣（2014）
3　生活者とのブランド共創及びブランドプラットフォーム構築法について
　⑤佐藤尚之『明日のプランニング　伝わらない時代の「伝わる」方法』
　　講談社現代新書（2015）
　⑥小西圭介『ソーシャル時代のブランドコミュニティ戦略　つながる、発信する、共に創るためのプラットフォーム構築法』ダイヤモンド社（2013）

⑦アサヒビール「アサヒ　スーパードライ」ブランドサイト（HP）
　http://www.asahibeer.co.jp/superdry/
4　EU の GI 制度及び地域産品概要について
⑧農林水産省　地理的表示保護制度（ＧＩ）HP
　「EU の地理的表示保護産品に関する特性と生産地との結びつきに係る記載内容」
　http://www.maff.go.jp/j/shokusan/gi_act/process/pdf/doc15.pdf
⑨「agliodop」（HP）「Aglio Bianco Polesano」ブランド
　http://www.agliodop.it/it/
⑩「Westcountrybeef & lamb」（HP）「West Country Beef」ブランド
　http://www.westcountrybeefandlamb.org.uk/
⑪「Wine book フランスワイン辞典」（HP）ブルゴーニュの AOC と格付け
　http://www.french-wine-jiten.com/bourgogne/aoc.htmx

第7章
地域ブランディングにおける産品ブランド戦略のあり方
―ＪＡびえいの美瑛選果を事例として

徳山　美津恵（関西大学総合情報学部　教授）

1　はじめに

　環太平洋パートナーシップ（TPP）協定の交渉が続く中、TPP が日本の農林水産業に与える影響について、連日、様々な議論が交わされている。本章の目的はその是非について判断することではない。ただし、グローバル化の進展が、日本の農林水産業にも変化を迫ってきているという認識を持つことは重要ではないだろうか。

　自動車や半導体電子部品といった輸出産業だけでなく、多くの製品やサービスにおいてグローバル化というものを考えていかなければならない時期に来ている。グローバル化による競争の激化とともに効率を追い求めるための標準化が進んだため、様々な商品やサービスの独自性が減少しており、これまで以上に本物であること（authenticity）や出所・起源（provenance）というものの重要性が高まってきているとの指摘もある（Clifton 2011）。そのような競争環境における競争優位の源泉として注目されているのが地域ブランディング（place branding）である（Ashworth and Kavaratzis 2009；Kavaratzis 2009；和田ら 2009）。地域ブランディングとは、多様な要素や特徴を有する国や都市において、それらをブランド・イメージの構築につなげ、産品の販売や観光客の増加といった具体的な成果に結びつけることである（Kavaratzis 2004；Kemp ら 2012）。

　実際、地域の現場において、産品ブランドの構築や観光地のブランド化が活発に行われている（青木 2004；2008）。しかし、これらの中には一過性のブームで終わってしまうものも多く、グローバルな文脈の中で評価される日本の観光地や産品ブランドというのは少ないのではないだろうか。

第Ⅱ部　産地ブランドと地域再生

　北海道上川郡に属する美瑛町は、その独自の農村景観にブランド価値を見つけ出し、「丘のまち」というコンセプトを軸にブランディングに成功した町である（長尾 2015）。その後も、「日本で最も美しい村」連合の中核として、その活動を続けていく中で、「丘を有する日本で最も美しい村」という方向へブランド価値を昇華させ、その結果として、年間150万人近い観光客がこの町を訪れるようになった。

　美瑛町のブランド価値のコアとなるものが農村景観であり、そのベースとなる農業である。つまり、美瑛町では観光と農業の表裏一体の関係を常に意識しながらブランディングを行っていく必要があり、ＪＡびえいはその文脈の中で産品ブランドの構築に成功している。本章では、美瑛町のブランディングの文脈の中で行われたＪＡびえいの農産物のブランディングプロセスを追っていく中で、地域ブランドの価値を高める産品ブランド戦略のあり方について考えていきたい。

2　地域ブランディング研究の系譜
(1) 地域ブランド研究の経緯

　1990年代から研究テーマとして注目され始めた地域ブランディング（place branding）であるが、その以前よりシティ・マーケティングやツーリズム・マーケティングにおいて都市や観光地のイメージに関する研究が続けられてきた。特に1998年に発表されたAnholtの国のブランディングに関する論文"Nation-brands of the twenty-first century"が都市をはじめとする地域のブランディングにおける重要なターニングポイントであったと言われ（Gertner 2011）、同時期に、ツーリズムの分野においてもデスティネーション・ブランディングが研究されるようになった（Blain, Levy and Ritchie 2005）。それまでは両分野においてマーケティングとブランディングが併存していたが、1998年を機に地域を製品やサービスとして捉えるマーケティング・アプローチからより抽象的なイメージとして捉えるブランディング・アプローチに軸足がおかれるようになる（Lucarelli and Olof Berg 2011）[1]。

　2000年代以降、地域ブランディングの研究は成熟期を迎えたと言われる（Giovanardi 2014）。その中で、アイデンティティやイメージといったブラン

---
[1] City Brandingの近年の研究動向に関しては、Lucarelli and Olof Berg（2011）を参考のこと。

ディングの重要な要素についての議論をベースに、地域ブランド特有の議論であるステークホルダーに関する研究なども多くなされるようになった（例えば、Hanna and Rowley 2011；長尾 2015）。その研究は、より実務的になり、今日では多くの地域ブランド・マネジメント・モデルが提案されている。例えば、Hankinson（2004）の関係性アプローチのモデルや文化の重要性を強調したKavaratzis and Hatch（2013）のアイデンティティ・ベース・アプローチのモデルなどがあり、日本においては和田ら（2009）のモデルがある。

(2) ブランドの機能とブランドの価値

ブランドには識別、品質保証、意味付けの三つの機能があると言われる。識別機能とは顧客に自らの提供物を識別してもらい、他の商品やサービスと区別してもらうための機能である。コンビニエンスストアに行けば、沢山の種類の緑茶飲料が手に入るが、「おーいお茶」という名前がついていることで、他のブランド名がつく緑茶飲料とは異なることが分かるだろう。二つ目の品質保証とはその名の通り、その商品の品質を保証する機能であり、多くの消費財において企業ブランドが重要な役割を果たしている。先の「おーいお茶」であれば、パッケージに記載された「伊藤園」という企業名が「おーいお茶」の味や安全性といった基本品質を保証していることになる。

今年度から運用が開始された地理的表示（geographical indication；ＧＩ）も、ＧＩマークをつけることで、その商品が日本国内の特定地域で生産されたものとして他と区別され、更に一定の価値あるものであることを国が保証してくれる。その意味で、ＧＩは識別と品質保証において、重要な役割を果たすことが分かるだろう。しかし、ブランドにとって真に重要な機能は意味付け機能であると言われる。では、意味付け機能とは何だろうか。

表1　和田（2002）のブランド価値構造

ブランド価値 側面	ブランド価値内容	ブランド価値構成
基本価値	製品の品質そのもの	■品質信頼度 ■品質優良性評価度
便宜価値	製品の購買・消費にかかわる内容	■製品入手容易度 ■製品使用容易度
感覚価値	製品およびパッケージ、広告物・販促物に感じる楽しさ、美しさ、可愛らしさ、心地よさ、目ざわり耳ざわりのよさ、新鮮さなど	■魅力度 ■好感度
観念価値	ブランド名およびブランド・コミュニケーション、ファンタジー、ドラマツルギー、ヒストリー	■ブランド・コミュニケーションに対する共感度 ■自らのライフスタイルとの共感度

出典）和田（2002）『ブランド価値共創』、p.66

　和田（2002）は、ブランドの価値を基本価値、便宜価値、感覚価値、観念価値に整理している（表1）。基本価値とは製品の物理的機能性であり、時計であれば正確に時を刻むといった品質そのもの、また製品の優良度などである。便宜価値とは、製品の購買・消費時において利便性を提供する価値で、入手しやすい価格や使いやすいパッケージの工夫などといったものが当てはまる。感覚価値とは、五感を通して楽しい消費経験を提供する価値であり、製品や広告、販促物に感じる魅力や好感度が、感覚価値を構成している。観念価値とは、ブランドが発信するノスタルジー、ファンタジー、ブランドの歴史への憧れや共感度、または自己のライフスタイルへの共感度などによって構成される価値であり、ブランドに品質や機能以外のストーリーを付加するものと位置付けられている。和田（2002）は基本価値、便宜価値が必要条件としてあるが、ブランドの真の価値は感覚価値や観念価値にあると主張する。すなわち、意味付けとは、感覚価値や観念価値を育てていく試みであり、そこにおいてブランドの真価が問われるのである。

(3) 地域ブランディングにおける意味付けの重要性

　地域ブランディングにおいて、識別機能や品質保証機能はブランディングの基盤となるが、ここで間違ってならないのはこれらの機能はあくまでも競争の

出発点でしかないということである。しかし、ＧＩを取得することでブランドが構築できたと錯覚してしまう地域は多いのではないだろうか。ブランディングにおいて最も重要な戦略課題は、自分たちの地域ブランドをどう意味付け、発信していくかということである。そのためには、意味付けという視点から、地域ブランディングのプロセスを見ていく必要がある。

そこで、以下では、ＪＡびえいの産品ブランド戦略の事例分析によって、地域ブランディングを考えていきたい。というのも、ＪＡびえいはＧＩの運用が始まる前から地域ブランディングの文脈の中で産品ブランドの構築に取り組み、その結果、美瑛産農産物のブランド認知を獲得するだけでなく、美瑛町のブランディングにも貢献しているからである。本章の分析で使用したデータは理論的サンプリングによるＪＡびえい・美瑛町関係者へのインタビューデータと美瑛町関連の論文・新聞・雑誌記事、美瑛町関係のウェブサイトである[2]。

3　美瑛町における産品ブランド戦略

(1) 美瑛町の概要

平成の大合併において、1,500以上の市町村が合併の道を選んだが、その多くは人口減少の問題を抱える小規模な町や村であった。そのような中、美瑛町は人口約1万人ながらも、独立の道を選んだ数少ない町村の一つである[3]。

明治期の北海道開拓によってその歴史が始まった美瑛町は北海道のほぼ中央に位置する。道内第二の都市である旭川市とラベンダーで有名な富良野市に隣接し、最寄りの旭川空港から車を使って12分ほどの距離にある。同町の面積は676.78平方キロメートルと東京23区の広さに匹敵し、その約70％を山林が、15％を農地が占めている。美瑛を特徴付けているのはこの農地である。

美瑛町は大雪山十勝岳連峰のすそ野にあたる。農業が主に行われているのは富良野盆地と旭川市のある上川盆地を分ける丘陵地帯であり、そこでは大規模な輪作畑作農業が行われている。輪作とは、毎年、区画ごとに栽培する作物を変える栽培方法で、連作障害といわれる地力の低下や病害虫の発生を防ぐ効果がある。美瑛町の丘陵地帯では、小麦や豆類、てん菜、馬鈴薯、トウモロコシといった作物を生産しているが、輪作方法をとっているために畑は幾つかの区

---

[2] インタビュー手法は半構造化インタビュー調査であり、2012年9月と2013年11月に実施された。その後、必要に応じて関係者とコンタクトを取り、データを確認・更新している。
[3] 現在の人口は10,520人である（平成27年3月31日現在）。

画に分けられ、それぞれの区画では毎年異なった農産物が育てられている。その結果、小麦畑の黄金色の畑のエリアの隣に馬鈴薯の葉の緑の畑のエリアがあるというように、波のように折り重なる丘の曲線と農産物の色の違いがパッチワークのような独自の丘陵風景を作りだしている。それに加え、丘陵地帯のところどころに開拓時代に伐採されなかった防風林地帯が残っており、十勝岳連峰を背景に丘における良いアクセントになっている。このような風景が他の地域では見られない美瑛独特の景色として、多くの人を魅了してきた。すなわち、美瑛町の地勢を活かす長年の農業の知恵が、同町のブランド・コンセプトとなる「丘のまち」の美しい農村風景を作り出しているのである。

この農村風景を一目見ようと、美瑛町には多くの観光客が訪れ、欧米や東アジアからの観光客も増えているという。その景色は世界的にも注目されるようになってきているのである。

(2) 美瑛町のブランド戦略の経緯

美瑛町のブランド・コンセプトは「丘のまち」である。このコンセプトの元となる美瑛特有の農村景観という価値の発見に関しては村山(2006)、その後を含めた美瑛町のブランド戦略に関しては長尾(2015)が詳しいが、以下では簡単にその要点を押さえておきたい。

美瑛町の美しい景観が知られるようになったのは1970年代と言われる。美瑛の丘陵地帯の景観は自動車やたばこのテレビコマーシャルのロケ地として使われ、知る人ぞ知る地域であった。この美しさに「景観」としてのブランド価値を見出したのは写真家の故・前田真三である（村山2006；長尾2015）。美瑛・上富良野の丘の美しさに魅了された前田は、美瑛に足繁く通い、その写真を撮り続けた。それらをまとめた『丘の四季』（1986年発刊、グラフィック社）は彼の代表作となり、美瑛の丘の美しさを世に知らしめることになった。翌、昭和62年（1987）に前田は「拓真館」というフォトギャラリーを美瑛町内にオープンする[4]。これをきっかけに、丘めぐりをする観光客が急増した。こうした前田の一連の活動が、町民にとって当たり前だった農村の風景を美瑛独特の素晴らしい「農村景観」として気づかせる大きな役割を果たしたのである。

---

[4] 美瑛の丘の中心ともいえる拓進地区に廃校となっていた旧千代田小学校の跡地があり、町の協力を得て、ギャラリーとしてオープンされた。

その後、美瑛町ではこの「丘のまち」を軸に、町としてのブランディングを積極的に進めていく。展望公園の整備や丘にある木々へのネーミング、パノラマロードやパッチワークの路といった観光ルートの整備などである。平成元年（1989）からは町の目抜き通りである本通り商店街の整備が始まった。本通り商店街にある各商店は土台には美瑛軟石を使用し、十勝岳をイメージした三角屋根や突き出しの看板で揃えられた他、外壁には創業年度を西暦で表記するなど、統一感を持った町並みとなった。電線類は地中化され、融雪溝を作ることで冬でも歩きやすい道を整えた。こうして、町中でも統一感を持った美しい町並みが整えられた。

近年の大きな動きは平成17年（2005）に発足した「日本で最も美しい村連合」（以下、美しい村連合）の中核としての活動である。美しい村連合はフランスにある「フランスで最も美しい村（Les plus beaux villages de France）」協会[5]に範を取った人口が概ね1万人以下の小規模な自治体による地域間連携組織であり、現在は54町村が加盟している（2014年12月末現在）。そもそものきっかけは、美瑛町の濱田哲町長がカルビー株式会社の松尾雅彦社長（現カルビー相談役）からその活動を紹介されたことによる。その後、フランスへの視察を経て、濱田町長がこの運動の理念に共感する町村に呼びかけ、美しい村連合が設立された。組織設立のきっかけとなった松尾雅彦社長は連合組織の副会長として組織運営に協力するだけでなく、同組織を支援してくれる企業サポーターの協賛をつのり、連合組織を全面的に支援している。こうして始まった「日本で最も美しい村」連合の第1回の設立総会は美瑛町にて開かれ、事務局は美瑛町政策調整室に置かれることとなった[6]。

フランスにおいて、同協会に認定されていることは村々のステイタスとなっており、三ツ星ガイドで有名なミシュランをはじめ「フランスで最も美しい村」に関するガイドブックは多数出版されている。こうしたガイドブック片手に、フランスで最も美しい村々を巡るという旅は新たな旅行スタイルとしてフランス国内だけではなく、海外からも注目を集めており、同協会に所属する村々は観光で大きな成功を収めている。

---

[5] 「フランスで最も美しい村」協会とは、過疎化が進むフランスの小さな村々において、地域の文化資産の保全とプロモーションを目的に1982年に設立された地域連携組織であり、現在157村が「フランスで最も美しい村」として認定されている（2013年末現在）。

[6] その後、事務局は東京におかれることとなる。その詳しい経緯については徳山（2015）を参考のこと。

北海道美瑛町は「丘のまち」をコンセプトとした農村景観を軸に観光戦略や町づくりを展開し、ブランディングに成功していたが、平成の大合併をきっかけに、町の今後を考えていく必要に迫られていた。その際、地域で共有できる価値として「最も美しい村」の考え方が当てはまったと言われる。国をあげて市町村合併が推奨される中、あえて自立の道を選んだ小規模の村や町にとって、「フランスで最も美しい村」の活動はこうした町や村が自立するための1つのモデルとして捉えられた（徳山 2015）。

美しい村連合の提唱者である美瑛町は現在も連合の中で中核的な役割を引き受けている。「日本で最も美しい村」をめざすための地域間連携活動を続けていく中で、美瑛町としても「丘のまち」というコンセプトから、「丘を有する日本で最も美しい村」という方向へブランド価値を昇華させることに成功した。具体的には、平成21年（2008）に農協や商工会、観光協会をはじめとする町内の22団体によって「美しい村づくり協議会」を立ち上げ、住民主導で「美しい村」となる町づくり活動を行っている。それを後押しするように、平成26年（2014）からは美瑛軟石の駅舎として有名な美瑛駅前にある丸山通りの整備も開始されている。美しい村連合が設立された翌年からの8年間の観光客の伸び率は3.9％であり、多少の増減はあるものの、美瑛町の観光客数は確実に増加していることが分かる（図1）。

図1　美瑛町の観光客の推移

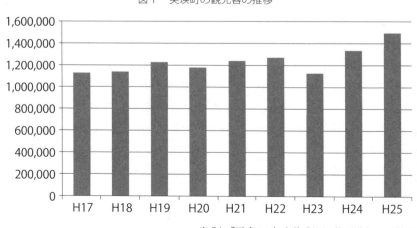

出典）『平成26年度美瑛町町勢要覧』より筆者作成

(3) 美瑛町における農村景観の役割

　美瑛町のブランド・コンセプトは「丘のまち」であり、その基盤は美瑛特有の起伏に富んだ丘に広がる農村景観である。この景観を支えるのが、美瑛町の基幹産業でもある農業であり、美瑛のブランド価値の源泉であると言っても良い。しかし、丘を目当てに美瑛町を訪れる観光客が美瑛町の農産物に関心を示すことはなかった。農業に適するといわれる内陸性気候の美瑛町では、質の高い農産物を作ることはできたが、美瑛を代表するような特産品がなかったのもその一因といえる。その上、美瑛町においても農業従事者の高齢化は深刻な問題となっており、加えて担い手・後継者不足や離農による農家戸数の減少という問題を抱えていた。

　ＪＡびえいの北野和男常務は、ＪＡの経営するスーパーマーケット業態であるＡコープの経営に携わった際、その流通のあり方に関して大きな疑問を感じたという[7]。「美味しい農産物が近くにあるのに、なぜ美瑛でできたものが美瑛のスーパーに並ばないのか」。彼の言葉の通り、美瑛では北海道を代表する農産物の殆どが生産されているにもかかわらず、それらの主な流通経路はホクレン（ホクレン農業協同組合連合会）やＪＡ全農（全国農業協同組合連合会）、卸売市場であった。そこにおいて、美瑛の農産物は「北海道産」という強力な産品ブランドの傘の下にまとめられて全国に出荷され、美瑛町で売られることも少ない。このような流通の下では農家に価格決定権はなく、美瑛産農産物の価値が評価されることはなかったのである。

　北野常務は美瑛の農村景観のベースにある農業を守るためには、美瑛で作られる農産物を美瑛町のブランディングと結びつけ、その価値を上げる必要があると考えた。そのために産品においてもブランディングが必要であるとの結論に達し、流通販売戦略を変えることをＪＡびえいの若い職員たちに課したのである。

　北野常務の提案を受け、ＪＡびえいでは平成16年（2004）にマーケティング・プロジェクト・チームを立ち上げる。各部署から集まった20代から30代の若手職員13名は定期的に勉強会を開いた。しかし、ブランドやマーケティングの知識は皆無だったため、最初はどこから手を付けて良いのか分からなかった。そこで翌年、若手職員２人を１ヶ月間、大手広告代理店の博報堂が主催する地

---
[7] 2012年９月に実施された半構造化インタビュー調査による。

域ブランドづくり研修会に派遣し、マーケティングの基礎を習得させるという取り組みを行った[8]。博報堂は日本で最も美しい村連合の創設期から同連合に協賛しているサポーター企業の1つであり、同組織のロゴマークづくりにも協力している。この研修には、美瑛町役場からも職員が参加しており、美瑛町全体としてマーケティングやブランディングの基礎知識を学ぶ重要な場となった。

(4) 美瑛選果の立ち上げ

当時、JAびえいは旭川市と富良野市を結ぶ国道237号沿いに土地を有していた。そこは美瑛町の入り口となる一等地であり、マーケティング・プロジェクト・チームではその活用を検討した。最初はセルフサービス式のガソリンスタンドといった案も出たが、農産物のブランド化のためには、積極的に情報発信をしていく必要があるという結論に達し、最終的に、直売所や加工所、レストランが一体化した施設として美瑛選果のアイディアが生まれたのである。

この施設は、単なる小売施設ではなく情報発信基地でなければならない。農協は農業施設や選果場、倉庫といったアイディアには直に賛同が集まる組織であったが、2億円をかけて情報発信基地を作るということに理解を示してもらうには非常な困難があったという。ここで活躍したのが、博報堂のブランド研修会で学んできた若手職員たちだった。彼らは研修で身につけたプレゼンテーションスキルを活かし、職員や組合員、生産部会に対して、映像やデータを駆使し、分析結果を報告するという地道な活動を信念を持って続けた。これによって、情報発信の重要性について考えたことのなかった関係者も、徐々にこの施設の役割について理解を深めていくことができた。彼らの説得には2年以上の月日を要したが、最終的には組織全体としてこの方向でいくことに決定された。1980年代から美瑛町として取り組んできたブランディングの成果として、「丘のまち」という美瑛町の認知度が深まってきたことも、観光を意識した農業という意識の形成につながり、この決定をサポートすることとなった。

平成19年（2007）5月、JAびえいの運営による美瑛産農産物の情報発信基地として「美瑛選果」はオープンする。美瑛町は北海道を代表する野菜のほとんどを生産している他、稲作や畜産も盛んであり、これら全てのものをブラ

---

[8] この取り組みは2年間行われ、計4名のJAびえいの若手職員が地域ブランドづくり研修会に参加した。

ンド化するという意図から「美瑛選果」という名前がつけられた。「選果」というネーミングには、形や大きさで選別するのではなく、消費者のニーズにもとづく新たな価値基準で選ぶという想いも込められている。

　「美瑛選果」は、農産物直売所である「選果市場」と美瑛産農産物を使用した野菜レストラン「アスペルジュ」、美瑛産農産物を使用したスイーツを販売する「選果工房」、通信販売部門である「センカクラブ」という構成でスタートした。レストランと工房のプロデューサーは、札幌の有名なフレンチレストランのオーナーである中道博氏であり、北海道真狩村のオーベルジュ「レストラン　マッカリーナ」で地産地消を推進してきた北海道を代表する料理人である[9]。その意味で、彼は北海道の地域ブランドを支えるキーパーソンの一人であり、彼が協力してくれたことで、美瑛選果の情報発信力は更に増すこととなった。

(5) 美瑛選果が提供する体験

　「良いものを誰もが手に届くように」というコンセプトのもと、美瑛選果は情報感度の高い女性とリタイアした夫婦をメインターゲットとして想定した。彼らに美瑛産の農産物の質の高さを知ってもらい、好きになってもらうためには、美瑛産の農産物を積極的に体験して、その良さを理解してもらう場が必要だと考えた。

　情報発信基地ということで、美瑛選果は特にデザインにこだわっており、そこにはブランド研修会でデザインの重要性を学んできた職員たちの影響が見られる。建物はガラスをふんだんに使ったシンプルでモダンなデザインで、ＪＡらしくないとの評価もある。同建物は、空間デザイナーも取り入れており、平成20年（2008）には日本建築家協会優秀建築に選定されるなど、そのデザイン性において高い評価を得ている。

　また、美瑛選果では全ての施設で美瑛産農産物の質の高さを体験してもらうことを常に意識している。例えば、レストラン「アスペルジュ」は厨房が全面ガラス張りになっており、素材や調理の様子を外から誰でも見ることができる。レストランでは、当日の朝に美瑛町内の契約農家でシェフが収穫した旬の野菜

---

[9]「マッカリーナ」は中道氏の地産地消への想いを受けた真狩村によって第三セクターの形でレストランと宿泊施設が運営されている。その取り組みの全容は笠井（2005）に詳しい。

が料理として提供されるため、野菜のおいしさに感動する店として、ＴＶや雑誌の取材も多く、食べログなどのネット口コミでも高く評価されている。この「アスペルジュ」に対し、テイクアウトができる「選果工房」は外のテラスで食べたり、持ち帰ったりと、より気軽に美瑛産農産物を使ったスイーツなどを食することができる。

　農産物の直売所である「選果市場」でも、売ることよりもまず先に美瑛産の農産物のおいしさを体験してもらうことに重きを置いている。直売所では美瑛で取れる野菜や米、豆といった商品がパッケージもシンプルに、センス良く並べられている。それと共に、直売所では試食専用のオープンキッチンを備え、旬にあわせた美瑛産の野菜や米の美味しい食べ方を提案している。フリーズドライされた美瑛産のとうもろこしや枝豆、小豆はパッケージデザインにもこだわり、気軽なお土産として美瑛選果の人気商品となっている。

　平成25年（2013）、美瑛選果は美瑛小麦工房を開業する。この工房は美瑛町産の小麦のブランド化を狙いとしたものである。美瑛町にある畑の4分の1を小麦畑が占めるにもかかわらず、これまでは主に原料として製粉会社に販売していた。こうした問題意識から出発した小麦工房では、開業当初、美瑛産小麦の質の高さを表現するために食パンとラスクのみを取り扱い、その美味しさを味わってもらうことに苦心した。その後、美瑛産小麦の認知度が確立されたことで、順次、商品展開を増やしている。

　この店舗と前後して、美瑛選果では新千歳空港と東京・有楽町にアンテナショップを出店している。前者に関しては、平成23年（2011）にリニューアルを予定していた新千歳空港からの出店要請がきっかけであった。そこで、新千歳空港の美瑛選果では、原材料へ徹底したこだわりをもつ東京の人気ベーカリーVIRON（ヴィロン）の農場が美瑛にあった縁を活かし、共同でパンを開発したところ、同空港でしか買えない人気商品として行列ができるようになり、新千歳空港のお土産の定番となっている[10]。東京・有楽町にある「丘のまち　美瑛」は平成25年（2013）にオープンした全国の町村では初となるアンテナショップである。こうした美瑛町外の情報発信拠点は、美瑛町をただ発信するための拠点でなく、最先端の消費者との接点の場として重要な役割を果たしている。

---

[10] 東京の人気ベーカリー「ヴィロン」を経営するのは兵庫県加古川市に本社のあるニシカワ食品株式会社である。同社は、原材料へのこだわりから、北海道美瑛町に22万坪の農場でジャージー牛を放牧する「美瑛放牧酪農場」を有している。

(6) 通信販売「センカクラブ」の挑戦

　美瑛町の農家の多くは自分で作ったものを売りたいという想いを持っていたが、農作業は年間を通して忙しく、自力での販売を考える余裕はなかった。その想いに応えるのがＪＡの役割と考え、個別販売に挑んだのが「センカクラブ」である。センカクラブは入会費・年会費無料の会員組織であり、入会することで美瑛町の農産物の最新情報をメールで受け取ることができ、採れたての旬の農産物を注文することができる。登録することで一部の商品や送料の割引という特典がつくが、それらは特筆すべき特典とは言えない。このセンカクラブにおいて重要なポイントは、会員になる顧客は主に観光で美瑛町にきた観光客たちであり、その場で食べた野菜や果物のおいしさに感動し、会員になって通信販売を利用する人たちだということである。言い換えるならば、彼らはセンカクラブの会員になることで、美瑛町のリピーターもしくはサポーターとなってくれるのである。現在、センカクラブの会員は17,500人を超え、通信販売は美瑛選果の事業の中でも大きな柱となってきている（2015年8月末現在）。会員組織を作ることは、美瑛に興味を持ってくれている消費者との関係性を持つということでもある。そこにおいて、クレームなどを対応する必要が出てくるが、それらも全て職員が対応している。そうすることで、消費者の声を美瑛選果の戦略に反映することができるからである。

(7) 美瑛選果の効果

　美瑛選果はオープン直後より美瑛町の人気観光スポットとなり、年間10万人以上の観光客が訪れる施設となった。特にレストランは予約をしないと長時間待たされることもあるほど人気があり、マスコミの取材依頼が絶えることはない。2013年に発売された『ミシュランガイド北海道2012-RESTRANTS & HOTELS』（2012年発刊、日本ミシュランタイヤ）では星一つを獲得し、このレストランの人気を不動のものにしている。

　このように美瑛選果はメディアが常に注目する場所となり、取材や視察も増え、美瑛産の農産物の知名度は確実に上昇した。その結果、観光客だけでなく、小売業のバイヤーまでが美瑛町に足を運ぶようになった。ＪＡびえいでは、バイヤーのニーズに応えるために、デザインにこだわった農産物のカタログを用意し、小売業者に対しても美瑛産農産物の良さを理解してもらうようつとめて

第Ⅱ部　産地ブランドと地域再生

いる。

　こうした美瑛選果の一連の活動によって、ＪＡびえいでは、組織内でも情報発信に関する意識が徹底されるようになった。例えば、美瑛選果のホームページだけでなく、地域内広報誌やウェブサイトにおけるスタッフ・ブログなど、様々なところで情報発信を意識する組織になっており、その意味で、常に消費者を意識するマーケティング志向の組織になったと言えるだろう。

　平成26年（2014）には更なる業務の効率化とサービスの向上を目的に、美瑛選果はＪＡびえいの子会社として株式会社化された。新しいビジネスモデルは図2のようになっている。株式会社化によって、組織の機動力は更に増し、新たな戦略を、スピード感を持って打ち出すことができるようになった。例えば、「センカクラブ」のオンラインストアが主力事業として成長していることから、独自システムに刷新することで、取扱商品の更なる拡大も可能となった。また、美瑛町産農産物へのニーズの高まりにより、美瑛町内のペンションやレストランとの取引も拡大している。海外からの観光客も増加している。こういった卸売部門顧客への対応とインバウンドが新たな課題として浮上しているが、新しい組織体制の中でしっかりと戦略対応されるものと思われる。

図2　美瑛選果のビジネスモデル

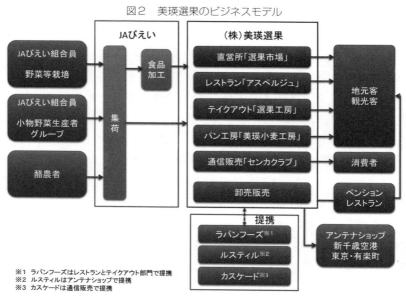

出典）『6次産業化優良事例25選』、8頁を元に筆者作成

4　理論的整理

前節では美瑛町のブランド戦略の文脈の中でのＪＡびえいの情報発信基地である美瑛選果の動きについて整理してきた。ここでは幾つかのポイントを地域ブランドの理論と重ねあわせて考察したい。

(1) アイデンティティを核とした情報発信

ブランディングは人々の心の中につくられるイメージを扱うからこそ難しいと言われる。というのも、企業の思い描くイメージをつくってもらいたくても、人々をコントロールすることはできないからである。それでも企業はブランド・イメージの構築に努めなければならない。その意味で、地域ブランディングは、当該地域に対する人々の認知とイメージを構築するために策定された戦略をどのように実行していくかということにつきる。Kavaratzis and Ashworth (2006) は、ブランディングはアイデンティティをベースにブランド・イメージを構築してもらうためのコミュニケーション戦略であると説明する。ブランド・アイデンティティとは、自社のブランドを競合ブランドと差別化するための持続的競争優位を作りだすイメージの源泉であり、ブランディングにおける意味付けの基盤となる (Balakrishnan 2009)。イメージと混同されがちだが、アイデンティティとは「私たちが自分たちをどのように見ているか」であり、イメージとは「他者が私たちをどのように見ているか」であると整理される (Kavaratzis and Hatch 2013；Kavaratzis and Ashworth 2006)。美瑛町においては初期の「丘のまち」というコンセプトが他の市町村にはない美瑛の重要なアイデンティティとなり、イメージづくりの出発点となった。

その後、美瑛町が「丘のまち」から「丘を有する日本で最も美しい村」へとブランド・コンセプトを昇華させたと述べたが、日本で最も美しい村というブランド価値は、「美しさ」という象徴的価値の強みを持つだけでなく、美瑛町においての次なるブランド・アイデンティティの役目を果たしたといえる。地域のブランド・アイデンティティは当該地域のブランド・イメージの核となるだけでなく、地域住民にとって自己のアイデンティティを形成する上で重要な役割を果たす（Kempら 2012）。美瑛町民にとって、「日本で最も美しい村」の住人であることは大いなる誇りとなっており、それが地域全体での町づくりへの取り組みにつながっているのである。

ＪＡびえいにとっても、「日本で最も美しい村」というアイデンティティが美瑛選果を作る上での重要な役割を果たしたと言える。美瑛選果は単なる美瑛産農産物の情報提供の場ではなく、「日本で最も美しい村」でとれる農産品に関する情報発信という役割を担っている。だからこそ、建物から空間デザイン、パッケージ、小売バイヤーへのカタログに至るまでデザインにこだわり、「日本で最も美しい村」としての美瑛をどう伝えるか、という視点から、美瑛産農産物についての情報発信につとめることができたのである。

(2) 情報発信基地からブランド・エクスペリエンスの場へ

　美瑛選果の戦略において重要なポイントは、情報発信基地であるということ以上に美瑛産農産物を体験する場を提供したということである。美瑛で採れた農産物を素敵な空間の中で味わうことができるレストラン「アスペルジュ」だけでなく、選果市場や他の工房も全てテイクアウトや試食などを充実させ、美瑛産農産物をその場で味わってもらうことに注力している。

　ブランド・エクスペリエンスは、日本ではブランド経験価値とも訳されるが、消費者が当該ブランドを体験する場とされる（Hanna and Rowley 2011）。この体験を通して、消費者は当該ブランドのアイデンティティを理解し、そのブランドに対する消費者自身のブランド・イメージを構築する。

　ディズニーストアやアップルストアに代表されるように、近年、多くのブランドが自社商品を売る場ではなく、自社ブランドの世界観を体験してもらう場づくりに注力しているが、これらもブランド・エクスペリエンスの提供と考えて良い。ブランド化された空間は、ある種の新しい体験を作りだす場でもある（Moor 2007）。そのために、ある程度のファシリティやサービスに投資する必要があると Hanna and Rowley（2011）は主張するが、美瑛選果もブランド・エクスペリエンスの場を作りだすための投資であったと理解するができるだろう。

　だからこそ、ブランディングの重要な成果はイメージを作りだすこと以上に、エクスペリエンスを作りだすことであるとの指摘もある（Hanna and Rowley 2011）。その意味で、美瑛選果は消費者が美瑛産農産物の質の高さを体験する重要な場であり、その結果として、美瑛選果を訪れた観光客との関係性の構築に成功している。その成果がセンカクラブの会員数に反映されている。そして、

美瑛選果での体験は、美瑛町での楽しい体験の一つとして、最終的に美瑛町のブランド・イメージの構築に寄与しているのである。

(3) 情報発信基地から創造的交流拠点へ

　町村同士の地域間連携や自治体内における様々なステークホルダーとの連携である地域内連携において、新たな戦略を生み出すために必要な想像力を鍛える活発で創造的なコミュニケーションが重要であるとの指摘がある（徳山・長尾 2013；長尾 2015）。その意味で、美瑛選果は創造的交流拠点としても重要な役割を果たしていると言える。

　例えば、レストラン「アスペルジュ」は観光客だけをターゲットにしているのではない。ＪＡびえいでは、冬の閑散期に、組合員である農家の人々に対して商品券を出し、レストランへ行ってもらう取り組みを行ったことがある。この取り組みによって、これまでは野菜というモノの視点でしか農産物を見ることができなかった農家の人たちに対し、料理というコトの中で自分たちが作った野菜を捉えてもらうことができるようになった。自分たちの野菜がどのように調理され、それによってどれだけ美味しくなるか、という視点は自分たちの自信につながるだけでなく、消費者に農産物を販売する際にも非常に重要な視点である。また、美瑛選果のデザイン性の高さも生産者の意識を変える上では重要な役割を持つ。その意味で、今日の消費者が何を求め、何を評価するのか、というマーケティングの基本となる消費者志向の考え方を職員や生産者に身につけてもらう学習の場ともなっている。

　このレストランからは新たなビジネスも生まれている。レストランは美瑛産のとれたて野菜を提供するというコンセプトであるため、これまで生産されていなかった種類の野菜も必要となった。そこで、美瑛ではこうした小物野菜の生産グループを作り、レストランに提供する農家を育成するという取り組みも行った。こうした活動は、新たな農業の担い手を育てる上でも重要な役割を果たしている。

　こうした動きから分かるように、美瑛選果は単なる情報発信拠点でも観光拠点でもない。観光客がそこに訪れ、地域の人と交流する場でもある。そこには小売バイヤーも来るし、日本で最も美しい村連合の他の村々も視察に来る。このような考えを進めていくと、美瑛選果は単なる情報発信基地ではなく、ステー

クホルダーが交流することで新たな戦略を生み出すことのできる創造的交流拠点として重要な役割を持っているということができる。だからこそ、美瑛選果は今後もＪＡびえいの重要な戦略拠点でありつづけるだけでなく、美瑛町のブランディングにおいても、なくてはならない創造の場となるのではないだろうか。美瑛選果は株式会社化されたことによって、その目的がより先鋭され、創造的交流拠点としての重要性も増すこととなった。更なる交流を促すことで、どう創造につなげるのか。新たな組織が直面する重要な課題ではないだろうか。

図3　美瑛町のブランディングにおける美瑛選果の役割

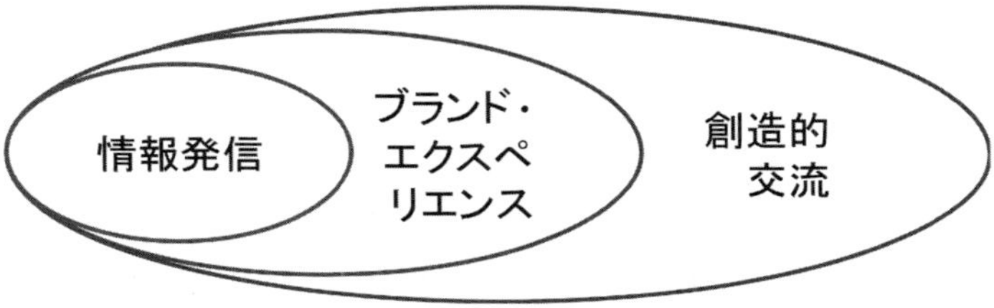

情報発信　ブランド・エクスペリエンス　創造的交流

5　終わりに

本章では、美瑛町のブランド戦略の中での美瑛選果を軸としたＪＡびえいの産品ブランド戦略の取り組みを見てきた。美瑛選果は美瑛産農産物に高級なイメージをつけて売ろうとしているのではなく、「日本で最も美しい村」である美瑛という地域ブランドの中に、その役割を戦略的に位置づけて情報発信していることが分かった。それに加え、美瑛町における重要な体験の場の一つとして、ブランド・エクスペリエンスを提供するだけでなく、創造的交流の場としても重要な役割を果たしていた（図3）。産品ブランド構築には成功しているが、実際に地域に行ってみると幻滅してしまうというような地域が多い中、ＪＡびえいの取り組みは地域ブランディングの中に戦略的に産品ブランドを位置づけている重要な一例ではないだろうか。観光と農業のどちらが先行するということではなく、観光と農業が一体となってブランディングを進めている貴重な事例と言える。

しかし、ＪＡびえいにおいてもここからは次なる戦略ステージに行く必要がある。特にグローバル化という文脈において、観光と農業の先には海外展開を見据えたブランド戦略の構築が必要であろう。インバウンド対応は新たな課題

として上がっていたが、海外からのニーズに対応するためには、グローバル化を踏まえたコミュニケーション戦略の実施や商業や工業との更なる連携も必要になる。ただ、美瑛町では日本で最も美しい村連合の活動のおかげで、それぞれのステークホルダーの関係は良好である。この創造的交流が更に進むことで、新しい段階に進むことができるのではないだろうか。

　本章では、地域ブランディングにおける産品ブランド戦略のあり方について、美瑛町のブランディングの中でのＪＡびえいの美瑛選果の取り組みを取り上げ、分析してきた。ただし、美瑛選果はあくまでも一事例であり、更なる事例分析を重ね、理論化していく必要がある。また、地域ブランディングに関する研究はケーススタディが主流で、数量的分析の研究が圧倒的に少ないとの指摘もある（Gertner 2011）。その意味で、本章で取り上げたブランド・エクスペリエンスや創造的交流についても、その具体的な効果に関して数量モデルでの検討が必要であろう。

謝辞

　本研究に際し、美瑛町関係者（美瑛町役場の皆様、ＪＡびえいの関係者の皆様、㈱美瑛選果の関係者の皆様）にはインタビューやその後の質問などにも快く協力して頂いた。記して深く感謝申し上げたい。

　本研究はＪＳＰＳ科研費（基盤Ｃ課題番号23430556）「地域ブランド構築における戦略的ゾーニングの可能性」とＪＳＰＳ科研費（基盤Ｃ課題番号26360062）「生物多様性に関わる国際認定制度を活用した地方自治体の戦略の定量的比較分析」の助成を受けている。記述に関しては、筆者の責とするものである。

参考文献

Anholt, S.（1998），Nation-brands of the twenty-first century，Journal of Brand Management 5.6，395-406.
Ashworth, G., & Kavaratzis, M.（2009），Beyond the logo: Brand management for cities, Journal of Brand Management, 16（8），520-531.
Balakrishnan, M. S.（2009），Strategic branding of destinations: a framework，European Journal of Marketing, 43（5-6），611-629.
Blain, C., Levy, S. E., & Ritchie, J. B.（2005），Destination branding: Insights and practices from destination management organizations, Journal of travel research, 43（4），328-338.

Clifton, N. (2011), Regional culture in the market place: Place branding and product branding as cultural exchange, European Planning Studies, 19 (11), 1973-1994.
Gertner, D. (2011), Unfolding and configuring two decades of research and publications on place marketing and place branding, Place Branding and Public Diplomacy, 7 (2), 91-106.
Giovanardi, M. (2014), A multi-scalar approach to place branding : The 150th anniversary of Italian unification in Turin, European Planning Studies, 23 (3), 597-615.
Hanna, S., & Rowley, J. (2011), Towards a strategic place brand-management model, Journal of Marketing Management, 27 (5-6), 458-476.
Hankinson, C. (2004), Relational network brands : Towards a conceptual model of place brands, Journal of Vacation Marketing, 10 (2), 109-121.
Kavaratzis, M. (2004), From city marketing to city branding: Towards a theoretical framework for developing city brands, Place Branding, 1 (1), 58-73.
Kavaratzis, M. (2009), Cities and their brands: Lessons from corporate branding, Place Branding and Public Diplomacy, 5 (1), 26-37.
Kavaratzis, M., & Ashworth, G. J. (2006), City branding: An effective assertion of identity or a transitory marketing trick?, Place Branding, 2 (3), 183-194.
Kavaratzis, M., & Hatch, M. J. (2013), The dynamics of place brands an identity-based approach to place branding theory, Marketing Theory, 13 (1), 69-86.
Kemp, E., Childers, C. Y., & Williams, K. H. (2012), Place branding: creating self-brand connections and brand advocacy, Journal of Product and Brand Management, 21 (7), 508-515.
Lucarelli, A., &Olof Berg, P. (2011), City branding: a state-of-the-art review of the research domain, Journal of Place Management and Development, 4 (1), 9-27.
Moor, L. (2007), The rise of brands, Berg.
青木幸弘(2004)「地域ブランド構築の視点と枠組み(特集発信する地域ブランド)」,『商工ジャーナル』30 (8), 14-17.
青木幸弘(2008)「地域ブランドを地域活性化の切り札に(SPECIAL FEATURE 地域活性化のカギ)」『ていくおふ』, 124, 18-25.
笠井一子 (2005)『北海道の食彩＜マッカリーナ＞物語』, 草思社.
徳山美津恵 (2015)「地域連携型ブランド構築プロセスの検討：「日本で最も美しい村」連合の分析を通して」『東アジア経済・産業のダイナミクス』, 関西大学出版部, 193-213.
徳山美津恵・長尾雅信 (2013)「地域ブランド構築に向けた地域間連携の可能性と課題—観光圏の検討を通して」『商学論究』, 第60巻第4号, 261-282.
長尾雅信 (2015)「協働型地域ブランディングの促進要因の研究：北海道美瑛町をケースに (池尾恭一教授退任記念特集号)」『慶應経営論集』, 32 (1), 109-125.
村山研一 (2006)「地域の価値はどのようにして形成されるか (＜特集＞地域ブランドとは)」『地域ブランド研究』, 2, 29-56.
和田充夫 (2002)『ブランド価値共創』, 同文館.
和田充夫・菅野佐織・徳山美津恵・長尾雅信・若林宏保, 電通abic project 編 (2009)『地域ブランド・マネジメント』, 有斐閣.
Diamond Online 特別レポート「世界が認める「北海道産」の圧倒的なブランド力　美瑛町が農産物の海外輸出に成功した理由」
　(http://diamond.jp/articles/-/60606?page=5) 2015年8月15日最終閲覧.
野村アグリプランニング＆アドバイザリー (2015)『6次産業化優良事例25選』.

第8章
地理的表示の登録手続と地域における合意形成
——法律学の観点から

荒木　雅也（茨城大学人文学部社会科学科法学・行政学コース　准教授）

1　はじめに

　地理的表示の登録手続の中では幾つかの局面で、地域における合意の形成が求められる。必要な合意形成がなされない場合には登録申請が困難になるし、適切な合意形成がなされていないこと自体が申請却下や登録拒否の理由となることもあるようである。本章では、地理的表示制度における合意形成の重要性や問題点を把握するために、合意形成に関連する、特定農林水産物等の名称の保護に関する法律（以下、地理的表示法）の規定や農林水産省が定めた審査基準等を概観し、その問題点等につき検討する。

　以下、本章では、地理的表示の登録手続を概観した上で［本章2］、当該手続の中で合意形成が求められる局面を確認し［本章3］、各局面における合意形成の過程とその問題点につき考察する。その際、生産者団体内の合意形成［本章4］と、生産者団体間の合意形成［本章5］とに大別して考察することにする。

　なお、特に合意形成の難航が予想されるのは、生産地と生産方法に関して合意形成が試みられる場合であるので、特に、生産地と生産方法に関する合意形成における特有の問題点についても考える［本章6、7］。

2　登録手続の概要

　地理的表示の登録手続は、概ね、次の五つの段階から成る。

(1) 生産者団体による登録申請
(2) 公示と第三者の意見書提出
(3) 審査

(4) 学識経験者の意見聴取
(5) 登録、登録拒否と、申請の取下、却下

(1) 生産者団体による登録申請

　登録申請を行うのは生産者団体である。登録申請を行う生産者団体（申請者）は申請の際に、登録対象となる「農林水産物等」の生産基準を定め、「申請書」、「明細書」、「生産行程管理業務規程」を作成の上、農林水産大臣に提出し審査を受ける。申請者が定めるべき生産基準の主なものは、農林水産物等の「名称」、「生産地」、「特性」、「生産の方法」、「特性がその生産地に主として帰せられるものであることの理由（結び付き）」である【地理的表示法（以下、法）7条1項、地理的表示法施行規則6条1項】。これらは、申請書と明細書に記載される。

(2) 公示と第三者の意見書提出

　登録申請があった場合、申請の概要（申請書、明細書等を含む）が公示される。公示期間は公示日から二月である。そして、申請に対しては、「何人も‥公示の日から三月以内に‥農林水産大臣に意見書を提出することができる」【法9条1項】。

　競合する別の申請（後行申請）がなされた場合、後行申請は、最初の申請（先行申請）に対する第三者からの「意見書の提出とみな」される【法10条1項】。よって、後行申請は意見書提出期間内（公示日から三月以内）に行わなければならない。

　意見書が提出された場合、意見書の対象となった申請の申請者に対しては、意見書と添付書類の写しが送付される。後行申請がなされた場合には、先行申請の申請者に、後行申請に係る申請書や明細書の写し等が送付される（こうして先行申請の申請者は、後行申請の内容を把握することができることになる）。

　なお、申請が競合する場合とは、後行申請に係る農林水産物等の「全部又は一部」が、先行申請に係る農林水産物等の「全部又は一部」に該当する場合である【法10条1項2号】。

(3) 審査

　審査は、地理的表示法と、同法施行規則の他、農林水産省が定めた、以下に

列挙する審査基準等に基づいて審査官（農林水産省食料産業局の審査担当者）が行う。審査官は「審査に当たって必要があると認めるときは、申請者の承諾を得て、現地調査を行う」【特定農林水産物等審査要領第2　4(4)ア】。

・特定農林水産物等審査要領【平成27年5月29日付け27食産第679号食料産業局長通知】
・団体審査基準【特定農林水産物等審査要領別添2】
・名称審査基準【同別添3】
・農林水産物等審査基準【同別添4】

その他、審査のための基準ではないが、農林水産省が公表した「地理的表示保護申請者ガイドライン（平成27年7月版）」も、農林水産省の考え方を理解する上で参考になる。

(4) 学識経験者の意見聴取

学識経験者からの意見聴取は審査終了後に行われる。国会での審議における農林水産省の説明によれば、必要とされる知見は審査の対象となる産品ごとに異なるので、登録申請以後に適任の学識経験者を選んで、意見聴取を行うようである。学識経験者として想定されているのは、対象産品の生産と流通、地域ブランドの実態、知的財産法に知見を有する者等である。

(5) 登録、登録拒否と、申請の取下、却下

審査官は、学識経験者の意見の聴取後、審査結果を取りまとめる。審査の結果、登録される場合には、
・生産者団体の名称と住所
・特定農林水産物等の名称、生産地、特性、生産方法等
が特定農林水産物等登録簿に記載される。この登録簿は公衆の縦覧に供される。

登録が拒否される場合には、申請者に対し、登録を拒否する旨とその理由を通知する。登録拒否要件は、大きく分けて、次の四つである。

・生産者団体に関する要件【法13条1項1号】

・生産行程管理業務に関する要件【法13条1項2号】
・農林水産物等に関する要件【法13条1項3号】
・名称に関する要件【法13条1項4号】

　申請の取下があった場合には、申請者に対し取下手続が完了した旨が通知される。申請の却下があった場合には、申請者に対しその旨が通知される。申請が却下されるのは、申請者が生産者団体の定義を充たしていない場合等【特定農林水産物等審査要領第2　1(3)ア】、不適法な申請と判断される場合である（本章4(2)を参照）。

3　合意形成が求められる局面

　地理的表示法では、(1)地理的表示登録【法7条】、(2)生産者団体を追加する変更登録【法15条】、(3)明細書の変更登録【法16条】、において登録申請が行われる。そして、これら三つの登録申請にあっては、一つの生産者団体内（生産者団体に属する生産業者間）で合意が形成されることは当然として、複数の生産者団体間の合意形成を要すこともある。以下では、これら三つの登録申請の手続を概観した上で［本章3(1)から(3)］、合意形成に関する農林水産物等審査基準の重要な定めを一瞥し、その意義について考えることにする［本章3(4)］。

(1) 地理的表示登録の申請【法7条】

　後行申請がなされた場合には［本章2(2)］、多くの場合、生産基準に関して先行申請と後行申請との間で相違が生じることになる。その場合、後述するように［本章5］、先行申請を行った申請者と後行申請を行った申請者との間で合意（生産者団体間の合意）が形成されることもある。

(2) 生産者団体を追加する変更登録の申請【法15条】

　生産業者が地理的表示を用いるためには、農林水産大臣の登録を受けた生産者団体（登録生産者団体）に加入する必要がある。生産行程管理業務（明細書所定の生産基準への適合の有無の検査）を行うのは登録生産者団体であるため、地理的表示を用いる生産業者は、登録生産者団体に所属しなければならないからである。そして、登録された農林水産物等一つにつき、登録生産者団体は一つ

であっても複数であってもよい（一つの生産地内に、複数の登録生産者団体が並存できる）。地理的表示登録の申請を行った生産者団体以外の生産者団体も、「生産者団体を追加する変更登録」を受けることで、登録生産者団体（追加登録生産者団体）になることができる。その場合には、登録済みの生産者団体の同意は不要であるため、生産者団体間の合意は不要であると思われる。

よって、登録生産者団体に所属していない生産業者が、独自に新しく生産者団体を立ち上げて、新規の登録を受けてもよい。但し、生産者団体は生産行程管理業務につき、適正な実施のための経理的基礎と公正な実施のために必要な体制を備えていることが求められる。生産者団体による生産行程管理業務の状況は、農林水産大臣により定期的に検証され、業務の遂行状況が不適切である場合には、登録の取消もあり得ることは注意を要するであろう。

(3) 明細書の変更登録の申請【法16条】

登録生産者団体は、既に登録を受けている農林水産物等の明細書につき、変更の登録を申請することができる。この場合、登録生産者団体が複数ある場合には、全ての団体が「共同して…登録申請を行わなければならない」【法16条2項】。よって、生産者団体間の合意形成が求められることになる。

(4) 農林水産物等審査基準 第2 2(2)ア（ア）（イ）

以上確認してきたように、地理的表示制度においては(1)から(3)の局面で、生産者団体内や生産者団体間の合意形成が求められるところ、農林水産物等審査基準には、生産者団体内の合意形成と、生産者団体間の合意形成の双方に適用されると見られる、次のような規定がある【第2 2(2)ア（ア）（イ）】。

（ア）「確立した特性があるとは、申請農林水産物等が同種の農林水産物等と比較して差別化された特徴を有して」いることをいう。

（イ）「申請農林水産物等が同種の農林水産物等と比較して差別化された特徴を有した状態となっているか否かを判断するに当たっては、申請農林水産物等の生産地・生産の方法・特性その他申請農林水産物等を特定するために必要な事項について、当該農林水産物等の生産業者の合意形成が十分に図られているかどうかを斟酌するものとする。」（傍線筆者）

この規定は一見すると、「確立した特性」【法2条2項2号】という実体的な要件の充足の有無を、「合意形成が十分に図られているかどうか」という手続的な観点から判断する可能性があることを示唆しているようであり、違和感を抱かせる余地が無いわけではない。しかしながら、地理的表示は産地名称を地域の共有財産として保護する制度であるという制度の趣旨を踏まえるならば、合意形成を欠く申請は不適切であり、いわゆる早い者勝ちを歓迎するものではないという、農林水産省の基本的な考え方を示すものとして理解することができるであろう。

4　生産者団体内（生産業者間）の合意形成

以下、本章では、本章3(1)から(3)のうち、最も重要な3(1)（地理的表示登録の申請）を念頭に置きつつ、生産者団体内の合意形成と生産者団体間の合意形成の順に論じることにする［本章4、5］。

生産者団体は、地理的表示の登録申請を行うに先立ち、生産者団体内において、すなわち団体に所属する生産業者間において、どのような農林水産物等につき登録申請を行うか、どのような生産基準を設けるか等について合意を形成し、これを申請書や明細書に記載することが求められる。

ここでは、(1)生産者団体の適格性に関する定めを概観した上で、(2)生産者団体内の合意形成に関する定めを概観することにする。なお、(1)は、合意形成のための定めそのものではないし、適切な合意形成を直接的に担保するわけでもないが、生産者団体内の適切な合意形成の基盤としての意味を持つと考えられるため、ここで整理しておくことにする。

(1) 生産者団体の適格性に関する定め

法2条5項に、次のように、生産者団体の定義が示されている。

「生産者団体とは、生産業者を直接又は間接の構成員…とする団体（…法令又は定款その他の基本約款において、正当な理由がないのに、構成員たる資格を有する者の加入を拒み、又はその加入につき現在の構成員が加入の際に付されたよりも困難な条件を付してはならない旨の定めのあるものに限る。）‥」

かくして、生産者団体の適格性のポイントとなるのは、加入の自由性である。

この点につき、団体審査基準では、「不当に多額の加入手数料を支払わせる場合」、「団体が提供する役務等の専属利用契約を締結させる場合」、「特性を付与又は維持するのとは無関係な特定の資格・施設設備等を有しているものであることを加入資格としている場合」等が、加入の自由性を欠く場合として例示されている【同基準 2⑴】。

⑵ 生産者団体内の合意形成手続に関する定め

　生産者団体内の合意形成過程に瑕疵がある場合、申請が却下されることが、特定農林水産物等審査要領において明言されている。

　すなわち、地理的表示登録の申請［本章3⑴］については、「申請者の構成員たる生産業者が、当該申請者の<u>意思決定手続から不当に排除される</u>などして、申請者の意思決定過程に瑕疵がある場合」（傍線筆者）には、「申請手続に重大な瑕疵があった」ものとして、「その申請を不適法な申請として却下する」ことが定められている【第2 1⑵エ】。その他、生産者団体を追加する変更登録［本章3⑵］と、明細書の変更登録［本章3⑶］についても同様の定めが設けられている【第3 1⑵エ、第4 1⑵エ】。

　これらの定めによれば、合意形成の結果定められる各種生産基準の内容それ自体には問題が無く、「品質、社会的評価その他の確立した特性が…生産地に主として帰せられるもの」となっている場合であっても、合意形成過程に瑕疵がある場合には申請が却下され得るようである。上に見た農林水産物等審査基準第2 2⑵ア［本章3⑷］に設けられている定めと趣旨を同じくするものと思われるが、瑕疵があるとされるのは「意思決定手続から不当に排除される」等の場合であるから、少数者のごね得を許すことを目的とするものではないことは当然である。

　なお、生産者団体は、農業協同組合、NPO法人、株式会社、一般社団法人、法人でない団体等、様々な形態をとることが容認されているところ【団体審査基準 1⑴】、いずれの形態であるかにより、意思決定手続が相違するため、具体的にどのような場合が「意思決定手続から不当に排除される」場合に当たるのかは、生産者団体の形態によるであろう。

5　生産者団体間の合意形成

　生産者団体間の合意は、(1)登録申請前に形成される合意と、(2)登録申請後に形成される合意とに大別される。その他、申請を行った生産者団体と、意見書を提出したアウトサイダー（生産者団体に所属していない生産業者等）との間でも協議、合意形成がなされることもあると思われるが、そうした場合は、(2)に類するものとして考えることにする。

(1) 登録申請前に形成される合意

　登録申請は一つの生産者団体が行うことが多いであろうが、複数の生産者団体が共同して登録申請を行うことも可能である【法7条3項】。この場合には、複数の生産者団体が登録申請を行うに先立って、それら団体間で生産基準に関して合意を形成しておかなければならない。申請書も共同で作成することになるであろう。

　なお、この場合、複数の生産者団体が団体間の合意に基づき統一基準を設け、その統一基準の枠内で、各団体が別個の生産基準を設けることも可能である。統一基準は申請書に記載され、各団体の基準は明細書に記載される。

　農林水産省が示す例によれば、二つの生産者団体が申請書の中で登録対象の農林水産物等の統一基準として「糖度14度から16度」と定めている場合には、一方の団体は「14度から16度」と、もう一方の団体は「15度から16度」とそれぞれの明細書に定めることが容認されることになるようである。

(2) 登録申請後に形成される合意

　生産者団体間の合意は、登録申請後に形成されることもあり得るようである。すなわち、上に見たように［本章2(2)］、地理的表示法上は、複数の競合する申請がなされることが容認されている。しかるに競合する申請をどのように扱うかについては、同法中に明確な定めは無いが、「競合する複数の申請」➡「生産者団体間の合意」➡「申請書の内容の修正」という流れが基本的な道筋として想定されているようである。以下では、農林水産省の考え方を確認してみよう。

　まず、農林水産省（山下正行農林水産省食料産業局長）は、国会の審議の中で次のような考え方を示している【第186回国会衆議院農林水産委員会（平26.5.21)】。

「複数の申請があった場合…産品が満たさなければならない基準を<u>地域で話し合った上で</u>、明細書に定めていただくこととしております。地理的表示の登録申請があった場合は、申請の概要が公示されることになります。この公示期間中に対象産品の重なる別の申請があった場合、最初の申請に対する第三者からの意見として取り扱われることになります。このため、最初になされた申請の審査過程において、他の第三者からの意見書と同様に、後からなされた申請の内容も踏まえて、<u>申請書の内容の修正が図られていく</u>ことになると考えております。さらに、申請内容については…公平な審査を行い、<u>国として保護に値すると認めるものを登録する</u>ことといたしております。」（傍線筆者）

そして、農林水産省はこのような考え方に基づき、地理的表示保護申請者ガイドラインと、特定農林水産物等審査要領の中で、次のように、より具体的な指針を示している。

・地理的表示保護制度申請者ガイドライン【第3 2】
「公示後3か月間は、意見書提出期間となります。意見書が提出された場合には、意見書の写しを申請者に送付いたしますので…、意見書の内容を踏まえ、あらためて<u>地域内で話合い</u>を行う、申請書等の内容を補正する、追加して書類を提出する等の対応をご検討ください（もちろん、意見書の内容によっては、「<u>何もしない</u>」という対応をとることも考えられます）。」（傍線筆者）

・特定農林水産物等審査要領【第2 4(5)】
「審査官は…意見書…の内容及び審査を踏まえ、申請書、明細書又は生産行程管理業務規程の記載内容を補正することが<u>適当であると認めるとき</u>は、その記載内容について、申請者に対し別紙様式13により<u>自主的な補正を求めることができる。</u>」（傍線筆者）

以上から察するに、農林水産省は、複数の競合する申請がある場合には、「地域内で話合い」が行われることで生産者団体間の合意が形成され、その結果を受けて申請者が自主的に補正を行うことにより、「申請書の内容の修正が図られていく」ことを想定しているようである。

問題は、合意形成や自主補正がなされない場合である。地理的表示保護制度申請者ガイドラインでは、意見書が提出された場合でも（後行申請がなされた場合でも）、申請者には「何もしない」という選択肢があると明言している。よって合意形成がなされない場合でも、「公平な審査」の結果として、登録されることもあるのであろう。

　一方で、特定農林水産物等審査要領では、「審査官は‥適当であると認めるときは…申請者に対し‥自主的な補正を求めることができる」とされている（また、同審査要領の別紙様式13（申請者に補正を求める際の書式）では、「登録の申請には‥<u>不備がありますので</u>‥<u>指示に従って適切な補正をして下さい</u>」（傍線筆者）と明記されている）。

　それ故、申請者が補正を行わない場合には、申請に「不備」があるものとして、登録拒否に至ることになりそうである。よって補正の求めがある場合には、申請者はこの求めに応じざるを得ないのではなかろうか。

　かくして、農林水産省は生産者団体間の合意形成が望ましいと考える場合にはこれを促し、必要に応じて、「指示に従って適切な補正」がなされるよう生産者団体を誘導することで、「国として保護に値する」地理的表示の登録を実現しようとしているのではないか。

　そうすると問題は、どのような地理的表示が「国として保護に値する」か、である。つまり、どのように合意形成を促すかに加えて、どのような合意形成を促すか、が重要な課題となる。この点については、以下、生産地と生産方法に関する合意に焦点を当てて検討することにする［本章6、7］。

6　生産地の特定に関する合意

(1) 総説

　地理的表示制度の中で、生産地の特定とそのための合意形成は、最も困難で重要な課題の一つである。どのように生産地を特定するかによって、地理的表示を使用できる者の範囲が規定されるからである。

　ところで、地理的表示制度における生産地とは、ただ単に何らかの農林水産物等が産出される土地を意味するわけではない。この点につき、EUの司法機関である欧州司法裁判所の考え方を概観してみよう。同裁判所は、2005年のフェタ事件判決【Cases C-465/02 and C-466/02】の中で、南欧のフェタチーズの

生産地特定の是非について審理する際に、生産地の特定は、生産地が農林水産物等に特性を付与できるだけの「自然的および人的要因」を備えた地域から構成されているか否か、という見地から行われるという認識の下、基本的には自然的要因（地形、気候、植生等）に依拠し、これに加えて人的要因（家畜の放牧や季節移動の習慣）をも勘案しつつ、問題となったチーズの生産地特定を支持する判断を下している。

我が国の地理的表示法における生産地の捉え方も、概ね欧州司法裁判所と同じようである。すなわち、生産地につき、法2条4項において「農林水産物等に特性を付与し、又は…保持するために行われる行為…が行われる場所、地域又は国」と定義されている他、後述するように［本章6(2)ａ②］、農林水産物等の特性との間に「結び付き」が認められる土地を意味するものと理解されている。よって生産地の特定とは、特性との結び付きが肯定される地理的範囲の特定という意味を持つため、生産地の特定にあっては、同時に結び付きの存在の有無を確認する必要がある。

かくして、生産地特定にあっては、特性との結び付きという観点を踏まえる必要があるが、他方で、当然ながら申請を行う生産者団体内（生産業者間）においては生産地特定についての合意形成を図る必要があるし、後行申請における生産地の特定が先行申請とは異なる場合には、生産者団体間で合意を形成する必要が生じることもあるであろう。

しかしながら、合意を得るために生産業者の意向を尊重すれば、地理的表示の使用を希望する生産業者が増えるにつれ、生産地の範囲が際限なく広がってしまいかねない。そのような事態を回避するために、少数者のみで合意を形成し専断的に生産地を特定し登録を行ってしまえば、逆に生産地の範囲がごく狭くなってしまい、本来であれば地理的表示を用いるべき生産業者が排斥されることになるかもしれない。そうなれば地域の共有財産たるべき産地名称を少数者が壟断することになってしまう。こうして不適切な合意形成により、過度に広い／狭い生産地が特定されることになれば、特性の結び付きが肯定される地理的範囲としての生産地の特定という、制度の基本的な考え方が画餅に帰すことになる。

それ故、地理的表示制度における生産地特定にあっては、ａ農林水産物等に特性を付与する地域の地理的範囲（結び付きの存在が肯定される地理的範囲）を

特定すべきことと、b 関係者間で合意を形成すべきこととが、同時に求められることになる。

(2) 法令等の定め

　我が国の地理的表示制度では、上のaを確保するための定め（本章では、「特性付与ルール」という）と、bを確保するための定め（本章では、「適正合意ルール」という）が設けられている。

a　特性付与ルール

　特性付与ルールとしては、①生産地に関する定義規定、②地理的表示に関する定義規定、③結び付きに関する定め等がある。

①生産地に関する定義規定

　生産地については上に見た法2条4項の他 [本章6(1)]、農林水産物等審査基準に次のような定めがある【第1　1(1)】。

　「生産地とは、農林水産物等に特性を付与又は保持するために行われる行為（生産）が行われる場所、地域又は国をいう。…生産地の範囲が、特性を付与又は保持するために必要十分な範囲となっておらず、過大や過小である場合には、生産地とは認められない。」

②地理的表示に関する定義規定

　地理的表示とは「特定農林水産物等の名称」であって【法2条3項】、「特定農林水産物等」とは「特定の場所、地域又は国を生産地とするもので」、「品質、社会的評価その他の確立した特性‥が‥生産地に主として帰せられるものであること」【法2条2項】と定められている。そして、「特性が生産地に主として帰せられる」場合とは、「生産地・生産の方法が特性と<u>結び付いている</u>」場合をいう（傍線筆者）【農林水産物等審査基準　第2　2(2)イ（ア）】。

③結び付きに関する定め

　農林水産物等審査基準は、結び付きの存在が認められる場合として、「特

性が、生産地の自然的条件（地形、土壌、気候、降水量、緯度等）により付与又は保持される場合」や「生産地に由来する伝統製法を生産の方法とし、当該生産の方法により特性が付与又は保持される場合」等を列挙している【第２ ２(2)イ （イ）】。その他、特に社会的評価との結び付きについては、農林水産物等が「生産地で生産されてきた結果、高い評価を受けている場合に認められる」と明示している【第２ ２(2)イ （ア）】。

b　適正合意ルール
　適正な合意形成を求める定めとしては、上述［本章３(4)］の農林水産物等審査基準 第２ ２(2)ア （ア）（イ）の他、次の定めが重要である。

　<u>「生産地の範囲に争いがある等により</u>申請農林水産物等の<u>生産地の範囲が特定できない場合には、結び付きは認められない</u>ものとする。」（傍線筆者）【農林水産物等審査基準 第２ ２(2)イ （ア）】

　「生産地の範囲が特定できない場合には」、そもそも結び付きの存在を肯定も否定もできないのであるから、「結び付きは認められない」のは当然である。しかしながら、「生産地の範囲に争いがある等により‥生産地の範囲が特定できない場合」とはどのような場合であるかは、必ずしも判然としない。例えば、先行申請の申請者と、後行申請の申請者との間に生産地に関する争いがある場合であっても、それぞれの申請において明確に生産地を特定することは可能である。そして申請者間の合意形成が十分に行われていないまま申請の中で生産地が特定されたとしても、審査の結果として、その生産地が特性付与ルールに適合していると評価されることも無いとは言えないと思われる。
　更に、合意形成が行われたからといって、特性付与ルールに適合する生産地を適切に特定できるとは限らない。農林水産省が関係者に対して、敢えて合意の形成を求めることで、ごね得を許す結果となり、生産地が過度に広く特定されることもあり得るのである。かくして、「生産地の範囲に争いがある等により‥」の定めが独り歩きすれば、関係者に不必要な合意を強要することになりかねないのではないか。
　それ故、適正合意ルールは、競合する申請の内容が過度に大きく異なるため、

農林水産省の審査が困難である場合等に適用されるものと考えるべきではなかろうか。合意が形成されない場合でも、適正な審査を行うことは必ずしも不可能ではないからである

さて、それならば関係者間の合意が形成されない場合には、どのように審査されるべきであろうか？この場合には、農林水産物等審査基準の次の定めが意味を持ちそうである【第1 1(2)】。

「生産地の範囲の審査に当たっては、<u>申請農林水産物等の生産が行われている範囲</u>、特性に結び付く自然的条件を有する地域の範囲、<u>申請農林水産物等の生産業者の所在地の範囲</u>等を総合的に考慮するものとする。」（傍線筆者）

そもそも生産地を特定するということは、何らかの意味で同質性が認められる土地を一つの生産地として観念するということである。そして欧州司法裁判所の考え方に倣うならば、とりわけ自然的条件との結び付きが重視されるべきであろう。農林水産物等審査基準が、審査における考慮事項として、「特性に結び付く自然的条件を有する地域の範囲」を明記しているのは、同裁判所と同じく、自然的条件を重視することのあらわれであろう。

しかしながら、現実には、申請者が土地の同質性を実証するために、自然環境に関する科学的分析を十分に実施することは容易ではないこともあろうし、同様に、個々の審査において自然環境に関する厳正な科学的評価を行うことは容易ではないこともあるのではないか。

そうした場合には、申請時における生産活動や生産実績の分布状況を以て、適正な生産地を特定する上での基礎的な資料とすることができると考えられる。同じく農林水産物等審査基準が「農林水産物等の生産が行われている範囲」と「農林水産物等の生産業者の所在地の範囲」とを審査の考慮事項として明記しているからである。

このように申請時における生産活動の分布状況を重視する考え方は、衆参両院の農林水産委員会が行った附帯決議中の「地理的表示保護制度の導入に当たっては、それぞれの地域においてその効果的な活用が助長されるよう、生産業者、生産者団体等による地域ブランドの確立に向けたこれまでの取り組みを十分尊重［すべきこと］」という決議の第一項目と整合するであろう。また、

全ての申請につき、土地の同質性を検証するために厳密な科学的分析を行うことが困難であることを思えば、現実的な方策と評価することができるとも思われる。

なお、当然ながら、申請時における生産活動の分布地域等を似て生産地とすることに反対する者は、意見書提出手続の中で、生産地の変更（拡大、縮小等）を主張することができるであろう。その場合、生産地の変更を主張する者は、変更すべき根拠を示すことが求められると思われるが、その根拠としては、自然環境に関する科学的な分析の結果が重視されるべきではないか。加えて、過去における生産活動の分布状況や、消費者の認知の状況等も考慮されてよいと思われる。

7　生産方法に関する合意
(1) 総説

地理的表示法には、生産方法に関しては格別の定義は無い。そこで、農林水産物等審査基準は、生産方法に該当するものを次のように多数、例示している【第1 3(1)注】。

「<u>使用する品種</u>、育種選抜方法、栽培条件（施肥、土壌改良、栽培密度、病害対策、規模）、収穫条件（収穫時期、収穫方法、等級仕分け等）、肥育方法（餌、離乳、授乳、と畜の時期）、加工方法（乾燥、発酵、調理等）、出荷方法（製品の重量、ランク等）」（傍線筆者）

また、同じく農林水産物等審査基準では、「ある自然的条件を備える地域において生産されることのみにより特性が付与又は保持される場合には、当該自然的条件を備えた地域で生産が行われていること」それ自体が生産方法となる、と明示している他【第1 3(2)】、「原料生産地又は加工地の範囲を限定する場合には、これを生産の方法として記載することができる」とも定めている【第1 1(2)】。

かくして地理的表示制度における生産方法とは、特性に関係する生産行程等を幅広く意味するものと考えてよいであろう。但し、「特性の付与又は保持の点からみて<u>過剰であったり、不足したりする場合</u>には生産の方法として認めら

れない」ことに留意すべきであろう（傍線筆者）【農林水産物等審査基準 第１ ３(1)】。

以下では、営業秘密やノウハウ等と、品種の扱いに関連する問題を概観することにする。

(2) 営業秘密、ノウハウ等

農林水産物等の生産行程の中に営業秘密やノウハウ等、関係者間で秘匿されてきたものが含まれる場合、申請者は、それらを生産方法として申請書等に記載すべきか否かにつき、慎重に検討する必要があるであろう。生産方法を含む申請の内容は公開されるため、申請書等に記載することにより秘匿が困難になってしまうからである。

しかしながら、この点については、申請者側に完全な裁量が許されるわけではないと考えられる。というのも、上述のように［本章7(1)］、生産方法の申請書等への記載については、「過剰」である場合の他、「不足」である場合にも不可となるというのが、農林水産物等審査基準の基本的な考え方であるからである。従って、ある生産行程を申請者が秘匿しようとすることが、審査において否定的に評価されることもあり得るのではないか。

また、申請者の意向通りにある生産行程を秘匿できたとしても、問題が生じないわけではない。というのは、ある生産行程が申請書等に生産方法として記載されていない以上、その生産行程を用いることなく生産された農林水産物等であっても、適法に地理的表示を用いることができることになる。そうすると、生産行程を秘匿できたとしても、生産者団体は不適切な農林水産物等が地理的表示を付されて販売される事態を座視する他は無いことになる。この問題については国会の審議の中でも強い懸念が示されているが［津島淳衆議院議員、鷲尾英一衆議院議員、平木大作参議院議員］、結局のところ、ある生産行程を生産方法として記載するか否かによって生じる弊害は、申請者が甘受する他は無いと思われる。

かくして、営業秘密やノウハウ等の扱いについての合意形成は難航が予想される。ある生産行程につき、先行申請の申請者はその秘匿を主張し、後行申請の申請者が生産方法としての記載を主張するような場合における申請者間の合意形成は、特に困難であろう。このような場合には、最終的に審査の場では、

問題の生産行程が特性付与又は保持の上で必要であるか否かが問われることになるのではなかろうか。

(3) 品種の指定

　生産方法として特に重要なものの一つは、品種の指定である。品種の扱いについては、国会における審議の中で、地域振興という見地から活発に問題提起されており、例えば登録対象が加工品である場合にその原材料として輸入品を用いることの問題点が指摘されている他、加工品の原材料となる新品種の開発を支援すべきこと等が提言されている［玉木雄一郎衆議院議員、中川郁子衆議院議員、徳永エリ参議院議員］。そこで、こうした問題について考える上での前提として、以下では、登録対象の農林水産物等につき品種を特定すること（加工品の原材料につき品種を特定する場合を含む）の是非について考えてみたい。
　上に見たように［本章7(1)］、農林水産物等審査基準は生産方法の例として、「使用する品種」を例示しているし、EUの地理的表示制度でも、登録対象となる農林水産物等につき、品種が指定されることが通例である。例えば、イタリアの「マントヴァメロン」はメロンの品種として「カンタルペンシス」と「レティクラトゥス」の二つを指定しているし、フランスの「グアダループメロン」はメロンの品種として「シャラント」を指定している。
　かくして、我が国においてもEUにおいても、基本的な考え方としては、品種を指定することに当然ながら違法性は無い。しかしながら、地理的表示制度は生産地に起因する特性を保証するのであって、品種に起因する特性を保証するわけではない、というやや原理的な見方を強調するならば、品種の指定は制度の趣旨に反するという結論を導く余地があるという向きもあるかもしれない。
　以下では、この問題につき、指定された品種が、a 在来種である場合、b 新品種である場合、c 特許法や種苗法において登録、保護される場合に分けて、検討することにする。

a　指定された品種が在来種である場合

　指定された品種が生産地の在来種である場合には、品種の指定はむしろ地理的表示制度の趣旨に合致すると考えるべきである。この場合には、品種の指定

は、生産地の資源を有効に活用することに他ならないからである。また、指定された品種が在来種でない場合であっても、不可とする必要は無い。そうした場合であっても、その他の生産方法が維持されることによって特性が保持されることも考えられるし、特性保持のためにはそうすることがむしろ合理的であることもあり得るからである。

更に、地理的表示における生産地とは、欧州司法裁判所の考え方に端的に示されているように、「自然的および人的要因」を備えた地域と捉えられるところ、品種の選択は人的要因の一つと見ることができる。そして、農林水産物等の特性には、生産地の自然的要因の他、人的要因に由来するものも含まれるのであるから、品種の指定それ自体は制度の趣旨に反するものではないと考えるべきである。

b　指定された品種が新品種である場合

それ故、指定された品種がいわゆる新品種である場合もそのこと自体は基本的には問題は無い。その新品種が在来種の改良である場合や、新品種の開発が農林水産物等の特性保持に有益である場合等は、問題が無いのは当然である。更に、そもそも品種の改良、開発もまた人的要因の一つであると考えることができるのであり、よって、改良、開発された品種を指定することそれ自体は制度の趣旨に反するものではないと考えるべきであろう。

c　指定された品種が特許法等において登録、保護される場合

結局、問題となるのは、指定された品種が新品種であるか否かというよりも、何らかの事情により、生産地内の生産業者が、指定された品種を入手することが妨げられ、または困難になるような場合ではなかろうか。

このような場合には、生産地内の生産業者は生産基準を遵守する限り等しく地理的表示を用いることが許される（但し、上述のように［本章3(2)］、いずれかの登録生産者団体に属していることが条件となる）、という地理的表示制度の重要な理念(開放性)が揺らぐことになると思われるからである。指定された品種が、特許法や種苗法上の登録、保護の対象となっている場合において、生産地内の生産業者に対するライセンスが保証されないとき等がその典型的な局面であろう。

この問題は、技術標準に含まれる必須特許（技術標準を実施するために必須となる特許）の問題と類似していると思われる。必須特許については技術標準の参加者に対するライセンスが保証されないと、その技術標準を実施できなくなってしまう。そこで、技術標準を実施する場合、これを行う組織ではいわゆるパテントポリシー（特許権の取扱方針やライセンスの条件等）が定められた上で、必須特許の権利者は当該のパテントポリシーに基づきライセンスの条件を宣言することが求められる。そして、その際、無償か、「合理的かつ非差別的条件（reasonable and non-discriminatory condition：ＲＡＮＤ）」のいずれかが選択されることが多いようである。

さて、地理的表示登録の対象となる農林水産物等につき、品種の指定が行われ、指定された品種が特許法や種苗法上の登録、保護の対象となっている場合には、技術標準における必須特許の扱いに倣い、申請書や明細書にパテントポリシーを記載することで、あらかじめライセンスの条件等を開示しておくことが望ましいのではなかろうか。そうすることは地理的表示制度の開放性という理念にも整合すると考えられる。しかしながら、この点について地域における合意を形成することは容易ではないことが多いと思われる。

8　結び

地理的表示の登録手続が関係者間の合意形成を必須としていることは、地理的表示の登録手続を、法的ないしは科学的な過程というよりも、むしろ政治的な過程へと変容させるおそれをもたらすであろう。そして、関係者間の対立回避と合意形成のみに注力する動きが横行すれば、地理的表示制度自体の信頼が失われてしまうかもしれない。

このような制度の宿命とも言うべき問題を関係者が十分に理解し、合意形成を旨としつつも、農林水産物等の特性や生産地との結び付きが真に尊重されることを願いたい。制度の適切な運用が行われれば、地理的表示登録された農林水産物等は、全国各地の消費者からの信頼を勝ち取り、松尾雅彦氏（カルビー㈱元社長）が言われるように、凡百の国産品や、輸入原料に依存する加工品等との競争に勝利できると思うのである。

更に、二宮尊徳が幕末に開国論を唱えた時に論じているように、「外国は海外にあるとはいえ、大きな目で見れば隣村と何ら異なるところはない。けだし

神州は天地のよく調和したところに位置し、土地はよく肥え、五穀はよく実る」（佐々井典比古訳注『報徳外記』）のであるから、将来的には、我が国において地理的表示登録された農林水産物等が海外の産品に対しても強い競争力を発揮できることを期待したい。

付記　本研究は科研費［基盤研究(c)（一般）15K3236］の助成を受けたものである。

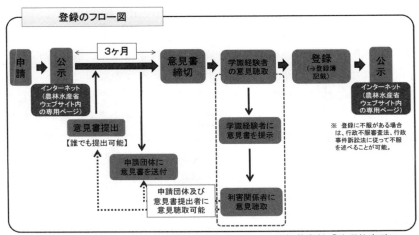

農林水産省ホームページ掲載資料「地理的表示について - 特定農林水産物等の名称の保護に関する法律（平成 27 年 7 月）」より抜粋

参考文献

青山紘一　『不正競争防止法（事例・判例）第二版』　経済産業調査会（2010）
朝日健介　「地理的表示法の制定　地域ブランド産品を地域共有の知財に　特定農林水産物等の名称の保護に関する法律（平成 26 年法律第 84 号）平 26・6・25 公布　1 年内施行」　時の法令 1973 号（2015）
荒木雅也　「ＥＣにおける地理的呼称保護」　高崎経済大学論集 47 巻 2 号（2004）
荒木雅也　「地理的表示保護制度の意義」　知財管理 55 巻 5 号（2005）
荒木雅也　「EU の地理的表示制度における登録要件、保護範囲等について」　知財ぷりずむ 107 号（2011）
荒木雅也　「地理的表示の目的と役割 - 地理的表示法の制定を受けて」　時の法令 1962 号（2014）
荒木雅也　「地理的表示（ＧＩ）とその活用 - 我が国の歴史、文化、地名の重要性を見直す契機となるか？」　食品と科学 57 巻 9 号（2015）
飯村重樹　「標準に含められる特許権に関する一考察 - 事業戦略の一環としてフォーラム標準化が行われる場合を中心として」　パテント 67 巻 10 号（2014）
井内龍二＝伊藤武泰＝谷口直也　「特許法と種苗法の比較」　パテント 61 巻 9 号（2008）

石川武彦　「農林水産物・食品の地理的表示保護制度の創設（下）」　立法と調査 355 号（2014）
今村哲也　「地域団体商標制度と地理的表示の保護 - その予期せぬ交錯」　日本工業所有権法学会年報 30 号（2007）
蛯原健介　『はじめてのワイン法』虹有社（2014）
小野昌延　『営業秘密の保護増補版』　信山社（2013）
神崎正弘　「種苗法と、特許法、商標法との関係」　日本大学知財ジャーナル 8 巻（2015）
木村純子　「地理的表示保護産品の特徴と地理的原産地とのつながり：イタリアのＧＩ産品をてがかりに」　経営志林 50 巻 3 号（2013）
久々湊伸一　「EuGH の二つの FETA 判決」　青森中央学院大学研究紀要 9 号（2007）
斎藤高行（佐々井典彦訳注）　『二宮先生語録（下）・報徳外記』　一円融合会（1987）
渋谷達紀　『種苗法の概要』　経済産業調査会（2014）
高橋悌二　『農林水産物・飲食品の地理的表示』　農文協（2015）
高橋悌二＝池戸重信　『食品の安全と品質確保』　農文協（2006）
竹中克行＝齋藤由香　『スペインワイン産業の地域資源論 - 地理的呼称制度はワインづくりの場をいかに変えたか』　ナカニシヤ出版（2010）
田中佐知子　「『地理的表示』の本質と制度整備における留意点 - とらえどころのない地理的表示（ＧＩ）を理解するために」　AIPPI59 巻 4 号（2014）
田中佐知子　「地理的表示保護法案『特定農林水産物等の名称の保護に関する法律案』をめぐる要考慮点」　AIPPI59 巻 7 号（2014）
田村善之　「標準化と特許権 - RAND 条項による対策の法的課題」　知的財産法政策学研究 43 巻
内藤恵久　「地理的表示の保護について：EU の地理的表示の保護制度と我が国への制度の導入」　農林水産政策研究 20 号（2013）
内藤恵久　『地理的表示法の解説』　大成出版社（2015）
中嶋邦人　「地理的表示保護制度について」　IP マネジメントレビュー 14 号（2014）
平松幸男　「技術標準に含まれる特許の問題に関する考察」　知的財産専門研究 2 号（2007）
松尾雅彦　『スマート・テロワール 農村消滅論からの大転換』　学芸出版社（2014）
和久井理子　『技術標準をめぐる法システム』商事法務（2010）

第9章
品質管理体制の整備

中野　浩平（岐阜大学大学院連合農学研究科　教授）

1　はじめに

　地理的表示（GI）保護制度は、長年培われた特別の生産方法や気候・風土・土壌などの生産地の特性により、高い品質と評価を獲得するに至った農林水産物の名称（地理的表示）を知的財産として登録し、国が保護する制度である。そうした高い品質の産物を需用者へ安定的に提供していくためには、従来からの品質管理体制を今一度見直し、経験に基づいたものから科学的根拠に基づいたものへと高度化する必要がある。さらには、見直した管理体制に満足することなく、PDCA（Plan（計画），Do（実行），Action（点検），Check（改善））サイクルを繰り返し、継続してスパイラルアップさせていくことも重要である。また、品質管理体制の策定では、高い評価を得るに至った根拠となる品質要素、すなわち、プレミアム要素が一体何であるかを関係者間で改めて深掘りするところから始まる。そして、単に「美味しい」や「立派である」といった主観的な表現ではなく、「糖度が15度以上」とか「一個あたりの重さが300ｇ以上」のような客観的かつ定量的な産地基準を設定する必要がある。このことは、策定した管理プログラムに実効性を持たせると共に、国際競争力のある農林水産品へと高めることに繋がる。
　本章では、こうした「生産工程管理」と「農林水産物の特性（プレミアム要素）」について特に焦点をあて、関係者間でこれらを明確化する際にヒントとなる情報について述べる。

2　生産工程管理

　GI制度は、産地の気候条件や土・水環境、さらには伝統的に培われてきた独自の手法によって創出される優良な品質を有する産物であることを保証し、消費者が安心して地理的表示を付した産品を選択できるようにするためのもの

である。一方で、農林水産物は工業生産物とは異なり、生物そのものあるいは生命現象を利用した産物であることから、品質上のばらつきが多少なりとも生じることは致し方のないことである。しかしながら、ＧＩ登録産品を購入する消費者や事業者の品質に対する期待は極めて高く、こうした期待を裏切らないためにも、産品の品質基準を決して下回ることのなく、かつ継続して供給できる生産・流通体系を確立することが望まれる。このことの積み重ねが産品に対する更なる信頼に繋がり、ひいては生産者利益、産地ブランドの向上に繋がる。そこで本項では、上記を実現するための品質管理体制構築のために必要な事項について概説する。

(1) HACCPの考え方を取り入れた品質管理プログラム

食品の安全確保のためのシステムとしてHACCPがある。これは、Hazard Analysis Critical Control Pointの頭文字をとったもので、一連の製造工程の中で、特に健康危害を及ぼす可能性の高い工程を明らかする、いわゆる危害分析（Hazard Analysis）を行った上で、明らかにされた重要管理点（Critical Control Point）における管理基準を常に満たしているか継続的にモニタリングして記録する衛生管理方式である。特に、乳製品や食肉製品などの危害リスクの高い食品の製造現場では積極的に取り入れられている。従来の最終生産物の抜き取り検査による方法とは異なり、材料の受入から出荷まで工程全体を連続的に管理するため、不具合が生じた際に直ちに原因の究明と対処が可能となる。農林水産物の品質管理においても、HACCPは非常に有効な概念である。Hazard Analysis（ＨＡ，危害分析）の部分をQuality Affecting Factor Analysis（品質影響要因分析）に取り替えて考えることで、極めて高度な品質管理プランが作成できよう。つまり、品質に影響を与える要因や工程を明らかにした上で重要管理点（以降、CCP）として設定し、HACCPの７原則と同様に表１のような手順を踏むことでプランの作成が可能である。

表1　品質管理プランにおける7原則

①	品質に影響を与える要因や工程について分析（品質影響要因分析）
②	どこの工程に注意すればよいか（CCPの決定）
③	その工程ではどのような基準で管理すべきか（管理基準の決定）
④	どのような方法で判断するか（モニタリング方法の決定）
⑤	管理基準から逸脱した場合はどうするか（改善措置の決定）
⑥	現状の生産管理方法に間違いや手抜かりがないか（検証手順の決定）
⑦	上記の手順や判定結果を記録に残す必要があるか（記録管理法の決定）

　当然のことながら、品質管理プランを作成する準備段階として、生産者や加工業者のみならず、流通業者や外部の専門家や学識者を交えたチームを編成する必要がある。そして、チームの中で農林水産物の特徴や用途、生産方法、収穫後の取扱いなどの基本特性を机上のみならず、実際に現場に出向き明らかにした上で、上記のプラン作成に着手する必要がある。生鮮農産物を例に想定される具体的な事前確認事項を表2にまとめた。

表2　品質管理プラン作成前に洗い出しするべき事項（生鮮農産物）

特徴（プレミアム要素） 　フレーバー（味、香り）、テスクチャー（物性）、形状、大きさ、色、機能性など
用途 　一般消費者向け、事業者向け、生食用、加熱用　など
生産方法 　品種、圃場条件、播種時期、播種方法、定植時期、定植方法、肥培管理、水管理、温度管理、湿度管理、光管理、病害虫対策、剪定方法、摘果方法、収穫時期・熟度、収穫方法　など
収穫後取扱い 　調製方法、追熟処理、予措、パッケージ、梱包、予冷、選別、輸送方法、輸送時間　など

(2) 品質影響要因の分析

　上記について関係者間で十分な議論と意思疎通を行った上で、プレミアム要

素を確定し、特に、それに影響を及ぼす要因や工程を取捨選択する（表1—①）。ここでは、生産者の経験に基づく知見のみではなく、これに科学的な根拠を与えるために地域の試験研究機関と十分に連携し、別途、エビデンスを積み上げるための試験研究の実施や過去の試験結果のレビューを行うのが望ましい。例えば、「品種」は、農産物の品質に大きな影響を及ぼす。もし、主な販売先が事業者で、「日持ち性」をプレミアム要素として設定したとしよう。ブロッコリーは鮮度が悪くなるとベッドの色が緑色から黄色に変色していくため、収穫時からの色彩変化（色差）で日持ち性を定量的に評価できる。図1に異なるブロッコリー品種間における5℃貯蔵中の色彩変化を示した。

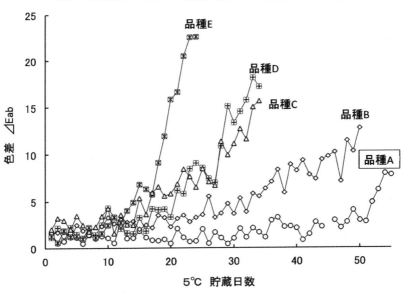

図1　異なるブロッコリー品種における5℃貯蔵中の色彩変化

上記のデータを示すことで、産地が採用する品種Aは他者と比較して、極めて高い日持ち性を有することを客観的に明らかにすることができる。

(3) CCPの決定

上記の例の場合、産地にとって「品種」が一つの重要管理点（CCP）となり、「品種A」をいかに管理していくかを考え、管理基準を設定することが品

質管理プラン作成における次のステップとなる（表1-②）。その他、表2に挙げた生産におけるそれぞれの工程は、多少なりとも品質に影響を与えることもあるが、やはり科学的エビデンスによってその効果を明確に説明できる項目をCCPとして設定するべきである。一方、品質に及ぼす影響を科学的に説明できる要因であったとしても、現状の生産体制で対象のCCPが積極的に管理できない性質のものであれば、実行性の観点からプランには組み込まず、後の更なる高品質化を目指す場合の検討事項として保留しておくのがよい。もちろん、その工程が唯一、産物の品質を決定づけるものであり、他のいずれの工程を工夫したとしても品質要件を満たすことができないのであれば、その工程はCCPであり、その管理手段について十分に検討する必要がある。

(4) 管理基準の決定

　CCPが決定したら、次にそれぞれのCCPにおける管理基準について検討する（表1-③）。管理基準の作成では、CCPを管理する具体的手段や活動について、「需要者利益の保護」や「生産者利益・産地価値の保護」につながる水準を設定する。ここでは「できるだけ数値化する」、「できるだけ分かりやすく計測しやすいものとする」、「取り組みやすいものにする」を水準をとして設定するのが望ましい。例えば、水管理がCCPである場合は土壌水分（pF値）が、また、肥培管理である場合は土壌中の電気電導度が基準として設定されよう。

(5) モニタリング方法の決定

　表1-④のステップでは、「どのようにして」、「誰が」、「いつ」、「どのくらいの頻度」でCCPの状態を監視するかについて計画する。上記の例の場合では、「土壌水分センサーや電気電導度センサーを土中15cmの深さに刺す」方法で「生産者」が「毎日」、「連続的」にモニタリングするというプランもあるが、必要度に応じて、同様な方法で「生産組合長」が「8月上旬」に「1回だけ」測定する、というプランもありうる。また、先述の品種がCCPである場合には、指定の品種であるかどうかを「生産者への聞き取り」により「生産組合長」が「5月」に「1回だけ」確認する、といった計画が想定される。厳密には、「DNA検査」により「外部機関」が検査するといった手段もあるが、常にこうした科学的手法に頼る必要はなく、プランの見直しによって高度化を図る場合に実現

(6) 改善措置の決定

　表1-⑤のステップでは、管理基準から逸脱した場合の措置について事前に定める。例えば、品種がCCPであったとして、もし生産者の勘違いにより指定の品種以外の品種を栽培していたとしよう。そして、生産組合長の聞き取り調査によって誤りが発覚した場合、「全量廃棄」あるいは「GI産品としての販売禁止」の措置がとられるべきである。一方、たとえ、管理基準からの逸脱があった場合でも、その後の取り組みによって品質基準を満たす産品を生産可能であれば、全量破棄を逸脱措置とする必要はない。事前に、リカバリーするための改善マニュアルを計画し、それに従って生産を続けていくことになる。係争にならないためにも、こうした措置内容について事前に生産者間でよく合意しておくことが重要である。もちろん、CCPにおける管理基準の逸脱があった発覚した場合に、事前に計画した措置内容を変更することは決してあってはならない。

(7) 検証手順の決定

　表1-⑥のステップでは、現状の生産管理方法に間違いや手抜かりがないか検証手順を決定する。ここでは、作業記録の点検方法や、現場に出向きCCPにおけるモニタリングが正しく行われているかの確認、測定機器の校正、消費者からの苦情やCCPにおける管理基準逸脱の原因究明、品質管理プログラム全体の見直しについて計画する。特に重要なことは、一度作成した品質管理プログラムに留まることなく、より高度なものへとスパイラルパップさせていく仕組みを導入することである。ＰＤＣＡサイクルは有効な考え方で、まず、計画（Plan）し、それに基づいて実行（Do）する。そして、実行結果を検証（Check）して次の行動（Action）を起こす、といったことを繰り返す。検証の機会を頻繁に設定し、生産者組合の年次総会等で、更なる高品質産物の生産に向けた実行計画を合意して、次シーズンに実施していくことが品質管理プログラムをより高度化なものとし、産地ブランドの評価向上に貢献する。

(8) 記録方法の決定

　品質管理プログラムの最後の手順は、記録管理法の決定である（表1－⑦）。基本的には、CCPにおけるモニタリング内容、管理基準に逸脱があった場合の改善措置の内容はすべて記録に残し、前ステップの「検証」に積極的に活用しなければならない。特に農産物の生産にあたっては、播種日や農薬の使用状況などを記載した作業日誌を記録して保存することが推奨されるが、品質管理プログラムにおいては必須である。そして、記録するだけに留めることなく、いかに記録を活用して次に繋げるかが重要である。また、生産者個人のみが閲覧できるのではなく、産地全体で互いの財産として共有できる体制づくりができれば、例えば、検証ステップで作物が病気に罹患した場合の対処法や、品質の高い農産物の増産方法等を考察する際、有効に活用できる。事前に記録フォーマットを定めることも必要であり、そして、それらの記録を「誰が」、「どうやって」、「何年分」を管理していくかについて定める。現実には、作業日誌を記録していくのは一苦労であるという意見も聞かれる。現在、情報技術（ICT）の発展に伴い、そうした作業日誌を記録・保管するシステムも開発され上市されはじめている。こうしたシステムの導入を一度検討してみるのもよいであろう。

(9) 品質管理プログラムとGAP

　ここまで、品質工程管理プログラムの策定に関する事項を述べてきたが、それを下支えする前提となるシステムの上に成り立っていることを忘れてはならない。衛生管理システムであるHACCPでは、適正製造規範（Good Manufacturing Practice, GMP）と標準作業手順（Standard Sanitation Operation Procedure, SSOP）が下支えする。前者は、食品製造施設や機器など、いわゆるハード面から衛生管理を支援するもので、後者は、7S＋1D（整理、整頓、清掃、清潔、しつけ、殺菌、洗浄、ドライ）に代表されるような衛生教育、すなわち、ソフト面から衛生管理を支援するものである。当然、農林水産物の品質管理システムにも同様のものがあってしかるべきで、農業生産工程管理（Good Agricultural Practice, GAP）がそれに相当しよう。農林水産省のホームページでは、GAPとは、農業生産活動を行う上で必要な関係法令等の内容に則して定められる点検項目に沿って、農業生産活動の各工程の正確な実施、記録、点

検及び評価を行うことによる持続的な改善活動として紹介されている。食品安全や環境保全、労働安全の確保のためのプログラムであり、適正な農薬の使用、作業や圃場の衛生管理、廃棄物の適正な処理や利用、農業機械の点検や農薬・燃料の管理等の取り組みを事前にチェックリストに定め、それに従い実施する。GAP自体は産物の品質を直接的に高めるためものではないため、導入のメリットがなかなか見えにくいといわれる。しかしながら、GAPの取り組みを継続することで産地の信頼度向上による取引先の増加や、労務管理の効率化、生産コストの低減など、二次的な効果があったとの声もあるが、やはりGAP導入によって最も期待される点は、食品安全の確保である。先に述べた品質管理プログラムによって、いかに品質面に秀でる産物を生産できたとしても、安全性が蔑ろにされては本末転倒である。食品安全は、食品であることの前提条件であるため、本章でもあえて品質要件（プレミアム要素）として採用することはしなかった。しかしながら、ＧＩ産物を生産する産地にあってはGAPを最大限に活用し、安全な産物の生産を追求してもらいたい。ちなみに、農産物の輸出を志向する産地においては、GAP農産物が取引の条件となる場合もあるため、GAP認証取得を視野に入れなければならない。

⑽ 収穫後の取扱いの重要性

生鮮の農林水産物は、たとえ高度な生産工程管理によって高品質な産物が生産されたとしても、先に述べたように品質にばらつきが生じるのが常である。しがたって、収穫・漁獲後の「選別」や「選果」は、品質基準を満たした商品を需要者の手元に届けるためには必須の工程となり、かならずCCPとして設定されなければならない。そして、表1に示した原則に基づいて厳密に管理されるべき工程である。特に、不作の場合に、一定のロットを確保するために選別・選果における品質基準をより低いものへと変更することは需用者の期待に背くこととなるため厳に慎まなければならない。

また、生鮮農産物においては、自身に蓄えられた内容成分を材料として収穫後も呼吸などの生命活動を継続するため、適切な鮮度管理を行わなければ、期待する品質を有する産物を需用者に供給することはできない。図2には異なるエダマメ品種の流通過程における糖含量の変化の一事例を示した。

図2 異なるエダマメ品種の実際の流通中における糖含量の変化

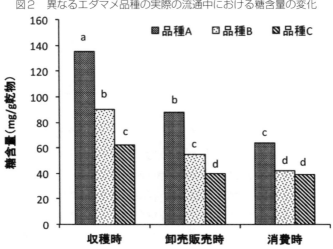

（同一英小文字間の実験区には危険率5％で有意差が認められないことを示す）

　先にも述べたように品種は品質に及ぼし、収穫時の糖含量には有意な差が示されている。ところが、消費地の卸売市場に届くまでに糖含量は減少し、さらに消費時には収穫時の概ね50％減少した。特に、品種Bと品種Cでは収穫時に有意な差があったものの、消費時では統計的な差は認めなかった。このことは、産地側が良食味の品種を栽培品種として採用したとしても、流通を経て消費者の食卓にのぼる頃には品種の有利点は消失してしまうことを意味する。図3に、この試験を実施した時の収穫から卸売市場までの温度変化を示した。試験した産地では、夕方6時に収穫し、直ちに5℃設定の予冷庫に入れて一晩冷却する。翌朝午前10時頃、包装のため予冷庫から一旦取り出されるが、ここで一時的な温度上昇が認められた。包装後、再び予冷庫に移され、温度が低下したものの、夕方5時の消費地の卸売市場に向けたトラックへの積み込み作業時に温度上昇があり、その後、消費地までの輸送の間、冷凍機付きのトラックに積載したため温度が若干下がった。そして、卸売市場に到着後は、常温環境におかれていたことが示されている。我が国では、1960年代より、産地から消費地までを低温機器で繋ぐコールドチェーンシステムが整備されてきたものの、荷物の積み降ろし作業や卸売市場での滞貨時などにしばしば低温が切れてしまうことが問題として以前から指摘されてきた。図2に示されるエダマメの

糖含量の減少は、こうしたブロークンチェーンでの流通が一つの原因として考えられる。したがって、高品質な農林水産物を需要者への供給するためには、迅速な予冷やMA包装、断熱容器の利用といった産地側の努力のみならず、農林水産物もアイスクリームと同様、高温に極めて弱いものとして最大の注意を払いながら取り扱うといった、流通側の高い意識が求められる。特に、輸出を志向する場合、輸送距離、輸送時間が大幅に延長するため、収穫後の鮮度管理の重要性はさらに増す。生産者だけではなく、流通業者や販売業者が一体となった品質管理の取り組みが必要であろう。

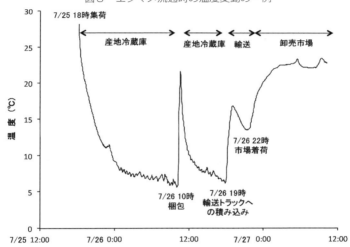

図3　エダマメ流通時の温度変動の一例

3　プレミアム要素と食品機能

　ＧＩ登録申請における「農林水産物の特性」には、単に「美味しい、すばらしい、美しい」のような主観的な表現ではなく、物理的な要素、化学的な要素、微生物学的な要素、官能的な要素等、客観的な根拠を踏まえることが求められる。また、先に述べた品質管理システムにおいても、プレミアム要素を科学的な物差しで示すことが前提となる。そうした品質要件の設定においては、表3に示される「食品の機能」に立ち返り、品質上での優位点を抽出・選択していくのが有効である。従前、食品の評価は食品が有する物性そのものに注目が向けられていたが、摂取する側に対して及ぼしうる効果、つまり「機能性」によって評価すべきであるという立場が明確にされて以来、「食品機能」という概念

が生まれ、①一次機能（栄養機能）、②二次機能（嗜好機能）、③三次機能（生体調節機能）の3つの機能に整理されている。以降では、各項目について概説する。

表3　食品の3つの機能

機能		主な成分や特性
一次機能（栄養機能）		炭水化物, 脂質, タンパク質, ビタミン, ミネラルなど
二次機能（嗜好機能）	a. 外観要素	色（色彩, 明度（白度）, 彩度, 光沢, くすみなど） 形状（重さ, 長さ, 重さ, 形, 均一性, 傷害程度, 内部褐変, 空洞など）
	b. 呈味・香味要素（フレーバー）	呈味成分（糖, 有機酸, アミノ酸, 核酸, 脂肪酸, 塩など） 香味成分（アルコール類, エステル類, アルデヒド類, テルペン類　など）
	c. 物理的要素（テクスチャー）	貫入硬度, 破砕力, 剪断力, 粘断性, 付着性 歯ごたえ, 歯触り, 滑らかさ, 口溶け, のどごし　など
三次機能（生体調節機能）		循環系調節, 神経系調節, 細胞分化調節, 免疫・生体防御調節, 内分泌調節 （ポリフェノール類, 色素類, ビタミン類, 微生物, オリゴ糖, 脂肪酸　など）

(1) 一次機能（栄養機能）

　栄養機能は、いわゆる栄養価である。例えば、ビタミンやミネラルは日常の食生活で不足しがちな栄養成分であるため、他者と比較して豊富に含まれるのであれば、品質上の有利点となりうる。一方で、脂質や炭水化物（糖質）は大きなカロリー源となるため、肥満やメタボリックシンドローム予防の観点から、適切量の摂取が望まれている。食の洋風化に伴い高カロリー食品が溢れている昨今にあって、減脂質・減炭水化物であることも一つの重要な特徴的要素となろう。その他、栄養機能についてはすでに成書やインターネット上に有用な情報が豊富にあるため、詳細についてはそちらを参照されたい。

(2) 二次機能（嗜好機能）

　嗜好機能は、見た目や味、香り、歯ごたえといった感覚的に対する機能であり、ａ．外観要素とｂ．呈味・香味要素、ｃ．物理的要素に大別される。例えば、リンゴを例にすると、「大きく」て「光沢」があり「虫食いがなく見た目がよい」等が外観要素であり、「甘さと酸味のバランスがよく」、「よい香りがする」等が呈味・香味要素である。そして、「シャキシャキとした歯触りがする」等が物理的要素で、これらの３つの要素のうちのどれかが、プレミアム要素として取り上げられることが多くあろう。そこで本項では、こうした嗜好要素を客観的かつ定量的に表現するための方法（機器）や指標について概説する。

ａ）外観要素

　外観要素は、色や形状に代表される見た目ことであり、消費者の購入意欲に直接的に影響するため、極めて重要な品質要素である。食品が有する光学情報は多様であり、「彩度」、「明度」、に留まらず「輝度」、「光沢度」等があり、それぞれ専用の機器によって定量化できる。最も簡単には、色見本（カラーチャート）による比較もあるが、色彩色差計が一般的で、国際照明委員会が規定するLab表色系におけるL*, a*, b*値が取得可能である。L*値は０で黒、100で白といった具合に明度を数値として表現することができる。玄米や精米、甘藷デンプンの品質管理では明度は重要な品質要素であるため、専用の白度計によって格付け評価を行っている産地や事業者もある。また、a*値およびb*値は－100から＋100の範囲をとり、それぞれ、緑から赤への変化、青から黄色への変化を表す。例えば、トマトの成熟・追熟過程では、果皮色が青緑からピンクを経て赤に変化していくが、この果皮色の進行程度はa*/b*値によって定量的に評価でき、産地においては収穫熟度の統一化に活用できる。

　こうした色調の変化は、化学的には含有する「色素」の種類や量、さらにはそれぞれの混合比率によって決定される。青緑のトマトではクロロフィルが主体の色素であり、葉菜類野菜や茶葉の緑もこの色素によるものである。追熟の進行と共に、クロロフィルが分解されると同時に、赤色色素のリコピンとオレンジ色を呈するルテインが若干生成される。収穫後の温度管理の不備により30℃以上の高温に長時間曝されるとヘタの周りがオレンジ色を呈することがあるが、これは高温によりリコピンの生成が阻害され、ルテインのオレンジ色が

見えるようになるためである。食肉や魚肉においては、新鮮な赤身肉は鮮紅色をしているが、ミオグロビンという色素タンパク質によるものである。鮮度が落ちると褐赤色に変化するが、ミオグロビンが酸素と結合しメトミオグロビンに変化することによる。

特に、消費者は生鮮食品の購入にあたっては「鮮度」を重視するが、こうした光学情報を自身の視覚を最大限に活用して判断していると言える。ちなみに、魚介類における鮮度は、腐敗臭であるトリメチルアミンの含有量や後に述べるK値によって、また、野菜の鮮度は細胞膜脂質の過酸化程度によって化学的に判定できるが、破壊検査を伴うのが欠点である。一方、光学情報は、非破壊かつ迅速に取得可能であるため、鮮度関連の化学成分との相関関係を検討しながら鮮度を判定できる機器が現在、研究開発の途上にある。

「大きさ」や「形」は、「立派である」とか「美しい」といった形容を客観的に評価するための物差しとなり得る。大きさは重さや長さのことであり、リンゴや柿、ナシ等では価値形成に大きく作用している。果実の大小は、品種による効果のほか、生産における摘果の工夫によって制御可能であるため、贈答用の大玉生産をいかに行っていくかは産地のノウハウとなる。また、農林水産物は工業製品とは異なり、生産物にばらつきがあるのは周知の通りである。形や大きさを揃えた上で格付けし、「商品」としての価値を創出することは重要な産地戦略の一つであり、農産物流通においては「選果」がその役割を果たす。重さや全長に留まらず、その外見のユニークさを表現しうる評価基準、例えば、丸いものであれば真円度、筆柿のように長細いものであれば縦横比を選別基準とし、大きさや形に優れたものをプレミア品として販売するのもブランド確立には有効であろう。その他、病害虫や生理障害、収穫後のハンドリングに伴う損傷の程度も形状品質として考慮される。

b）呈味・香味（フレーバー）要素

呈味・香味要素は、食品の有する味や香りのことで、「美味しい」や「甘い」、「いい匂い」といった主観的表現に科学的解釈を与える要素である。特に、呈味・香味はフレーバーと呼ばれ、後述する歯ごたえといった物理要素（テクスチャー）と相互に影響しあって美味しさを決定づけている。ヒトの味覚には、甘み、酸味、塩味、苦み、旨味の5つの基本味があり、食品に含有する化学成分によっ

て決定づけられる。

　甘みは、「高糖度トマト」が近年もてはやされているように、農産物の特徴付けの根拠として有力な品質パラメータで、糖や一部の呈味性アミノ酸によって形成される。農産物の主体を成す糖は、グルコース（ぶどう糖）、フルクトース（果糖）、スクロース（蔗糖）で、甘味度（甘さを感じる程度）がそれぞれの種類で異なり、それらの構成比の違いによって産物独特の甘みが形成されている。特に、フルクトースは果実に多く含まれより強い甘みを呈する。スクロースは、エダマメの主体の糖であり、同じ量のフルクトースの70％程度の甘味度である。こうした糖は、農産物の生育段階においては、昼間の光合成作用によって生成される一方、夜間の呼吸作用によって消費される。昼夜の寒暖の差が大きい地域において甘くて美味しい農産物の生産が可能である科学的な根拠は、より気温の高い日中において光合成作用により多くの糖を生産する一方で、より気温の低い夜間において呼吸作用が小さくなり、糖の消費が抑制されることに基づく。乾燥ストレスも糖度を上昇させる。降雨の少ない地域では土壌水分の制御が容易であるので、高糖度農産物の生産には有利である。また、生産物を圃場で越冬させると耐凍性の獲得の過程で糖質やアミノ酸が多量に蓄積する。寒気に曝して生産する寒締めほうれん草や雪の中で越冬させる雪下人参の特徴的な甘みの増強はこうした植物の生理反応を利用したものである。

　食品中における糖をスクロースやフルクトースといった種類毎の分別定量では、高速液体クロマトグラフィーのような高度な専門知識が要求される機器が必要となる。圃場での生産物のモニタリングにはそうした分別定量の必要性は低く、屈折式糖度計による測定が簡単である。アナログ式とデジタル式があるが、いずれも測定対象の溶液を1滴程度を測定部に垂らすだけで即座に糖度が読み取れる。正確には屈折式糖度計で示される値は可溶性固形分（Brix）であり、特に、酸度の高い果実の測定では糖量のみならず酸量も測定値に寄与するため、実際の糖量よりも高い値が示される場合があることに留意する必要がある。

　酸味は、主に、酢酸やクエン酸やリンゴ酸のような有機酸によって形成され、味にさわやかさを与える。ビタミンCの別称はアスコルビン酸であり、これもまた酸味を呈する。酸度計が上市され現場レベルで手軽に測定可能である。特に、ミカンなどの柑橘類の味を決定づける重要な因子である。柑橘にはクエン酸やアスコルビン酸が多く含まれるが、味の形成には前述の糖と酸のバランス

が重要となる。一般に柑橘の果汁には 10 ～ 15％程度の糖と、0.5 ～ 1.5％程度の酸が含まれているが、品種や作型、個体によって違いがある。糖が少なく酸が多い果実は、「酸っぱい」と評され、逆の場合は「呆けている」と評される。したがって、果実の食味の評価には、糖／酸で与えられる糖酸比が有力な一指標となる。ただし、果実の味に対する好みは多様であるため、マーケティング情報に基づいて基準を設定する必要があろう。柑橘の糖酸比と嗜好性に関して、農研機構より興味深いデータが出されているので、詳細はそちらを参照されたい（齋藤ら，2014）。

　旨味は、グルタミン酸、アスパラギン酸のようなアミノ酸やイノシン酸、グアニル酸のような核酸系の物質によって形成され、それらは味にコクを与える。エダマメにおいては、品種によって遊離アミノ酸の量が大きく異なることが報告されており（阿部ら，2004）、たとえ外観品質が劣っていても、豊富に含まれるアミノ酸に起因する良食味が高く評価されている品種もある。トマトの代表的な旨味成分であるグルタミン酸は、果皮色が緑色から赤色への変化に伴って増加する。このようなことから旨味の強いトマトジュースの製造では、完熟果を用いた方がよい。

　核酸系のイノシン酸は魚介類や畜産物の旨味を呈する重要な物質である。「鮮魚の刺身は釣ってからしばらく経った方が美味しい。」とか「牛肉の旨味を引き出すには熟成が必要」と言われる理由は、漁獲後あるいはと殺後のイノシン酸の生成が大きく関わっている。イノシン酸は、死後における自己消化の過程でアデノシン三リン酸（ATP）を材料として生成される。ATPは生体内のエネルギー通貨ともいわれ、各種の生命反応の燃料的役割を果たし、呼吸作用によって生産される。しかしながら、死後においては呼吸作用が行われなくため、アデノシン三リン酸（ATP）の生産はなくなり、アデノシン二リン酸（ADP）、アデノシン一リン酸（AMP）を経てイノシン酸（IPM）へと分解され、続いて、イノシン（HxR）を経てヒポキサンチン（Hx）にまで分解される。ちなみに、ATPの分解プロセスに基づき魚介類の鮮度を示すものがK値であり、次式によって定義される。

$$K値（\%）＝（HxR+Hx）／（ATP+ADP+IMP+HxR+Hx）\times 100$$

一般に、K値が20％以下の場合は、刺身に供するだけの鮮度を有するものといわれる。魚介類の鮮度を定量的に評価できるため、鮮度保証販売の根拠としての活用や、漁獲後の鮮度管理マニュアルの作成のための基礎データとして活用できる。

　旨味成分のイノシン酸は、こうしたＡＴＰの分解過程の中間産物であり、その含量が最大となった状態が魚肉や畜肉の食べ頃と言えよう。図4に、鮎の保管温度別のイノシン酸の変化を示した。この例の試験材料は養殖鮎で、氷水に浸けて致死させたものである。含有するイノシン酸は、はじめ0であったものが急増し、致死後7〜10時間で最大となった。このことは、いかに低温で保管してもイノシン酸が最大に達するまでの期間を日単位で延長するのは困難であることが示されている。つまり、イノシン酸が最大となる鮎の消費者への供給は、漁獲地あるいは短時間に物流が可能な産地からある程度近距離の場所に限定されるということとなる。この事実を付加価値として、「最高に味の乗った鮎を食べるには産地で」といったような地産地消のプロモーションを行い、地域振興に役立てる方法も考えられる。同時に、鮎の加工品製造にあたっては、イノシン酸が最大の時点で調理を行うといった方法も高付加価値化の手段の一つとして考えられる。最高値に達したイノシン酸は、その後、保管温度に依存して低下するため、低温を保持した物流体系の構築が旨味の保持にも重要であることが示されている。イノシン酸などのアミノ酸の分析については、現場レベルで簡便に測定できる機器はなく試験研究機関に依頼するほかない。ここで紹介したイノシン酸の変化は、あくまで鮎のデータであり、筆者らと岐阜県水産研究所による共同研究の成果の一部である。「腐っても鯛」と言われるように魚種や、また、即殺や悶絶死といった絞め方によっても変化の仕方がかなり異なる。旨味については、事業者、行政、研究機関の三者が密接に連携して、特産水産物の対する科学的データの取得と蓄積が必要であろう。

図4　保管温度が鮎のイノシン酸含量の変化に及ぼす影響

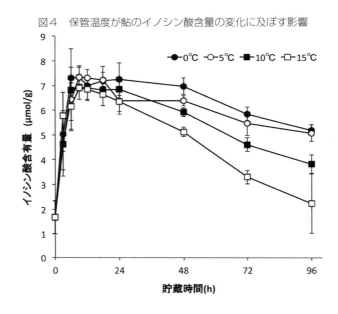

　「匂い」は、その他の感覚とは異なり、記憶や感情を司る大脳辺縁系に直接的に到達する刺激であるため、匂いが主な引き金となり、失われた過去の記憶が甦ることがあるといわれる。心理学では、作家プルーストが紅茶に浸したマドレーヌの匂いによって、忘れていた幼少期の記憶をありありと思い出したということにちなんで、プルースト現象と呼んでいる（山本，2008）。こうしたことから、匂いを活用した商品マーケティングは新たな能性を秘めており、GI産品の品質上の特性として有望な要素となりうる。匂いは、種々のエステルやアルコール、アルデヒド類といった揮発性化合物の組合せによって形成される。たとえば、リンゴ'ゴールデンデリシャス'の芳香は、36種類以上の揮発性化合物によって構成されている（Song and Bangerth, 1996）。品種によって芳香がかなり異なるが、こうした成分の構成比が異なることに起因する。バナナやメロンにおいては食べ頃に向かう追熟の過程でエステル類が多く生成され、独特の芳香を発するようになる。魚介類の腐敗過程で生臭くなる匂いの主体は、トリエチルアミンであるため、その含量を定量することで鮮度を表すことも可能である。松茸の芳香の主体は、1－オクテン－3オールと珪皮酸メチルであるが、これらの量の豊富さを根拠にして産地の差別化を図る方向も考えられる。

また同時に、揮発性成分は徐々に揮散していくため、食卓まで保持するための鮮度管理技術の導入も考慮すべきであろう。こうした揮発性成分の定性・定量分析にあたっては、匂い嗅ぎ器付きガスクロマトグラフィー質量分析器が有効であるが、極めて高価で操作知識も必要であるため、ＧＩ申請対象の産物の特徴づけの根拠作成に際には同機器を所有する研究機関との連携が必須である。一方で、簡単には、統計処理に十分な人数のパネラーを確保して官能検査（たとえば五段階等で匂いの良否や強弱を評価）を行い、品質上の特徴づけの根拠とする方法も有効であると思われる。

c）物理的要素（テクスチャー）

テスクチャーは、食品を口に入れて口腔内で咀嚼して飲み込むまで間に唇や舌、歯、あご、喉の筋感覚によって認知される食品の有する物理特性である。いわゆる、食品が有する硬さやもろさ、弾力、粘性など広範な物性であり、前述のフレーバーと共に食品の美味しさを形成する重要な品質要素である。こうしたテクスチャーは、プランジャー（押し棒）と圧力センサーおよび制御された速さで上下動する試料台で構成される引張圧縮試験器によって、ある程度まで定量可能である。しかしながら、口腔内での感覚は様々な要素が複雑に絡み合って形成されるため、鮮度の高い魚は身が「こりこり」しているとか、この品種の柿は果肉が「さくさく」している、あるいは、このカボチャは「ねっとり」ではなく「ほっこり」している等の感覚について引張圧縮試験器で正確に捉えるのはなかなか困難な側面もある。さらには、牛肉に含まれる脂肪分が口の中で融解することによって生じるとされる「口溶け」にいたっては尚更である。したがって、テスクチャーもフレーバーと同様にパネルによる官能検査によって評価を行うことも有効である。こうした官能検査において、「こりこり」や「さくさく」といった日本語テクスチャー表現は重要な評価水準となるが、早川らによって445語がまとめられているので、詳細は文献を参照されたい（早川ら，2005）。

(3) 三次機能（生体調節機能）

生体調節機能とは、体の恒常性を維持するための働きであり、循環系調節（血圧低下やコレステロール低減など）や神経系調節（ストレス緩和など）、細胞分化

調節（脂肪細胞分化による肥満防止など）、免疫・生体防御調節（抗アレルギー、抗がんなど）、内分泌調節（ホルモン調節など）が挙げられる。健康の維持、特に、生活習慣病の予防や回復に寄与するため、近年では、非常に注目される食品機能である。平成13年度にはこうした機能を強化した食品が保健機能食品（特定保健用食品）として法的に位置づけられて以来、食品産業界における研究開発が活発化した。そして、機能性発現する物質群の同定やメカニズム解明が進むと共に、多くの食品が「トクホ食品」として上市されるようになっている。

食品成分の機能性に関して、乳酸菌、オリゴ糖、ポリフェノール、脂質、タンパク、ペプチド、アミノ酸などは、これまでによく研究されてきているが、ここでは一部だけ紹介したい。

例えば、乳酸菌はチーズや乳酸飲料、漬物等の加工食品に利用されており、腸のぜん動や腸内環境を整える働きを有する。さらに、腸内の常在細菌叢を改善することにより宿主に利益をもたらす微生物群を指す「プロバイオティクス」という用語も身近になり、腸内細菌そのものあるいはその代謝産物が上記の各種生体調節に深く関わっていることが明らかになってきた。大豆に含まれる大豆イソフラボンは、後述するポリフェノールの一種で女性ホルモンのエストロゲン様活性を示すが、腸内細菌の代謝によってさらにエストロゲン様活性のより強いエクオールに変換される。エクオールは高機能イソフラボン代謝物として近年注目され、更年期障害や骨粗鬆症予防効果が期待されている。また、こうした腸内細菌にとって有用な餌となる物質を指す「プレバイオティクス」という用語も登場した。食物繊維やブドウ糖などの単糖が2～10程度結合したオリゴ糖はその代表である。イソフラボンとフラクトオリゴ糖を同時に摂取させたラットのグループでは、イソフラボンのみを摂取したラットのグループよりも血漿エクオール濃度が有意に高く、フラクトオリゴ糖がラットのエクオール生産を向上させることが示唆されている。このような事実に基づき、オリゴ糖を多く含む食品の探索や合成、抽出技術の開発が進められている（田村,2010；田村,2010；森下,2000；光岡,2002）。

ポリフェノールは、渋みや褐変の原因物質であるため、過去には不要な成分として取り扱われていたが、その多種多様な生理機能が明らかにされてきて以来、食物繊維に次ぐ第七の栄養素と称されるようになった。茶葉に含まれるカテキンや柿の渋み成分であるタンニン、ブドウに含まれるアントシアニン、柑

橘の皮によく含まれるフラボノイドは、すべてポリフェノールの一種であり、これらに共通する機能性は抗酸化性である。人が生命活動を続け呼吸によって酸素を取り込む限り、その代謝過程で活性酸素種を生じる。これらは細菌やウイルスなどの異物の除去に役立つ一方で、その反応性の高さから周辺の細胞にも障害を与え機能障害を引き起こす。一方、体内には抗酸化システムが備わっており、活性酸素種はスーパーオキシドディスムターゼ（ＳＯＤ）やカタラーゼ（ＣＡＴ）等の抗酸化酵素やアスコルビン酸等の低分子化合物によって消去され、生体を傷害から保護している。したがって、体内における活性酸素の生成と消去のバランスの破綻は疾病につながる。このようなことから、抗酸化性は食品の生体調節機能を研究する上で古くから取り上げられ、筆者の記憶では、赤ワインに含まれるポリフェノールが抗酸化性を有することがマスコミに頻繁に報道されたのがきっかけで機能性食品という用語が広く世間に知れ渡ったと認識している。ポリフェノールは、体内に生じた活性酸素を捕捉して、それによる細胞膜に傷害を与える連鎖的な脂質過酸化反応を停止させるといった抗酸化機能以外にも、抗菌・抗ウイルス作用や抗腫瘍作用、血中コレステロールの上昇抑制作用、血圧降下作用、抗炎症作用、また、アントシアニンの視覚改善作用等、様々な機能が期待されている。また、ポリフェノールは、植物においては外敵や病害虫からの防御や自身の抗酸化のために生成されるため、野菜や果物に多く含有し、農産物の付加価値の創出には候補に挙がる機能成分であると言える。ポリフェノール含量の直接定量のほかに、抗酸化能を測定する手段としてＤＰＰＨラジカル消去活性や活性酸素吸収能力（ＯＲＡＣ）法等があり、こうした評価には専門の試験研究機関に相談されたい。

　さて、平成27年度には、消費者庁所管の「機能性表示食品制度」が施行され、事業者自らの責任において機能性の科学的根拠を説明できる食品にあっては消費者庁へ届け出を行った上でパッケージに表示することが可能となり、これまでこうした機能性の表示が認められていなかった生鮮食品を含め全ての食品が対象となる規制改革が行われた。したがって、ＧＩ申請対象の農林水産物の特徴として、ある特定の生体調節機能を主張する場合においては、機能性表示食品制度における届出要件と同レベルの科学的エビデンスを取りそろえるのが法規間の整合性を確保する上でも必要であろう。機能性表示食品制度における機能性の評価の際に、科学的な根拠を説明する方法は２つある。一つは最終

製品を用いた「臨床試験」で、人を対象として、ターゲットとなる成分の摂取が健康状態などに及ぼす影響について評価する介入試験である。トクホ食品の登録申請と同様で、これには多大な費用を要するであろう。もう一つは「研究レビュー」で、最終製品にふくまれている機能性関与成分について、「表示したい機能性」に関する臨床試験等の研究論文が登録されているデータベースを用いて論文を検索・抽出し、肯定的・否定的・不明瞭な結果をすべて踏まえて、「機能性あり」と認められるかどうかについて総合的に判断する、といった方法である。ただし、レビューには情報の解釈や取捨選択に高度な専門知識を伴うため、相応の専門機関との連携が必要となろう。

参考・引用文献

齋藤仁藏ら：中晩柑新品種の嗜好性に関する研究．近畿中国四国農業研究センター研究資料 11，13-86，2014．

阿部利徳ら：生およびゆでエダマメの遊離アミノ酸および糖含量の品種間差異．日本食品科学工学会誌 51（3），172-176．2004．

山本晃輔：におい手がかりが自伝的記憶検索過程に及ぼす影響．心理学研究 79（2），159-165，2008．

Song and Bangerth: The effect of harvest date on aroma compound production from 'Golden Delicious' apple fruits and relationship to respiration and ethylene production. Postharvest Biology and Technology 8, 259-269, 1996.

早川文代ら：日本語テクスチャー用語の収集．日本食品科学工学会誌 52（8），337-346，2005．

田村基：エクオール．日本食品科学工学会誌, 57, 492-493, 2010.

田村基：腸内フラボノイド代謝改善食品開発のためのエクオール生産性評価方法の開発．平成 21 年度食品試験研究成果情報 22, 6-7, 2010.

第10章
産地ブランド戦略における地理情報システムの活用
―地域の縁結びツールとしての可能性

内山　愉太（金沢大学人間社会研究域　博士研究員）

1　地理情報システム（GIS）は地方行政職員にも役立つ

　産地ブランドは有限の空間範囲を有する産地という地域に根差したものであり、生産工程は農地のみならず地域の一体的な環境に依存しており、地域内で生産に関わる人々は、直接生産に関わらない人々や将来の担い手と、相互に依存関係にある。そうしたことから、産地ブランドを、産地のためのブランドとして機能させるためには、地域で一体的かつ継続的な取り組みが求められる。そのためのアプローチの一つとして、地域内に分布する環境や人々の活動に関する多様な情報の統合的な理解の促進がある。地理情報システム（GIS）を含む情報通信技術（ICT）は、そのような情報の統合的理解に適したツールであり、特定の空間範囲の情報を地図上に落とし込み、直感的な理解と情報共有に適したかたちで可視化、分析できるという特徴をもつ。たとえば、インターネット上で複数種の地図を重ねて閲覧することや、携帯端末によって位置情報を記録することなどがGISの利用例である。ICTについては、広範囲の技術を指す用語であるが、ここでは、GISに関する技術を含み、圃場の状況を含む産地の環境や、生産者、消費者に関する情報を統合し、共有・発信する際に用いられる情報通信技術を指す語として用いる。産地ブランドが地域に根差したものであり、その運営では、地域において一体的な取り組みが必要とされることから、地域の様々な地理情報の統合的把握が求められる。ICTはそのニーズに対応する有効なツールである。

　特に、地理的な情報を扱うGISは、最近では計算機言語の高度な知識を習得せずとも、直感的な操作によって扱えるものが広く使用されており、大規模な自治体や企業などによって限定的に使用されるものではなくなっている。

ツールとして GIS の活用が求められる状況において、情報処理速度が格段に高速化した近年の一般ユーザー向けのパソコンまたはスマートフォンと、関連する GIS ソフトだけでも基本的な機能は利用可能であり、各圃場の状況や農業や観光の資源分布、消費者の分布などの地理情報を閲覧、分析することができる。GIS の導入において、とくに重要な点は、空間的に分布する情報を、ユーザーが自由に重ねて閲覧できることであり、そのために必要な環境を整えることは容易になっている。

　生産工程の管理から販売促進に至るプロセスと、それを支える地域の環境、担い手や生産プロセスを含む社会的な生産基盤に関する情報を統合することによって、地域内の個々の環境や活動に、どのような重なりや接点があるのか理解することができる。また、GIS の活用方法を共有することで、地域全体として品質管理の高度化や各生産者がそれぞれの長所や問題点を把握可能である。それらの情報やその活用方法を、地域で活動を展開する主体間で適切に共有することにより、各々の活動が地域全体において、今後どのように産地ブランドの運営に貢献できるのか、主体間での意見を調整しながら、客観的な情報に基づいて探究することができる。さらに、地域外へと情報の共有範囲を拡大すること、つまり、情報の発信を的確に行うことにより、地域外の人々が消費や投資あるいは移住するといったことを含めて、当該地域にどのような関わり方ができるのか探索できるようになる。

　本書の 6 章で小西は、産地ブランド戦略の要点は、「マスプロダクト・マーケティングで説かれているような『競争戦略』よりも、ブランディングのあらゆるプロセスにおける『縁結び活動』」にあり、「縁結び役」の適任は地域組織であると指摘している。GIS は、データ整備、活用の各段階において、地域の人、コトの縁結びツールとして機能する。そのため、縁結び役を期待される地域行政職員が GIS を活用する意義があるといえる。

　効率的な情報共有ツールであると同時に、情報発信ツールでもある ICT、GIS の産地ブランド戦略における活用について、以下では自治体、ＪＡ、生産者などの異なる活用主体を視野に、生産工程と品質の管理や販売促進、生産基盤の管理の取り組みに関して、特に GIS の可能性と課題を議論したい。

2　GISの活用をめぐる期待と課題

(1) 地理情報の集積を通して関係組織をつなぐ

　地方自治体、ＪＡなどの地域組織は、地理情報の集積を進めてきた。その集積を、生産者、流通業者、消費者を含む異なる主体間の連携の促進に活用すべく散在する情報を統合し、共有化を進めることが課題となっている。

　たとえば、ＪＡはもともと販売促進に直接関わる組織ではなかったが、現在では、自治体とともに地域づくりの一翼を担いつつ、生産者から消費者までをつなぐことを期待されており、それ故に、扱う情報の範囲も産地の生産基盤に関わる情報から、消費者の社会属性に至るまで拡大している。具体的には、これまでＪＡでは、販路の開拓は主たる業務としてこなかったケースが多いが、現在は産地ブランド化を進めるうえでも、販路の確保、拡大に対する貢献を強く望まれている。そのニーズに対応すべく、自治体や各地のＪＡ間で情報の共有を進めるツールとして、GISは期待されている。

　他方、地方自治体においては、集積されている情報は、地域の気温や降水、土壌などに関する環境情報、産業別の就業者や観光入込客数、人口移動、空き家の情報など多岐にわたる。ほとんどの情報は、地域内の地区別の詳細な情報を基に整備されており、一部の地区別の情報は公開されている。

　それらの情報は、産地ブランド戦略を進めるにあたり有用であるが、産品や農地の詳細な情報、生産者、消費者の情報など、自治体が整備対象としていない情報については、関係主体と連携しつつ情報共有を行うことが課題となっている。そして、地区別の地理的な情報を重ねて共有する際に、GISの活用が検討されている。

　産地は必ずしも単一の自治体の領域と合致せず、場合によっては都道府県界をまたいで広がっている。地理的な情報は、同一のGISソフトを導入しておらずとも、共有が可能である。そのため、各地域組織が、個々で順次必要なGISを導入しつつ、データを共有しながら、産地ブランド運営を進めることが求められている。

(2) 生産から消費に至る活動をつなぐ

　産品の品質に関わる情報や、環境条件に関する情報は、産地ブランドに対する消費者の信頼を得るためのエビデンスとして特に重要である。どのような産

地で、どのような工程で生産されているのかといった地理情報を含むデータが保管され、事後的に閲覧できる産品は、トレーサビリティ（traceability：trace（追跡する）ability（〜が可能））を有する産品として、消費者や流通業者からの産地ブランドへの信頼を高めることに貢献する。そのため、産地ブランド化を進めるＪＡや自治体では、そのようなエビデンスの整備と発信は急務として捉えられている。

　地域の俯瞰的な情報を自治体やＪＡが、生産工程に関する詳細な情報を生産者が中心に取得するとしても、関係者間で広域の情報と地区単位の情報を共有することが求められる。とくに生産サイドにおいては、産品の価値や生産方法を見直し、担い手へ経験を伝えていく際に、GISによる情報共有が期待されている。本章では、生産から消費に至るプロセスの管理において使用される地理情報とその意義について中心に議論する。GAP、HACCPなどのトレーサビリティに関する認証の詳細は、9章を参照されたい。

　生産―消費プロセスの管理を行い、産地ブランド化を進めるうえで、プロセスの最終部分にあたる消費者の動向を把握することも重要である。たとえば、あるＪＡでは、各地の消費者の像を理解することや、消費者が求める情報を収集、可視化するツールとしてGISの有用性が認識されている。情報発信のイベントや店頭などにおいて、実際に消費者から意見を聞くことは既に実行されている。得られた情報を集積し、関係者と共有していくためには、年齢や家族構成、居住地を含む異なる個人属性を有する消費者の情報を整理し、地図上に配置し、時系列に統合していくことが求められる。

(3) **地域全体の人、コトをつなぐ**

　産地としての地域は、ブランド産品を生産するための基盤であり、産地ブランド化、ブランド運営以外にも様々な課題を抱えている。産地ブランドの持続的運営は、地域の運営と相互に補完する関係にあり、地域運営の一つの柱としても位置づけられる。

　地域組織は、消費者や産品といった具体的な対象を軸に、産地ブランド戦略のための情報の統合化を図ることは可能である。ただし、産地ブランドをあくまで産地のためのブランドとして考えると、産地を含む地域全体の戦略における情報統合化の取り組みの一部として進める必要がある。何故なら、情報の統

合化を通して、産地ブランド戦略を地域のその他の戦略や課題への対応と連結する接点や手掛かりを探ることができるためである。産地ブランド化の推進とその波及効果の拡大を模索するためにも、産地ブランドをめぐる情報の整理を、ブランド化やブランド運営を支える地域の情報整理の一環として捉えることが求められる。

そのような観点から、地域全体の情報の再整理や分析、発信を行うにあたっては、単一の地域組織や、組織内の一つの部署を越えた連携が課題となり、農業、観光、福祉、教育などの異なる部署間や、組織を越えた他の自治体や研究機関などを巻き込んだかたちでの地域間／内の連携に取り組んでいかねばならない。

3　GISを活用するうえで自治体、JAなどの地域組織に求められる役割

以下では、前節の(1)〜(3)に対応するかたちで、GISの活用と地域組織の役割について詳述する。

(1) 地域間／内連携による地理情報の統合

自治体、ＪＡを含む地域に根差した組織は、地域内の散在する情報を一元的に管理し、継続的に更新していくことが求められる。地域運営の根幹的業務として、有限の広がりを有する地域における各地区の特徴、役割分担の明確化と情報の更新作業がある。

とくに自治体やＪＡ等の地域の生産基盤管理に直接的に関わる地域組織には、生産基盤の情報整備を進め、継続的に管理していくことが求められる。GISを含むICTの導入を行う初期段階では、大学などの研究機関が支援することが期待される。しかし、情報を継続的に更新し続けることは、組織の改組や地域を越えた人事異動が多い研究機関には期待できず、既に地域の多様な情報を管理しており、地域と継続的かつ直接的に関わる地域組織が担うことが望まれる。

より広域な自治体や国によって整備されたデータを、各地方自治体が活用することに加え、広域自治体が整備困難な、詳細な地域の情報を地方自治体において整備し、それを広域自治体が取りまとめることによって、広域かつ詳細な空間単位のデータ集積を行うことが可能となる。

情報集積と活用を進めるには、まず地域内の連携が必要である。生産基盤としての農地や生産者の生活環境に関する情報として土地利用や空き家の管理などで活用されているGISデータの整備は、多くの場合、自治体が主体となって進めている。他方で、産品や農地に関するより詳細な情報はＪＡを含むその他の地域組織が有することもあり、情報の統合化には、地域組織間での協力が求められる。とくに自治体は、土地利用管理から社会福祉に至る広範囲のデータの整備を行っており、産品の消費者や産地への来訪者に関する独自の調査を行っている場合もある。そのため、情報の統合と、統合された情報の活用についてその他の地域組織から連携を望む声がある。たとえば、空き家バンクや土地利用分布などのデータは、農地管理の状況に関するデータと重ねられることによって、企業や個人などの農業参入に関して手掛かりとなる貴重な情報が得られる。

　産地は単一の自治体内におさまらない場合も多く、産地ブランド戦略においては、地方自治体、広域自治体間の連携によるスケール横断的な情報の統合化が求められる。その際、地域連携を分野横断的な地域戦略につなげることも期待される。ただし、既存自治体間での連携は、農業遺産や、エコパークなどの認定を受けている自治体間でも容易ではない。そのため、多目的な連携の構築に向けて、目的をやや絞った広域連携を促進する組織が、連携の基礎を構築することも考えられる。たとえば、観光分野では、ＤＭＯ（Destination Management Organization）と呼ばれる、広域地域のマーケティング、情報発信から品質管理、加えて関係者間の連携のための調整等を一括して担う組織が注目されている（DBJ 2014）。そのような組織が地域組織によって集積された情報を積極的に活用していくことにより、情報集積の促進に加えて、集積することにとどまらない、地域間連携による情報共有、発信の進展が期待できる。

　分野横断的アプローチは、先述の既存の空き家バンクや土地管理の情報を統合することによる、農地や宅地を含む土地の管理と移住者支援の両立や、環境保全地域の分布情報と観光客の来訪状況、ニーズの重ね合わせによる、環境保全対策と観光および雇用支援の統合的実施といった取り組みが想定される。総務省が推進している自治体の統合型GISの導入は、異分野のデータ共有の契機となっている。ただし、自治体をあげた取り組みとならずとも、関係部署間でGISのシステムではなく、必要なデータの共有を主眼としたGISの活用は可能

である。GISを活用した統合的な施策の立案と実施が同時並行で行われることで情報整備方針が改善され、より効果的な施策の実施につながると考えられる。

(2) 地理情報としての生産―消費プロセスの情報の整備

　農場から食卓に至る食品の生産、流通プロセスに関する情報として、生産者や流通業者の情報、産地や加工地の位置情報、産品の状態、品質に関する情報などがある。それらを集積し、必要に応じて閲覧できることを意味する「トレーサビリティ」の確保は、安全な食品の生産を支援すると同時に、消費者含む関係者間で産品に関する情報を共有することによって、生産から消費に至るプロセスの関係者間での信頼構築につながる。日本では、直接的にトレーサビリティに関する法律としては、米トレサ法、牛トレサ法がある。その他の食品にもトレーサビリティの確保は重要であることが広く認識されており、GAP、GMP、HACCPなどについてガイドラインの制定や関連法が施行されている。

　生産者および流通業者、消費者のそれぞれに、トレーサビリティを維持するメリットがある。生産者・流通業者には、農場から食卓に至る過程の効率化の検討や、各工程において問題が起きた際の早急な対応が可能となる。消費者にとっては、産品、食品そのものから得られる情報以外にも選択する基準が与えられる。いつ、どこで、どのような工程を経て生産されたのかという、地理情報を含む客観的な情報の共有は、生産から消費に至るプロセスの関係者の距離を縮めることにも寄与する。ただし、一方的な情報発信にとどまらず、生産、消費の両サイドの双方向的な情報のやり取りの可能性を確保することが、双方にとって誤解を避けながら情報伝達できるため、とくに重要であることが指摘されている（加藤ら2006）。

　GAPの導入は、品質や産地を管理して、産品を差別化しつつ、消費者の信頼を得て、産地ブランドを確立していく手段として行われているケースがある。ただし、GAPの活用は、そのような情報発信に関する取り組みにおいてのみならず、情報の管理を進展させることによる経営状況の改善に役立てるために導入する動きもある（若林ら2013）。そのため、とくに差別化を行う対象の産品だけでなく、その他産品の生産においてもGAPは活かされている。また、生産者の高齢化にともない、後継者への経験や技術の伝達が困難である地域では、GAPの導入により、生産工程の情報を共有しやすいかたちで記録するこ

とは重要である。

　生産者は各自が管理している圃場をめぐる蓄積された知見を有しているが、自身が生産している産品の特徴や、環境条件などについては、必ずしも客観的に把握していない場合が多いといわれる。消費者に対して生産工程管理において取得された生産地の情報を整理、発信するためにGISは活用されるが、それに加えて生産者が地域の環境を総合的に見直すために活用可能である。自ら生産しているものが、どのような環境条件において、どのような付加価値もって生産されているのか、また、その生産工程を、変化する自然環境、社会環境に対応させていくために、生産に関わる経験、知見を再整理、再認識する際にも役立つ。産品を差別化して消費者に対して魅力を発信する以外にも、生産をめぐる取り組みを再考していく際には、産品のトレーサビリティを確保し、客観的な地理情報を参照することは有用である。

　ブランド産品の管理にGISを活用した一例としては、衛星観測データを用いた食味測定の試みがある。その試みにおいて、測定結果を個々の生産者と共有した際に、違和感をもって受け入れられたこともあったという。あくまで参考情報であっても、客観的な手法によって取得されたデータは、その理解をめぐり多様な反響を生ずるものである。情報の提示の仕方によっては、誤解や不要の摩擦を生む可能性もあることが予想される。上空から農地の状況を一括して把握する方法は、ＵＡＶ（無人航空機）の活用が広まることによって、今後応用範囲の拡大が進むと考えられる。

　客観的な地理情報の扱いは、慎重に行う必要があるが、産地運営において後継者に対して経験や技術を伝える一つの媒体としても期待されている。移住者に対して、受け入れる意識や体制があり、生産者の高齢化により生産が中止された農地を、新たな移住者が、分担して引き受けることが行われている地域もある。しかし、そのような受け入れ体制があまり整備されておらず、移住者の受け入れに対して抵抗感がある地域もある。受け入れの進んでいないある地域では、産地ブランド化に成功しつつも、運営の関係者の高齢化は進んでおり、移住者を含む新規参加者を受け入れなければ、近い将来、生産の継続が難しくなる状況にある。同地域では、これまで、ブランド運営に関わるメンバーは発足当初から、ほとんど変化はなく、参加者の情報共有も比較的問題なく行われていた。ただし、今後、関係者の入れ替わり等が発生した際に、農地の管理等

の情報を継続的に更新し、共有していく媒体が求められる。移住者の受け入れが進んでいる地域も含め、生産に関する地理情報を、次世代へと直接的、経験的に体得させていくことが難しい状況においても継続的に情報の管理、共有を進めるために、GIS の活用が検討されている。トレーサビリティの確保は、生産サイドにおける世代間の情報共有の手段としても位置づけられる。

　後継者の育成や産品の価格維持などの課題を抱える産地ブランド運営を、持続的なものにしていくためにも、一次産品の生産から加工、販売までを行う 6 次産業とも呼ばれる事業が展開されている。とくに販売戦略の立案においては、生産―消費プロセスの最終部分にあたる消費者を理解することも求められる。トレーサビリティの確保において、消費、生産の両サイドの双方向的なやり取りが可能であれば、そこから、消費者の動向を把握可能である。ＪＡの販促のイベントや、自治体などが行う調査についても、どのような地域の消費者が、どこでその産品を購入、消費したのかといった地理情報を入手することにより、具体的な消費者像を想定した戦略を構想することが可能となる。生産工程に関する情報と合わせて、消費者の地理的な情報も GIS において管理、分析することができる。産品についてのトレーサビリティを確保する対象を、消費者も含む範囲まで広げた場合も、地理情報を扱う GIS は活用される。

(3) 地理情報の戦略的活用

　産地ブランド戦略の重要なキーワードとして、産品の「差別化」がある。たとえば、ある産品について、他地域と比較した際により高く評価できる点や、固有な特徴を見出し、その情報が広く共有されることによって、産品の差別化がなされる。ただし、当然ながら、発信される産品とはやや対照的に、他地域の産品と共通性のある産品や、主に産地内で生産、消費されている産品も存在する。また、差別化された産品を生産する生産者も、多くはその他の産品を同時に生産している。つまり、特定の産品を産地ブランドの要として扱う場合であっても、その生産に関する取り組みは、その他の産品の生産工程や農地の管理、担い手の育成などと密接に関係するため、産地ブランド戦略は地域の全体的な戦略と関係付けられている必要がある。

　差別化された産品の生産、販売戦略は、地域のその他の産品も含む農業およびそれに関わるその他の産業全体、ひいては地域全体のブランド戦略（青木

2004）において明確に位置付けられたかたちで実施されることで、産地のための戦略として機能する。産品を差別化することは、階層・序列化することというよりも、産地ブランド戦略を推進するために各産品に役割を分担させることを目的として捉えることができる。

　先に説明した、統合型 GIS などの ICT を基にした空間スケールおよび分野横断的な戦略の中に、差異ある産品の生産から販売、消費までの活動を位置付けることは、他の活動と補完し合うことによる産品の持続的な生産に寄与するだけでなく、産地ブランド戦略が、地域の抱える課題の解決にも貢献することになる。

　自治体、ＪＡなどの地域組織は、統合化された情報を地図上で重ねて把握することによって、地域の個々の生産者や団体が取り組む先進的な事業や、企業参入による取り組みなどの新たな取り組み、さらには歴史的に行われている生産活動を、産地ブランド戦略に位置付け、その持続的運営と地域の問題の解決につなげる手掛かりを得られる。

　国レベルでは各省庁が GIS の普及促進に向けた取り組みを実施している。自治体においても様々な取り組みが進められている。たとえば、兵庫県豊岡市においては、環境保全による野生生物との共生をブランド米の生産につなげる取り組み（豊岡市 2015）がなされているが、その取り組みは、農地のみならず周辺の土地利用のマネジメントと連動し、住環境の保全や質の向上につなげられる発展性を有している。また、島根県では、統合型 GIS を導入しつつ、観光、福祉、防災の情報を一括して地図上で検索可能な Web サイトを提供しており（島根県 2015）、産品や生産者の情報を地図上で閲覧できるシステムを導入していたこともある。農業の企業参入に積極的な大分県の臼杵市などでは、耕作放棄地の管理を GIS において整理、更新することを通じて、再利用可能な農地の位置情報、面積などを効率的に管理し、新たに活用される農地の増加につなげている（農水省 2011）。圃場単位の GIS データによる品質管理手法の開発、作付け管理等を実施している事例としては、羽咋市、ＪＡ越後さんとう、ＪＡしべちゃ等の事例がある（国交省 2014）。GIS データベースを活用した森林資源の詳細な管理については、西粟倉村の事例がある（国交省 2014）。その他の地理情報の集積による情報共有、発信の取り組みとしては、震災後に放射性物質の測定データも公開しているいわき市の「みせる課」の取り組み（いわき市

2015）や、山形のさくらんぼ狩り適期案内システム（山形県 2015）、山形県河北町の農業施設を含む地域資源の管理（農水省 2014）などがある。

　GIS の導入のきっかけは自治体によって異なり、大学や企業などの説明会や広報によって GIS の機能を知ったことで導入の検討をはじめた自治体もあれば、GIS を扱った経験のある職員が関係課に配属されたことがきっかけとなった自治体もある。導入プロセスも多様で、数年の計画、実験期間を経て実際の運用に至るケースから、下水道管理などで使用されていた既存のシステムに上乗せするかたちで地理情報の整備を進めたケースなどがある。導入時には一部の担当者が活用していた事例でも、活用範囲の広がりをみせており、全職員が農地情報の閲覧が可能な JA もある。活用範囲の拡大によって GIS 活用のノウハウが、最初期の担当者のみならず関係課、組織全体にも浸透しつつある。導入時の資金については、都道府県や、国の支援を得ている場合もある。活用されている GIS データは、国土地理院が無償で公開しているデータや、各地の土地改良事業団体（水土里ネット）が自治体に公開しているデータなどがあり、自治体が有している地籍情報などを GIS で活用可能な形式に整備している事例もある。

　いずれの事例も、1 次産業振興に端を発した取り組みであるが、担い手育成に貢献している事例や、観光振興や環境保全などと連動する異分野間連携の取り組みとなっている事例もある。加えて、多くの事例において高度な GIS 技術は必要とされておらず、情報を地図上に配置し、重ね合わせることや、情報を更新することなどの GIS の基本的な機能が効果的に活用されている。産地ブランド戦略に関する取り組みにおいて、GIS の基本的機能を活用することが、人、コトをつなげる契機となっていることが見受けられる。

表　国、自治体での GIS に関する取り組み事例

省庁	総務省	地方自治体の統合型 GIS 導入の促進
	国交省	国土数値情報などの GIS データの公開整備
	農水省	農業、林業分野などでの GIS データ整備支援、普及
	環境省	生物多様性、自然環境保全のための GIS データの整備
広域自治体	島根県	統合型 GIS 導入済 産品や生産者の情報を GIS で公開（休止中）
	山形県	各地のさくらんぼ狩り適期の分析を公開
基礎自治体	兵庫県 豊岡市	統合型 GIS 導入済 GIS を用いたコウノトリの生息環境復元のための分析
	大分県 臼杵市	統合型 GIS 導入済 耕作放棄地の管理に GIS を活用
	福島県 いわき市	統合型 GIS 導入済 各地の産品の情報、放射性物質の測定データの公開
	石川県 羽咋市	統合型 GIS 導入済 圃場単位の品質管理システムの開発
	山形県 河北町	農業施設を含む地域資源の GIS による管理
	岡山県 西粟倉村	統合型 GIS 導入済 森林資源の GIS データベースによる施業管理
地域組織	（新潟県） JA 越後さんとう	圃場 GIS データベースによる品質、作付け等の管理
	（北海道） JA しべちゃ	圃場 GIS データ整備による草地更新時期の把握と営農指導

出典）筆者〔内山〕作成

　GIS を活用している自治体、地域組織の規模は様々であり、その有効性は、組織の規模に関わらず認められている。そのことは、GIS の導入が急速に容易になっていることを反映している。各省庁においては、GIS のデータ整備、普及支援がなされており、GIS の導入、データの利用は国のバックアップを活用することも可能である。

　集積されている情報の整理や、異なる分野のデータの統合的分析に関するノウハウについては、地域の研究機関や企業も多く有している。たとえば、産品の管理については、圃場の気温や湿度といった基礎情報の広域的取得や、植生の生育状況、タンパク質含有量の衛星観測データを用いた測定などが大学と共同で実施されている事例がある（国交省 2014, 金間ら 2014）。また、異分野のデータの利活用としては、担い手を含む地域人口の将来計画や、産業戦略の目標を地域組織において独自に設定する方法の提案などもなされている（藤山 2015）。さらに、既存の情報共有・発信媒体である Facebook を活用した地域間／内で

の、地域資源の共有・発信システムなども提案されている（鬼塚ら2012）。特定の産品の販売促進にとどまらない、産地のための産地ブランド戦略を推進するうえで、広範囲の分野の情報の統合や分析方法は有効であり、それらに理解のある研究機関等との連携は有用である。

4　産地ブランドを支えるツールとしてのGIS

　地理情報の集積、生産—消費プロセスの管理、地理情報の再整理など、GISは有限の地域に関する情報を扱う多くの場面で活用されている。とくに地域組織には、地域間／内連携による地理情報の統合、生産—消費プロセスの情報整備の促進、地理情報の戦略的活用を行うことが求められる。具体的な情報統合のためのGISソフトや、情報を取得するための機器などは既に開発されている。GISをどのように活用するか、活用方法を設計することが最大の課題であり、それは地域組織を含む産地ブランド運営の関係者に求められる役割でもある。

　地域の生産をめぐる多様な環境および人々の活動が存在するなかで、地域において望ましい取り組みを模索する際には、地域の取り組みの全体像を共有することにより、地域全体にとって望ましい取り組みを、効率的に見出すことができると考えられる。

　地区スケールの情報共有において、GISを活用したある事例では、地区全体の農地の状況を継続的に住民によって共有することがなされている。その結果、もともと農地の管理に焦点をあてた取り組みであったが、農地以外も視野に入れた地域資源の再評価や住民間の意思疎通を図るといった地区全体のマネジメントに関する地区目標を設定するに至り、GISによる空間情報の共有が、俯瞰的な観点からの地区の将来の思考へとつながっている（中島ら2013）。携帯端末によって圃場状況を管理するツールもあり、情報機器の進化によって、より直観的な操作によって、必要な情報を取得し、任意の範囲で共有することが可能となっている。

　FacebookをはじめとしたＳＮＳ、情報発信ツールが広まっているなかで、生産者、消費者を問わず、インターネットを介した情報の探索が浸透しており、トレーサビリティの観点からも有限の地域を地域内外の関係者によって運営し、産地ブランドを育成していく際には、圃場の状況や生産者の情報、加工地や販売施設、消費者の分布などを含む地理情報の共有・発信が鍵となる。地

域の生産者と地域内外の消費者を、実地でつなぐことを目的としたイベントが各地で実施されており、生産から消費に至るプロセスの関係者によるコミュニティの形成が望まれている。そのような状況のなかで、地理情報およびそれを扱う GIS は、その整備プロセス、活用段階においても、関係者の連携、産地ブランド戦略の構想などの多様な場面で有用な媒体、ツールとなりうる。

謝辞

　本章の執筆に際し、取材にご協力頂きました関係者の方々に深く感謝申し上げます。

　本章においては、次の研究プロジェクトの成果を活用しました。文部科学省・学術振興会の科学研究費（26360062　15H01597）平成 25 年度環境省環境研究総合推進費の採択課題 1 - 1303。

参考・引用文献

DBJ（2014）日本型 DMO の形成による観光地域づくりに向けて, 調査レポート, 日本政策投資銀行.
総務省（2014）平成 26 年版情報通信白書.
農水省（2012）農業生産工程管理（GAP）の共通基盤に関するガイドライン.
農水省（2015）飼料の適正製造規範（GMP）ガイドライン.
農水省（2015）HACCP 支援法（食品の製造過程の管理の高度化に関する臨時措置法）ホームページ（http://www.maff.go.jp/j/shokusan/sanki/haccp/）.
加藤幸, 片山寿伸（2006）映像による栽培履歴情報の活用と情報が生産者・消費者に及ぼす効果について, 農業土木学会論文集, 246, pp.977-982.
若林勝史, 田口光弘（2013）GAP 導入農場における農場管理の実態と経営改善効果, 北海道農業研究センター農業経営研究, 109, pp.1-25.
豊岡市（2015）コウノトリ育むお米,（http://www.city.toyooka.lg.jp/hp/genre/agriculture/farming/rice.html）.
島根県（2015）統合型 GIS（マップ on しまね）,（http://web-gis.pref.shimane.lg.jp/shimane/G0303A）.
農水省（2011）平成 22 年度食料・農業・農村白書.
いわき市（2015）見せます！いわき情報局,（http://www.misemasu-iwaki.jp/about/index.html）.
山形県（2015）さくらんぼナビ（R）（http://agrin.jp/hp/cherry/index.html）.
農水省（2014）平成 25 年度食料・農業・農村白書.
青木幸弘（2004）地域ブランド構築の視点と枠組み, 商工ジャーナル, 2004 年 8 月号, pp. 14-17.
国交省（2014）地域づくり活動に地図や GIS を使おう〜地理空間情報（G 空間情報）の活用事例と手引き〜.
金間大介, 野村稔（2014）農業をめぐる IT 化の動き ――データ収集、処理、クラウドサービスの適用事例を中心に――, 科学技術動向研究, 142, pp.13-18.
藤山浩（2015）田園回帰 1% 戦略：地元に人と仕事を取り戻す, 農山漁村文化協会.
鬼塚健一郎, 星野敏, 橋本禅, 沼田秀穂, 池田佳代（2012）農村地域に知識と情報の対流を促す多階層連携システムの概要とその導入・運用手法, 研究報告情報システムと社会環境（IS）, 情報処理学会, 2012-IS-119（4）, pp.1-8.
中島正裕, 林聖麗, 髙山弓美（2013）内発的農地保全の支援プロセスにおける GIS 活用の可能性, 水土の知：農業農村工学会誌, 81（3）, pp.199-202.

第Ⅲ部 セクターごとの産地ブランド戦略

第11章
農産品の全国での取り組み事例と地方自治体の役割

香坂　玲（金沢大学大学院人間環境研究科　准教授）

1　はじめに

(1) 本章の構成

本章では地理的表示の保護に焦点を当て、農産品の具体事例を通じ、申請する動機、商標制度などとの併用状況、トレーサビリティの課題へのアプローチ方法などを読み解いていく。ただし、取り上げる産品は全て申請中であり、状況は流動的であることを明記しておく。

スタートしてまだ日が浅い新しい制度である地理的表示の保護に加え、他の商標や認証の制度をどのように活用しているのかという点についても議論を広げ、認定そのもののノウハウだけではなく、各産地が何を目的としてどのように取り組んでいるのかという点についても理解を深められるように工夫しながら紹介していく。

(2) 全体の概況

まず、全体の概況を見ていくこととする。表にあるように、産品は異なっても、いくつかセクターで共通した特徴を読み取ることができる。

事例の調査を通して目を引いたのは、少なからぬ組織が収益性・知名度の向上、信頼性の保護と模造品の防止などの直接の利害に加え、構成員や生産農家にとっての誇り、モチベーションという言葉を口にした点だ。逆に、具体的な産品やサービスの価格の上昇や価格競争力といった点に踏み込んだ発言はほとんどなかった。また、地域のＪＡが中心となって申請しているケースでは、自治体との連携が比較的緊密になされている傾向がある。とくに夕張メロンについては、ふるさと納税のお礼として納税者に送られるなど、市をあげた取り組みに組み入れられている。

連携する団体、関係者が多数存在するケースでは、行政やＪＡなどが申請時や日々の取り組みにおいて仲介者としての役割を果たしている。そうした産品としては、八女伝統本玉露や三輪素麺などがあり、とくに三輪素麺については、地域の銀行や大学も連携しており、生産、販売、普及、教育などの多方面への広がりのある取り組みとなっている。

　生産者の組織が小規模である場合などでは、地域団体商標としては申請資格がないため考える余地がなかったが、地理的表示の保護は申請資格が緩やかであることから申請に踏みきったという経緯が認められる。

　全体的に共通する特徴としては、通常の商標や地域団体商標、都道府県にて運営しているふるさと認証食品（Ｅマーク）などを既に取得している産品が多いことである。何らかの認証を受け、さらなる保護の必要性や、ブランドの発信を期待して申請を行っている。たとえば、夕張メロンは文字商標と重複して、地理的表示の保護を申請している。同様に、「くまもと畳表」は、構成団体の一つが既に単独で地域団体商標を持っているが、現在は複数団体がそのブランドを共有する形で地理的表示の保護を申請している。ただし、地域に密着した歴史ある産品で、衰退の危機にあるものを再興しようという動きのなかで申請されたケースもある。

　トレーサビリティに関しても、何らかの認証を受けている産品があり、認証を受けていない場合でも、独自の取り組みが行われている産品や、今後取り組みが進められる産品が大半である。地域のブランド産品を育成するうえで、トレーサビリティの確保は必要な取り組みの一つとして位置づけられている様子がうかがわれる。

　地理的表示の保護を活用しようとする動機としては、「国が模造品や不正を取り締ってくれる」というのが多数派であった。特に海外で展開をしていくなかでマークを有効活用したいというコメントが目立った。

　次に、登録を機にブランド力を向上させたいという動機が続く。同時に、登録がブランド力の向上につながるように、地理的表示の保護という制度そのものの認知度を高める努力を国にしてもらいたいという要望があがってきている。2015年６月１日の申請の受付開始についてはマスコミの注目度も高く、全国紙を含む各紙が報道したことは記憶に新しいが、制度やＧＩマークが一般に知れ渡っているとは言い難いのが実情である。

その他、組合組織傘下の生産者や従業員の意識やモチベーションを上げる為、具体的には生産の何十周年という動機も少なからず言及されていた。
　地理的表示ではGAP、HACCP加工の認証までは求められていない。しかし、産品の基準、生産プロセスの安全性や規格を改めて見直し、明文化することは輸出入でも、ブランド力の強化にも有効である。また、生鮮品を登録したからといって加工品にマークを使用することはできないが、地理的表示に登録された原材料を使用している点は明記できる。
　輸出に際しては、生産者の期待とは裏腹に、地理的表示の登録がそのまま相手国でのブランドの保護になるわけでない。しかし、自由貿易協定や知財の相互認証を通して、広がっていく可能性も高い。また、地域団体商標はあくまで国内の制度であるが、地理的表示は欧州をはじめ世界各地で実施されている制度であることから、もともと輸出を意図していない産品であっても、各国の海外旅行客などに認識してもらえる可能性がある。また、共通したマークがあることも、地域団体商標にはない地理的表示の制度の特徴であり、地理的表示の共通マークを付けた産品が海外で販売されることで、その産品そのもののブランドと、日本の地理的表示マークそのものの地位やブランドが向上することが期待されている。
　ただし、登録しようとしている産品は、他とは品質、伝統性、地域とのつながりといった観点から、異なることを説明でき、差別化できることが大前提となる。

　以下、第一陣として地理的表示の保護に申請した産品を中心に、個別の事例について見ていこう。

第 11 章　農産品の全国での取り組み事例と地方自治体の役割

表　GI申請産品事例

産品名	申請主体	その他の認証の取得状況	トレーサビリティに関する取り組み	連携する団体(自治体を含む)	補注（連携体制や申請動機など）
夕張メロン	JA夕張市	商標	2015年現在よりGAPについて取り組みを開始	夕張市	香港、台湾でも認証を取得。GIにはとくに海外でのブランド保護制度としても期待している。
あおもりカシス	あおもりカシスの会	図形商標（ロゴマーク）	栽培管理記録の蓄積を進める予定	青森県、青森市	地域団体商標の取得を検討したが、任意団体であるためできなかった経緯有り。市とJA婦人部を中心に活動。
つくば銀杏	農事組合法人つくば銀杏生産組合	商標（申請中）	JGAP認証取得済、HACCP実施施設の認定取得準備中	茨城県	銀杏としては国内で初めてJGAP認証を取得。
生牧草	日本生牧草協会	図形商標（ロゴマーク）	生産工程のデータ管理を進める	近隣4自治体※補注	生産地は千葉市、四街道市、佐倉市、市原市にまたがる。鴨川市、南房総市も産地候補として連携を模索中。
能登志賀ころ柿	JA志賀町	商標、ふるさと認証食品（Eマーク）、能登の一品	生産工程管理マニュアルを作成	石川県、志賀町	香港にも出荷しており、海外での証明や模造品についての予防を検討し、GI申請に至った。
三輪素麺	奈良県三輪素麺販売協議会	ISO9001	品質保証に関する認証は取得済み	奈良県、桜井市、南都銀行	生産者と販売者、行政に加え、南都銀行が連携し、奈良女子大学も振興事業に関わる。
砂丘らっきょう	JA鳥取いなば	商標	工程の全てを同一地域で行う産品の生産も模索	鳥取県	商標を無断で使用されることを経験し、ブランド保護制度としてGIに強く期待している。
出雲の菜種油	出雲の菜種油生産協議会	商標（協議会の有限会社影山製油所が取得）	自家採種を実施し、生産者名のトレース可	ー	菜種は他の十字花作物と交配しやすい性質のため、原種は隔離圃場にて生産・管理している。
伊予生糸	西予市蚕糸業振興協議会	ー	生産工程のデータ管理を進める	愛媛県、西予市	地域貢献の観点から、弁理士より、愛媛県東京事務所に地理的表示制度への申請提案があった。
八女伝統本玉露	八女伝統本玉露推進協議会	地域団体商標（八女茶、福岡の八女茶）	農薬の使用記録をJAにおいて集約的に把握	福岡県、八女市	生産、流通の各団体、行政が連携している。
くまもと県産い草 くまもと県産い草畳表	熊本県いぐさ・畳表活性化連絡協議会	地域団体商標（くまもと畳表）	生産者、栽培工程を閲覧可能なQRコードの付与	熊本県、八代市	熊本県では県証糸の認証を運用するなど、ブランド力向上に貢献している。
鹿児島の壺造り黒酢	鹿児島県天然つぼづくり米酢協議会	ふるさと認証食品（Eマーク）、本場の本物	ISO9001、HACCP、FSSC22000 ※坂本醸造㈱での単独取得	鹿児島県	地域団体商標の取得を検討したが、任意団体であるためできなかった経緯有り。

2 個別事例の紹介

事例1 夕張メロン

> 夕張市農業協同組合総務部の村上直人氏に地理的表示の申請の経緯について、2015年7月に情報提供いただき、本節を執筆した。

(1) 華々しさの陰での苦労

夕張メロンといえば、全国的にも最も有名な農産品の一つであろう。2015年の地理的表示の保護の制度、更にその前の2006年の地域団体商標の制度の前より、地名と農産品の形で通常の商標としても登録ができた数少ない農産品であったことが、その格別のステータスを物語っている。そもそも、夕張メロンが通常の商標を登録できたことが、地域団体商標の制度確立に向けた機運を高めた面もある。

写真提供：ＪＡ夕張市

種子の管理から商標の管理などを担当してきた夕張市農業協同組合（ＪＡ夕張）へのインタビューも実施し、先ずは普通の商標を取得した経緯、次に通常の商標を持っているにもかかわらず地理的表示の保護の制度を申請するに至った経緯と理由を整理した。

今では全国に名を馳せている夕張メロンだが、1960年に生産を開始した当初はまだ食糧確保が優先的な政策であったこともあり、すぐに人気商品として売れ始めたわけでない。しかし、生産者の工夫、流通業者との連携による産直体制の確立などを通して次第にその人気は高まる。すると、他の産地のメロンでも「夕張メロン」と称する模造品も登場するようになり、加工品を含めて、産地が異なるメロンとの差別化や表示の仕方が課題となってくる。そのような模造品対策などに頭を悩ましていた時、担当者が靴下に張られていたシールを見て、シールや文字としての商標の登録を思いつく。

(2) 商標登録の苦労

しかし、夕張メロンのブランドとしての商標の登録は、初めから順風満帆に進んだわけではなく、パイオニアとしての苦労もあった。例えば靴下のようにシールや

図形は登録できたが、文字としての商標登録はすぐにできたわけではなく、3度目の申請でようやく登録を果たせた。初めの2度の申請が拒絶された主な理由は、「一般名称と地域名称との組合せで駄目」というのであった。ただ、「東京羊羹」「南部せんべい」などの先例があったことをヒントに、全国の新聞記事を調べ上げ、夕張メロンに関わる記事、あるいは模造品に関わる報道などを集めた。また全国に商品が発送される体制が確立され、同封していたアンケート結果から夕張メロンの認知度が全国でも80％以上の高い水準にあることが分かり、全国区の知名度であることなどを示す資料130件以上を付けたことで、初めて「夕張メロン」が文字として登録されるに至った。この経緯は、日本弁理士会の雑誌「パテント」などにも詳しい。

　これだけの苦労を伴った商標登録であったが、その後の維持や管理も重要となる。ブランドの維持のため、品質については、農協で種子の管理を厳密にし、糖度、大きさ等の規格を明文化している。これは後述する地理的表示の申請の際にも必要となった事項である。加工品についても、味などを試作品の段階からチェックしている。また、農産品だけではなく、商品の表示についても、踊っているような文字の使用は認めず、そうしたものがないかといった作業もしている。

(3) 今、なぜ地理的表示の保護へ登録申請するのか―モチベーションと国内外の取り締まり

　今回、商標に加えて、地理的表示の保護の制度に申請した夕張市農業協同組合だが、どのような点にメリットを見出して申請したのか。まず、ブランドとして国に認めてもらえるということが「生産者の励みになる」という、モチベーションの面でのメリットを挙げる。1960年に生産を開始し、55年が経過した節目に今後の100年を見据えて、というタイミングも関係したという。

　確かに「既に商標を持っているのにという思いがあった」とのことだが、地理的表示の保護を受けることができれば、対応などはまとめて行い、メリットに期待をかけようという考え方をとった。

　もう一つ大きな理由は、模造品に対して国が対応をしてくれるという実務面でのメリットだ。過去の加工品を巡る訴訟で、一審で勝訴はしたものの、5年以上かかったことから、結局のところ二審で組織の体力や担当者の時間を鑑みて和解を選択せざるを得なかった経緯もある。

　特に夕張メロンが海外でも販路を広げていった場合、協定が結ばれていれば、模造品に対して国が対応してくれるという点にメリットを見出している。地理的表示を取得することで、商標との相乗効果も期待しているが、現状では大きな負担となっている訴訟や取り締まりの費用が軽減される実質的メリットに期待を寄せている。商標としては152件（H27期首現在）を更新管理し、海外でも中国、シンガポール、

台湾、香港で商標も出願をし、香港、台湾では既に認定を受けている。このような国々を含めて海外で展開をしていくうえで、ＧＩのロゴやシールの取り締まりを国にしてもらえるという点で地理的保護に可能性を見出している。

GAPについては、今年（2015年）から取り組みを開始しているところで、現状として、トレーサビリティの取り組みがまだ十分にできてなく、今後の課題となっている。

(4) 行政に期待すること

北海道は広大であることから、道庁に現状以上の積極的な役割や協力を望むのは難しいと農協は考えている。一方、基礎自治体である夕張市は、申請自体は農協が単独で処理したが、申請書の書き方などで支援をしたり、地理的表示の説明会に農協と一緒に出席したりと、一定の連携姿勢を示してくれていると感じている。また、ふるさと納税のプレゼントとして夕張メロンを取り扱うことで、宣伝効果に寄与してくれている。なお、地理的表示に関する情報は、農林水産省、道庁、夕張市という流れで農協にもたらされている。

(5) まとめ

ある種のパイオニアである夕張メロンの事例からは、商標の取得に際しての苦労もさることながら、取得後にもブランドの管理が重要となることが分かる。各地の地理的表示の保護や地域団体商標などでも、各農家がバラバラに取得を目指すのではなく、地域でまとまって同じ方向を向けるのか、明文化された基準などに合意できるのか、その後の品質の管理を徹底できるのかどうかといった点が分岐点となることも示唆されている。

一方で、商標などの登録が終わった後にも、模造品の取り締まりなどに労力を費やさねばならないことも課題となっている。時間が掛かる裁判などでは組織の体力勝負となってしまい、個々の農協で争っていくには限界があることも露呈した。そうしたことからも、地理的表示の保護へは、特に海外での販路を拡大していくうえで、国の模造品取り締まりに期待が寄せられており、国が対策を強化していくことが重要となる。

地理的表示の保護の申請には、制度や法の要素だけではなく、モチベーションのアップ、国に認めてもらうという気概、記念すべき年数というタイミングといった、組織や組織の記憶に関わる要素も関係していることが分かった。北海道という広域な土地であること、夕張という極めて財政事情が厳しい自治体であることなどから、行政に対する期待は限定的であった。そのようななかでも、地元の夕張市はふるさと納税のお礼産品として加えることで知名度を更に上げるための協力をしていた。

第 11 章　農産品の全国での取り組み事例と地方自治体の役割

参考文献

　　日本弁理士会（2007）　夕張市農業協同組合インタビューブランド「夕張メロン」　パテント 60 巻 7 号　pp 19-26

事例2　あおもりカシス

> あおもりカシスの会事務局を担当する青森市経済部あおもり産品・企業支援課の工藤武氏に、行政と農協の連携の歴史も含めて 2015 年 8 月に情報・資料提供をいただき、本節を執筆した。

(1) 経緯

　青森市でのカシス栽培は、苗木導入から約 40 年の歴史がある。青森市の夏季の冷涼な気候がカシスの原産地である北欧に近いことから、青森市に苗木が寄贈され、農協婦人部を中心に栽培が始まり、昭和 60 年に青森市管内農協婦人部農産加工振興会（現：あおもりカシスの会）が発足し、特産化へと発展してきた。しかし、実は、最初から産業化を目的としたのではなく、農協の婦人部の半ば趣味的な活動からスタート

写真提供：あおもりカシスの会

している。また、当時の農協が地区ごとで、あまり規模が大きくなかったことも影響し、市が運営に関わってきた。こうした経緯から、ブランド化についても青森市と農協婦人部が比較的中心になって進めてきた。

　導入当初は、カシス（和名：黒房すぐり）はりんごや桃のような一般的な果樹ではないため、栽培に関するマニュアルなども無く、全てが手探りで栽培方法や収穫時期の見極めなどをしなければならなかった。そのような苦労もありながら、あおもりカシスの会では「一人一本運動」を展開するなどして栽培面積を拡大し、会員を増加させながら特産化を目指し、取り組みを継続してきた。結果、徐々に生産量は増加し、活用を図るため、地元企業などと連携してジュース、菓子類、リキュールやワインなど様々な商品化も進められた。しかし、当初は馴染みのないフルーツであることや、カシスの酸味が敬遠され、思うように販売は進まず、10 年程前までは生産量は 2～3 トンに留まっていた。

　2005 年の科学的な研究成果が大きな転機となる。当時、弘前大学助教授であった

大黒浩博士から、カシスに豊富に含まれるポリフェノールの一種アントシアニンに緑内障の抑制効果があるという研究成果が発表され、報道等によって注目が集まった。それを境に供給量を需要量が上回るという状況へと変化するようになった。

その後、新規生産者の確保、県と市が連携した形での人材育成、新商品開発と販路拡大、「あおもりカシス」という品種としてのブランド化の取り組みが実施されてきた。カシスの産地化、国産カシスの普及及びブランド化を推進してきた結果、収穫量も2005年から2015年で4倍を超えるまでになった。ブランド化のプロセスでは、地元のデザイナーや経営コンサルタントなど外部の専門家の知識も活用した。商談会などを通して、県外での知名度の向上にも努力している。

(2) 競合の出現とブランドの管理

それに伴い、青森県内各地で「あおもりカシス」以外の品種のカシス栽培を始める地域や農家が増え、青森県の特産として数多くのカシス商品が産直施設や土産物店で販売されるようになり、競合する状況が出現することとなった。そのため、あおもりカシスの会では「あおもりカシス」の栽培についての実績や品種によっての味や栄養成分の違いを示し、栽培マニュアルの作成など品質安定に取り組むなどして、これまで築き上げてきた伝統を守りながら、より高品質かつ生産量増加を目指す必要性がでてきた。あおもりカシスのロゴマークが図形商標として登録されている。ただし、「あおもりカシスの会」が任意団体ということもあり、組織としての資格から地域団体商標の登録は難しいと判断し、これまではその申請をしてこなかった。

そんな「あおもりカシスの会」にとって、2015年6月に施行された地理的表示法は朗報であった。地域で育まれた伝統と特性を有する農林水産物等で、品質等の特性が産地と結びついており、その結びつきを特定できるような名称が付されているものについて、国に登録できるという地理的表示保護制度の趣旨が、「あおもりカシス」の産地化にマッチする制度であると、事務局の関係者は感じたからだ。また、マークの不正使用があった場合、農林水産大臣が取り締まる制度であり、訴訟などになった際、生産者側の負担がないというのも大きなメリットと感じた。

そこで、事務局は制度説明会に出席し、情報収集を積極的に行い、情報を役員会で共有しながら申請に向けた準備を進めた。更には、作成した申請書の内容について「GIサポートデスク」とやりとりを繰り返し、今回の申請に踏み切った。「この度の申請にあたっては、団体として申請することが要件であったが、当会は元々生産者と加工業者で組織する団体であったことや、生産や販売の面で青森県や青森市とも連携していたことから、比較的スムーズに申請することができました」と、事

務局関係者は振り返る。

　しかしながら、特性に関する申請書への記載にあたっては、他産地との違いを示すため、どのように記載するのかに苦労した。例えば、他品種との違いについて、味や果実の重量、栄養成分、加工適性など、様々な視点で説明することが必要であり、さらにそれを裏付けるデータを示しながら具体的に説明する必要があり、どこまでその条件を満たせるかがポイントとなった。幸い、品種ごとの栄養成分の分析値や果実重量の比較は青森県が調査したデータなど、必要な資料が揃っており、それを活用できたことなどが、このプロセスで寄与した。

　カシスの特性と生産地との結びつきについては、なぜ青森が栽培に適しているのかは海外の産地との月平均気温データを比較した上で説明を行ったが、第三者が納得のできるデータを根拠として示しながら申請書を作成することが非常に重要だと事務局は感じている。

　申請への修正などで焦点となったのは、品質管理について生産工程管理として、どのように規定するかという点である。また、今後登録となった場合、品質の基準を満たしているかどうかを確認し、年に一回以上行う実績報告が重要となる。品質を満たしていること、どのような方法で管理していくのかを生産行程管理業務規程に記載することとなるが、その体制の整備が課題となった。ただ、やみくもに記録するのではなく、通常の業務のなかで記録できるような仕組みづくりを模索した。

　そこでカシスの会では、品種の入手経路の確認及び記録、目揃え会の実施や栽培管理記録簿の作成、出荷実績の記録、必要に応じて行う生産者への調査実施状況の記録などを規定した。同時に、生産者の意識の向上のための活動も継続していく。

　トレーサビリティについては、書面で栽培の状況と生産者の管理状況を把握しようと、栽培の管理記録を生産者に作成してもらっている段階である。しかし、GAPやHACCPへの移行は現段階では考えていない。

　今後は、地理的表示制度の内容と登録されたことを示すGIマーク表示が、一般消費者や事業者にどこまで周知されるのか、制度全体の認知度が注目される。

　青森市の市職員という地方行政マンが運営に比較的深く関わる事例であるが、地理的表示保護制度への申請のみならず、今後のあおもりカシス振興のためにも、行政サイドがどれだけ生産者と連絡が取れる体制となっているのか、常に情報交換をしながら生産者と会うことで思いや課題をどこまで「拾えるか」が今後の鍵となると事務局では感じている。事務局自体としては、市でできる部分とできない部分を整理し、市でできないところを生産者や事業者、更には県などの関係機関を巻き込みながら着実にやってくことが重要であると考えている。

事例3　つくば銀杏

> つくば銀杏生産組合総務の井上敬一氏より、生産方法、工場での認定も含めて、2015年8月に情報・資料提供をいただき、本節を執筆した。

(1) 特性

　銀杏というと黄色という印象が強いが、通常収穫時期（10月から11月）よりも早採りすることで、鮮やかな緑色をした、クロロフィルを多く含むほろ苦い実となる。しかしながら、早採りの緑色をした銀杏は一般に果肉が未熟で、品質保持が難しいため市場に出回る量は非常に少ないのが現状だ。その全国でも珍しい「グリーン銀杏」として、つくば銀杏は特色を打ち出している。有名高級中華料理店シェフや料理研究

写真提供：つくば銀杏生産組合

家など多くの著名な専門家からも高い評価を獲得しており、大市場に近い地域特性を活かし、見た目から目立つ鮮やかな緑色の形質を持った銀杏生産に積極的に取り組む戦略を打ち出している。現状では、隣国の中国・韓国産のものが流通量では多いが、地理的表示の活用を含め、高付加価値の国産の産品としての戦略展開を模索している。ただ、収穫期が米作りのタイミングとバッティングしてしまうため、兼業農家の生産者と早採りの時期などを丁寧に議論し、生産者との合意形成に向けた方向性を打ち出してきた。

　地形は台地状の平坦地であり、地域全体が有機物をたくさん含む肥沃な黒ボク土で形成された関東ローム層に覆われていることに加え、気温や災害面からも銀杏栽培適地である。このように銀杏栽培にとって風土条件が整った適地であることに加え、育成・栽培期間中に殆ど手間をかけない一般的な銀杏産地と異なり、「つくば銀杏」では、定植までの移植、開心形の剪定、施肥管理など、他産地とは異なる工夫と育成・栽培管理を実践してきた。

(2) 経緯

　つくば銀杏生産組合代表の櫻井和伯氏が1994年ごろから銀杏の苗木の栽培を始め、同時に「つくば銀杏」の生産を始め、2006年につくば銀杏生産組合を設立した。現在では、櫻井氏を除くと、兼業農家を中心とする50数名が生産に参画している。

組合が生産指導を実践してきた努力の甲斐もあり、「つくば銀杏」は「いばらき旬彩テストキッチン事業」で茨城県の主要産品として紹介されるまでになった。品質のよい大玉銀杏が安定的に生産される一大産地であることに加え、銀杏としては国内で初めて JGAP 認証を取得し品質を管理する体制が整っていることが評価されたのだ。

つくば銀杏生産組合が個人で設立した任意団体であったことから、地域団体商標を申請する組織の資格がなかった。今回の地理的表示の保護では、任意団体であっても申請資格を有することから、合意形成を経て申請に至った。動機としては、地理的表示の申請を通して商品の知名度の向上を狙っている。

(3) 生産工程管理の概要

大きく生産工程管理とは、①苗木の栽培、②施肥管理　③収穫の管理という内容となる。

苗木の栽培では、タネの品種（金兵衛、久寿、藤九郎、喜平など4品種）の指定、剪定の回数、生殖成長を促す開心形の剪定方法、移植の回数などを定め、根のはやし方を調整し、樹木本体の成長を抑え、果実の成長が促進する栽培方法を記載している。

②の施肥管理については、地理的表示の申請において、その目的も含めかなり詳細な記述をした。例えば以下のような内容である。

- 施肥については、牛糞堆肥を含む有機肥料および化成肥料を使用する。施肥時期は3月に基肥を施肥、その後、生育状況により7月に追肥、11月に礼肥を実施する。銀杏栽培において他産地では無施肥が一般的であるが、銀杏の生育を安定させ、「つくば銀杏」の特徴である粒が大きく、実が詰まった高品質な果実を安定的に産出するために、施肥を行う。農薬は栽培期間中、使用しない。
- 病害虫防除については、農薬の使用をせず、当該部位の枝の剪定によって防除を行う。
- 収穫後、約1週間以内に果肉の除去（洗浄）を行った後、塩水選別により不稔果を取り除いた上で、天日による乾燥を行う。この栽培方法から塩水選別までの工程を経て、最終的に食される胚乳部分が詰まった、安定した品質のぎんなん（殻果）を供給可能となる。

(4) トレーサビリティ

トレーサビリティについては、生産者が集荷場に殻果搬入後、ロットごとに仕入番号を振り、等級設定などに基づき、選果機および手選別にて選別を行い、仕入段

階から生産者番号と仕入した期日、その日の搬入ナンバーを付し、加工所で動く段階ごとに伝票がある。

加工工場では、2014年からHACCP実施施設の認定準備を進めており、2017年頃の認定を目指している。工場では6次産業化も打ち出している。通常は殻ごとゆでているものが多いなかで、蒸して殻を外し、鮮やかなグリーンの中身がそのまま見える商品となるようにしている。

(5) 地理的表示保護の申請に際して

生産者の合意形成で苦労した点は、兼業農家との意見の調整だ。収穫のタイミングが米とバッティングしてしまうため、兼業農家の生産者と早採りの時期などを定例会で丁寧に議論し、方向性を打ち出してきた。また、なるべく単価を高く仕入れることで、高品質のものを提供してもらうインセンティブが働くようにし、その品質についてくることができる生産者にのみ提供をしてもらっている。

地理的表示の保護の申請の際に強調したポイントは、シェアの大きさである。東京都中央卸売市場における茨城県産銀杏取扱実績は愛知県に次いで全国第二位であると同時に、茨城県産の銀杏のうち「つくば銀杏」は生産数量の50％を占めている。

地元の行政に期待するところとしては、地理的表示の制度への理解の深化とサポート体制の確立である。九州などの事例では、県庁が弁理士等の代理人と能動的に動いているケースもあり、茨城県においても、受け身ではなく積極的に動いてもらえる仕組みを期待したい。

事例4 生牧草

> 日本生牧草協会の増田浩二氏と増田伸介氏（株式会社中央牧草センター）より、需要の変化や地域での連携と普及啓発も含めて、2015年7月に情報・資料提供をいただき、本節を執筆した。

(1) 歴史的経緯

酪農発祥の地である千葉での生牧草の歴史は古い。恩賜上野動物園をはじめ、地元の動物園、そして首都圏の競馬場と全国の乗馬クラブに生牧草の供給を1975年から続けてきた。多くの人々に楽しまれてきた動物園を裏方から支えてきた産業ともいえ

写真提供：株式会社中央牧草センター

る。四季が関係する農産品とは異なり、生牧草は一部地域において年間 365 日供給を続けることが可能となっている。牧草の種子の開発には、地場の牧草に関わる企業や酪農関連の大手企業である雪印種苗株式会社と二人三脚で開発をしてきた経緯がある。ただし、近年は酪農業、競馬産業の需要の落ち込みが続いており、需要の拡大のために新たな取り組みが展開されている。

(2) 生産体制—ブランドの管理体制

ブランドの管理では、図形商標などを中心とした登録を行って日本生牧草協会が管理している。生産地は、千葉市を中心に、四街道市、佐倉市、市原市と複数の行政体にまたがっている。このような生産地の広がりと開発の経緯から、日本生牧草協会は、地元企業、雪印種苗株式会社の千葉研究農場の農場長、千葉酪農農業協同組合、環境学習を展開する NPO 法人、地元選出の国会議員などから構成されている。他にも栃木の学校法人の牧場や東京の企業も加わる。

産品の品質管理はこれまで 20 年ほど毎日欠かさず継続的に行ってきたが、その基準の再確認に加え、生牧草の産地に適している環境条件の整理として、気象条件に関するデータを改めて精査するなど、産地としての条件、基準を再度確認している。毎日の気象を含む環境条件に対応して品質管理を行うことは、経験的にも知見の蓄積が進んでおり、申請時にはデータを示しつつ、その情報共有が行われた。品質の基準についても申請時に改めて関係者間で確認することを行ったが、さらなる品質管理の推進、ブランド化の促進のために、産品毎のグレード設定も進めている。

現在の主な販路も、かつて盛んであった酪農や競馬産業だけではなく、ウサギやモルモット、カメなどのペットへの供給を開始することで需要の下支えを図っている。同時に環境教育活動として牧草地での児童などの体験学習を実施したり、ダチョウ肉の生産を行うなど、多角化にも取り組んでいる。一方で、後継者の不足、東日本大震災に伴う放射能汚染の風評被害など、農業と共通する課題がある。また、物理的な地理環境から課題となっている側面もある。

今回、地理的表示をきっかけとして、新たに設定した基準はないが、これまでに取り組んできた基準や、気候条件の確認と共有を改めて行った。

(3) 生牧草特有の産地ブランド化の課題

生牧草は、人間の消費者自身が食するものではなく、主に家畜、ペット、展示動物に与えるものであることから、産地ブランド化にあたっては、通常の農産品とは異なる課題がある。たとえば、品質の差について、最終的な消費者である動物からは直接的な産品への評価が得られないため、動物の飼育に関わる関係者に産品の特

徴を的確に伝えねばならない。そのような関係者の人数は人間のための食品の消費者よりも少なく、品質の差異を伝える対象の顔が比較的見えやすいが、その差異や価値を適切に伝えられなかった場合、産地ブランド化がより困難となる。

　更なる課題となるのが、動物の飼育に関わる関係者の価値観は様々である点だ。そこで、品質の差異については生牧草の価値を理解する関係者に重点的に伝える努力をする一方で、ペットの飼育者である一般消費者や飼育経験の浅い関係者には、飼料の品質の意義を積極的に発信する必要があると日本生牧草協会は考えている。とくに草食動物は安定した飼料供給が必須であることから、飼料の購入者が動物をどのように飼育していきたいのか、その方向性に合った飼料を探せるよう情報発信を進めている。

(4) 行政に期待すること

　広大な面積で生産される生牧草は、複数の自治体にまたがって産地を形成することがあり、千葉県でも、前述したように、生産地は千葉市、四街道市、佐倉市、市原市の4市にまたがる。各地方自治体によって農地の管理や、農業に対する支援等の方針が異なることもあるため、生産者が行政と協調して産地ブランド化に取り組む際に、どのような差異があるのかをあらかじめ整理した形での情報発信が必要となる。

　生産関連事業に加え、教育事業なども行っているが、事業の範囲や関係者が複数の自治体にまたがっていても、事業ごとの目的に応じて柔軟かつ迅速な対応が可能な行政側のシステムの整備の必要性も感じている。

事例5　能登志賀　ころ柿

> 志賀農業協同組合の新谷紀久氏に県の認定も含めて2015年9月に情報・資料提供をいただき、本節を執筆した。

(1) 経緯・背景

　石川県能登半島においても地理的表示の保護に申請する産品が登場している。志賀町の「能登志賀　ころ柿」が申請中だが、当地が世界農業遺産認定エリアであるということもあり、単に名産品の登録を目指すというよりも、景観や季節の風物詩としての役割も重視している。地理的表示の議論では、科学的な機能や品質の領域と合わせて、伝統性やアイデンティティも評価の範疇に入るが、取り上げる志賀町のころ柿は、まさにそのような産品となっている。

能登半島の里山里海は、2011年に世界農業遺産（Globally Important Agricultural Heritage Systems［ＧＩＡＨＳ］通称ジアス）に登録されている。トキで有名な佐渡市と合わせて、日本で初めて国際連合食糧農業機関（FAO）が世界農業遺産に認定した地である。

写真提供：JA志賀

　世界農業遺産の目的は、近代化の中で失われつつあるその土地の環境を生かした伝統的な農業・農法、生物多様性が守られた土地利用、農村文化・農村景観などを「地域システム」として一体的に維持保全し、次世代へ継承していくことにある。結果、特定の「場所」の認定でも、特定の産品に特化した認定でもない形となっている。これは国際連合教育科学文化機関のユネスコ（UNESCO）が推進する世界遺産が、建築物、遺跡、自然景観など場所や特定の不動産を登録し保護することを目的としているのとは対照的である。

　そのような農業のシステムのなかの秋の風物詩として、ころ柿は志賀町で伝統的に生産されており、2015年7月に地理的表示の保護を申請した（執筆時現在申請中）。

(2) 能登志賀　ころ柿の歴史

　志賀町には、藩政時代よりいろんな品種の在来種の柿が散在していた。大正時代には、この柿の多くは生柿のまま出荷されていた。その大正時代に県外から講師を呼び、石川県立農事試験場（現在の石川県農業総合研究センター）の指導のもと「吊るし柿」に適した品質形状である「最勝」の増殖が盛んになった。

　ただ、皮をむいて家の軒下に吊るして干すだけの方法では、北陸の冬は天候が悪いため、かびの発生などで商品として扱えないものが多かった。そこで、昭和の時代に入ってアメリカの干しリンゴ製造に硫黄くん蒸が行われていることからヒントを得て硫黄くん蒸法を導入した。この方法は、やや糖分が落ちるが、酸化酵素が破壊され、かびの繁殖を防止するとともに乾燥が促進されるということであった。この技術の導入で飴色の「ころ柿」となったのである。

　志賀町では、「ころ柿」の産地化に乗り出し、昭和30年頃より技術講習会や共進会を開催し、昭和45年に県営農地開発事業に組み込まれ、栽培面積を広げて、産地として形成されていた。

　日本一を願い、最も勝つ柿としての心意気を盛り込んで命名された品種「最勝」を用い、加工した製品は、霜の降りる11月頃に冷たい木枯らしにふきさらされて熟

成する柿という意味で「枯露柿」＝「ころ柿」としたといわれる。

(3) 能登志賀　ころ柿の認定

　能登志賀　ころ柿は、地理的表示の保護の他に、二つの認定を既に取得している。まず、後述する「鹿児島の壺造り黒酢」と同様に、本場の伝統食品のブランドマークとして、各都道府県が地域の特性を活かした特産品に認定している「ふるさと認証食品（Ｅマーク）」を2000年3月31日に取得している。

　石川県ふるさと認証食品とは、「石川県産の農林水産物を主な原材料として製造された加工食品や石川県に古くから伝わる伝統技法を用いて製造された加工食品で、石川県がその品質や表示について一定基準に適合していることを認証している食品」と規定されている。

　「能登志賀　ころ柿」は、志賀町独自の品種である「最勝柿」を使用して、収穫から「へたとり」、「皮むき」、「糸くくり」、「硫黄くん蒸」、「乾燥」、「手もみ」、「粉出し」など独自の製法で加工され、他の干し柿と比べても外観が鮮やかな飴色で、果肉が繊維質にとんで柔らかい点が特徴であり、ふるさと認証食品の制度の目的である伝統技法を用いて製造された加工食品という趣旨に合致する。そこで、石川県ふるさと食品として審査を受け、認証を受けて、「能登志賀　ころ柿」として幅広く認知してもらうというのが申請した経緯である。

　また、志賀町は能登の世界農業遺産のエリアのなかにあり、その構成資産にも含められている。本書でも、ユネスコのエコパークに認定された長野県山ノ内町を実例に挙げ、産地の認定を産品に活用する可能性について述べているが、志賀町でも「能登志賀　ころ柿」は石川県が認定する「世界農業遺産　未来につなげる『能登』の一品」に第一弾として、2014年に登録されている。他にも、いしり、大浜大豆、能登棚田米、のとてまり、天然能登寒ぶりなどの22品目が登録された。石川県庁では、農林部局のもとにある里山振興室（2013年までは里山創成室）が窓口となり、能登半島での産品の支援に取り組んできた。

　能登の一品で登録されたことが契機となり、付随する販売やキャンペーン等にも参画しており、例えば2015年には新宿の伊勢丹で一週間の期間で販売する機会を得た。ただ、首都圏で販売した実感として、認知度はまだ低いのではないかと担当者は感じ、課題も残る。

(4) 地理的表示の保護

　志賀町のころ柿は、2012年から香港にも出荷している。海外での証明や模造品についての予防を検討していたところ、地理的表示の保護について知り、申請に至った。

2015年の4月に石川県の出先である羽咋農林事務所から制度について説明を受けた後、東京からのサポートデスクを活用しながら申請をした。

もともと、志賀町では自治体として商標を取得しており、書類や体制は比較的整っていた。町で取得した商標は、地元の農協のころ柿部会に独占的に使用してもらう体制を2004年から敷いてきており、10年が経過した2014年には商標の権利の更新も行ったばかりであった。また、ころ柿の歴史等について、中学高校などで担当者が地元の歴史や特色として講義をする機会もあり、説明資料等もそろっていた。

生産工程の管理では、現状では、農薬の成分、散布の頻度などを定めた生産者向けのマニュアルを作成している。出荷段階では、異物が混入しないように注意を生産者に促し、町でも検査を実施しているが、特にGAP、ハサップ等の認証は目指していない。

今回の地理的表示の申請では、Eマークや「世界農業遺産　未来につなげる『能登』の一品」などの県の制度だけではなく、能登志賀の名産ころ柿を特産品として知ってもらうというブランド力、知名度の向上を目指している。同時に、香港など海外で販売していくうえでの予防線にもなっている。志賀町、能登の「能登志賀　ころ柿」として大事にしていきたいという思いが各認定制度への登録につながっていると担当者は話す。

事例6　三輪素麺

> 奈良県三輪素麺販売協議会の会長である、株式会社池利の池田利一氏に、乾麺の需要低下という課題と地元団体との連携について、2015年7月に情報・資料提供いただき、本節を執筆した。

(1) 三輪素麺の取り組み　行政と地元の生産者、販売者、金融が連携

奈良県桜井市を中心とする三輪地方は、1200年以上の素麺生産の歴史があり、もともと素麺の発祥の地とも言われ、素麺にまつわる言い伝えや伝説なども残されている。例えば、奈良時代に中国から伝来した素麺を日本で最初に作らせたのが三輪の神官であると言い伝えられている。また、江戸時代の日本山海図絵にも「大和三輪素麺、名物なり・・・」と書かれ

写真提供：株式会社池利

ており、三輪素麺は歴史的な書物でも題材として数多く登場している。販売会社にしても、創業100、200年以上という老舗も少なくなく、100年以上前の明治28年（1895年）に既に素麺産業関係者によって三輪素麺組合が結成されている。その後、時代の変化に応じた組織編成を経て、1947年、伝統の味や製法を守り、継承することを目的とした奈良県三輪素麺工業協同組合として再出発した。そして、2015年にブランド力を高め、販売を伸ばそうと販売会社9社からなる奈良県三輪素麺販売協議会が設立された。2015年7月、その協議会の会長、池田利一氏（株式会社　池利　代表取締役）にお話を伺った。

協同組合は農林水産省が定める「手延べそうめん」品質基準よりも厳密な自主基準を定め、それに則って製造している。ただ、地理的表示の申請を機会に、どのような基準が組合員と販売会社で共有でき、現実的であるのかという議論が改めてなされている。

(2) 経緯と危機感

歴史があり、伝統を誇る三輪素麺だが、課題もある。まず、関西圏と比較して、全国区での知名度はまだまだであると感じている。また、全体の生産量が減少していること、全国の乾麺離れが起きていることにも危機感を募らせている。

最後に、過去に産地以外の場所で生産されていたものが流通する事態などが発生し、産地表示に関するトラブルもあった。具体的には、長崎県で委託製造されたものを産地を正確に記載せずに三輪素麺として販売し、農林水産大臣からJAS法に基づく指示を受けた業者などが出た事例もある[1]。こうした過去の経緯や課題を踏まえ、ブランドの再建と全国区で浸透を図るために、地理的表示の保護などに積極的に申請をしている。

(3) 地理的表示の保護

2015年の地理的表示の保護の申請は、生産者と販売業者の協会（奈良県三輪素麺工業協同組合と奈良県三輪素麺販売協議会）から4名ずつを出して、8名で構成した準備委員会を設立し、組合と協議会の連名でなされていることが特徴となっている。また、申請後の2015年7月には、三輪素麺ブランド力向上のプロジェクトを立ち上げ、共同申請した二組織と奈良県、桜井市、南都銀行が連携している。取り組みの支援を行政だけではなく、地元の金融機関である南都銀行本店に新たに設置された地域活

---

[1] 手延べそうめんに関する不適正表示（長崎県で生産されたそうめんに「三輪」の産地名を表示し、製めん地（長崎県）の表示をしないで販売）により、平成14年7月23日に農林水産大臣からJAS法第19条の9第1項の規定（注）に基づく指示を受けていた。

力創造部も全面的にバックアップしたのが最大の特徴ともいえるだろう。地理的表示については、このように製造・販売の各社、行政、金融が協力して産地全体で登録をする体制が整っている。

申請の動機としては、「国からのお墨付き」という点が大きい。また、そのようなお墨付きをもらうことで、売上の増加につながれば、業界にとって大きなメリットとなる。ただし、商標については、各社が独自に持っており、統一された動きは取っていない。

国内全体での乾麺離れと、過去の産地の表示に関わる事案から、生産者と販売者が危機感を共有し、団結して復権に向けた組織体を立ち上げ、地元の金融機関が支援をしている体制は特徴的である。ただ、地理的表示の制度自体の知名度やＧＩマークの認知度については、今後の農林水産省をはじめとする国の努力にかかっている部分が大きいと感じている。

⑷ 行政への期待

三輪素麺のブランド力向上プロジェクトには、奈良県が直接参画している。産業・雇用の産業振興総合センター、観光局観光プロモーション課、農林部農業水産振興課、教育委員会など、さまざまな領域の部局、さらには専門家も関わって盛り上げている。プロジェクト８項目のうち、第一の目的は地域ブランドの取得となっており、地理的表示の保護、地域団体商標、登録済の経済産業省の地域資源が列挙されており、桜井市の地域産業課が担当している。他の７つの項目としては、①共同商品の開発・販売及び共同配送（産業振興総合センター）、②販売拡大のための各種イベントの共催・出展（マーケティング課）、③品質の維持・向上に向けた製造と販売の相互検査の実施（消費生活安全課）、④学校給食や県産小麦を活用した商品開発などの地産池消推進（マーケティング課）、⑤製造・販売両者の意識啓発のための講演会（産業政策課）、⑥産官金が連携した意見・情報交換会の定期開催（産業政策課）、⑦工場建設、設備更新等支援（企業立地推進課）となっている。

また、奈良県が隠れた力や魅力を引き出す活動の一環として実施している「県内大学生が創る奈良の未来事業」に、奈良女子大学の学生が奈良県三輪素麺工業協同組合などと連携して応募し、三輪素麺を事例とした魅力発信に関わる取り組みを提案した。書類審査を通り、最終ラウンドまで進んだが、補助金対象事業にならず、引き続き、産官金学が一体となり、取り組みを進めている。

出典　農林水産省プレスリリース：
　　森井食品株式会社における手延べそうめん等の不適正表示に対する措置（改善命令等）について
　　http://www.maff.go.jp/j/press/syouan/kansa/080606_1.html

事例7 砂丘らっきょう

> ＪＡ鳥取県中央会組織指導部農政営農担当部長の増尾哲也氏に国全体の地理的表示保護の制度の経緯も含めて、2015年7月に情報・資料ならびに原案をいただき、本節を執筆した。

(1) 砂丘らっきょうの歴史

鳥取では、厳しい気象条件と痩せた不毛の土地でも育つ特性を持つ「らっきょう」が、他の作物栽培が不適であった同地において、地元の少数農家で自家用に栽培されてきた歴史がある。

大正初期に設立された、ＪＡの前身である産業組合が、この「らっきょう」に目をつけ、鳥取砂丘で本格的に栽培を開始したのが、「砂丘らっきょう」生産の始まりである。当時は、不安の中での栽培であった

写真提供：ＪＡ鳥取県中央会

と推測するが、不安とは裏腹に「水分の少ない砂丘では、他産地より身の締まった、色の白い高品質ならっきょう」が生産されるようになり、作付けが次第に増加、大産地となり県外へ販路を拡大した。後述するように、そのような拡大のなかで2005年には、商標を取得している。

(2) ヒアリングや検討会が契機に

地理的表示保護制度の導入に向け、農林水産省では2012年に「地理的表示保護制度研究会」を設立し、論点が整理された直後の第2回研究会（同年4月25日）には、地域の実情や課題を知るための産地ヒアリングが実施されている。

その際に招聘されたのは鳥取の「砂丘らっきょう」と「鹿児島黒酢」であった。このことが象徴的なように、当初から、鳥取の「砂丘らっきょう」は農林産品における地理的表示や商標などで注目を集める存在であった。ヒアリングでは、「砂丘らっきょう」産地化の主体となってきたＪＡ鳥取いなばの福部支店の当時の支店長から、2005年に「砂丘らっきょう」の商標を登録した後の2007年に他県の業者が「砂丘らっきょう」の商標を無断使用して加工品を製造・販売し、更に当該商品が中国産を使用していたことが報告された。支店長（当時）は、その際に警告書を送るなど時間と労力、苦労を伴いながら、製造と販売を中止させた事例を紹介しつつ、当時設計が

議論されている段階にあった地理的表示の制度について「この制度が、より強い産品の差別化・ブランド化に結びつくことを期待する」との要望を述べた。

因みに、鹿児島県からヒアリングに出席した「鹿児島県天然つぼつくり米酢協議会」会長から、「昭和50年、壺づくりの黒酢を『くろず』と命名したが、当時、商標登録を怠ったため、一般名称となってしまった」という趣旨の発言があり、関係者が知的財産を登録することの重要性を改めて認識する機会となった。

(3) 砂丘らっきょうの登録について

農林水産省の研究会での議論、また並行して実施されたＪＡ全中での検討会においても、模造品への対策、品質と伝統性の確保の必要性、産地の発掘と求心力を高める必要などが確認された。ＪＡグループ鳥取では、このような国全体、ＪＡ全体の方向性と「砂丘らっきょう」との共通点についても探ることとした。

その結果、模造品への対策、伝統性、産地の機運の高まりという点で、「砂丘らっきょう」が全国の流れと合致する点が多かった。まず模造品については、前記した通り「砂丘らっきょう」商標の無断使用の事象が2007年に発生しており、対応に苦慮した経緯がある。また伝統性や産地の機運という点からは、2015年が本格的な栽培から100年となる年というタイミングであること、また100周年に合わせて産地である鳥取市福部町で生産者大会を開催し「ブランドを一層高めていこう」との機運が高まっていた。

ＪＡ全中の検討会にも参加してきた、ＪＡ鳥取県中央会の担当者増尾氏も「仮に制度に登録されれば、かなりのブランド波及効果を生むのではないかと思うようになった」と述懐し、制度発足後の申請の第一陣として「砂丘らっきょう」を登録申請すべきではないかと思うようになったと言う。

(4) 実際の申請プロセス

ただし、100年の歴史のある「砂丘らっきょう」と言えども、申請に際しては苦労があった。申請において関係者が特に苦労したのは、「農林水産物の特性」と「特性がその生産地に主として帰せられるものであることの理由」（申請書に記載する事項の［5］と［7］）であった。

特性については、他産地と比べ「砂丘らっきょう」は、歯触りがよく、シャキシャキとして色も白いという特性があることで知られているが、それを文面にする際に、客観的な根拠の提示を求められ、担当したＪＡ関係者などは苦労した。同時に理由については、特に加工品（味付らっきょう漬け）の場合、塩分濃度や原料加工方法など、外部には出したくない企業秘密とも言える数値情報や計測値などがあり、専門家と

現場担当者との丁々発止のやり取りがあったとのことである。様々な困難を乗り越え、2015年6月の申請と相成ったのであるが、現時点（2015年9月）では、申請書の補正作業が続いており、まだ公示とならない状況である。特に加工品での苦労が続いている。

(5) 地理的表示の課題

「砂丘らっきょう」が地理的表示に登録されるか否かは別にして、今後の国全体の制度についても課題を感じている。特に国の検討会のヒアリングやJA全中での議論に参画してきたJA鳥取県中央会の担当者は、知名度と内容についての課題を指摘する。

まず第1の課題としては、地理的表示（GI）の制度自体の知名度が低く、まだ国内で定着していないことが挙げられる。本申請に先立ち、GI（ジーアイ）の標章マークが発表されたが、この標章を地元などで見せると、同じく農林水産省所管の競馬のG1（ジーワン）と間違えられることがあった。「ダービーの新しいマークか？」などと言われるというが、笑いごとではないのが今の状況である。行政に期待するところとして、「農林水産省や県庁をあげて、GIの知名度の普及とPRに努めていただきたい」と、JAの担当者は強く主張している。

併せて、運営体制についても安定性が重要だと担当者は感じているという。日本は登録申請のサポート、登録審査、不正表示の全てを農林水産省が行う予定であるが、そうなると人事の異動で担当者がすぐに入れ替わる事態にもなりかねない。先進地フランスのINAOのように、独立した機関を設置し、長期的にプロを作る必要性も予測される。特に海外との協定が発効した後は、海外ともやり取りができる人材が不可欠である。

第2には、産地が学び、情報を共有していくためにも、産地としてのビジネスモデルの構築が必要と感じている。例えば、「砂丘らっきょう」も申請の段階で苦労しているが、関係者は異口同音に「登録できて万歳ではない」と言っている。登録がスタートであり、登録された後に、地理的表示（GI）のブランド価値をいかに高めて消費者にアピールし、農業所得向上につなげていくのかが課題となる。申請主体（「砂丘らっきょう」であればJA鳥取いなば）による継続したブランド戦略の取り組みが必須となることが見込まれ、最終的には、消費者の本物志向に対応できる産品を作り出し、これをGI産品と認定していくことが重要となると思われる。

第3の課題としては、制度の中身である。今回の地理的表示（GI）は欧州型のPDO（原産地呼称保護：生産、加工、調整のすべてが特定地域内で行われる）を理想としたものの、特定地域内で原料調達が困難な産物もあるため、結果的に日本ではPGI

(地理的表示保護：生産、加工、販売のいずれかが特定地域内で行われる）とする制度となった。制度を広く農林水産物に普及させようとする農林水産省の意図を感じるが、工程の全てを鳥取市福部町内で行う「砂丘らっきょう」は、純然たるPDO（理想形）であり、今後の効果として、他のPGI産品より高値で販売されるよう、地域がいかに支えていくか、行政とも連携した仕組み作りが必要になると感じている。風土（テロワール）とＧＩ産品を地域の活性化と観光に生かす取り組みが活発に行われているフランスを参考にするべきであると、「砂丘らっきょう」を通して国とＪＡ全中の検討会に携わってきた増尾氏は感じている。

　こうした課題はあるものの、2015年6月に発足した地理的表示は、今までの商標とは別途の知的財産分野であり、制度概要として、特性を国が保証し、通報により取締りの行政命令が出せる等、従来にはなかった画期的な制度であると評価もしている。石破茂地方創生担当大臣が先頭となって推進している地方創生において、農業分野での目玉政策となりうる制度であるとして、担当者としてこの制度の推進に期待を寄せている。この制度が広まれば、第1次産業が主力の地方にとっては、地域のトップブランドとして農林水産物が地域社会をけん引していくことが考えられる。制度が定着し、国内各地から次々と申請認可がなされる状況になれば、地場産品が全国に波及し、売れる事で、地方経済が潤い、活性化が図られるものと地元での期待は高まっている。

(6) ＪＡ全中での議論

　前述したように、農林水産省の研究会と時期を同じくしてＪＡ全中は、2012年5月、「地理的表示保護制度検討会」を設置した。その意図は、地理的表示の制度を「永続的な農業や産地の武器となりうる制度」と位置づけ、制度の理解を深め、推進することであり、農林水産省の新産業創出課長（当時）から制度説明を受けるとともに、登録候補産品の検討を開始した。「砂丘らっきょう」のＪＡ鳥取いなばが農林水産省の検討会のヒアリング対象となっていた経緯もあり、ＪＡ鳥取県中央会（増尾哲也氏）も発足当時からＪＡ検討会メンバーに加わった。

　ＪＡグループは検討会の基本的考えとして、地理的表示が（ア）農業所得増大、（イ）産地の結集強化、（ウ）ＪＡグループの役割発揮、（エ）輸出拡大・不正輸入防止、以上4点を踏まえた制度とするよう国に求めていくことを打ち出した。

　ＪＡの検討会では、日本の制度のあり方についても独自に検討を行い、地理的表示の制度の方向性・効果として、以下の3点に集約した：

① 防御の意味では、登録名称が勝手に使われないような是正措置（行政命令）が必要
② 国内の高品質で伝統的（一定期間以上）な産物を対象とする保護制度
③ 産地の掘り起こしと産地の求心力を高める効果

　ＪＡ全中で議論され、集約された上記の三要点が、鳥取のＪＡ鳥取いなばも地理的表示への申請を前向きに検討する要因となった。
　また、ＪＡ全中では全国の関係者や生産者への説明についても工夫を凝らすこととした。具体的には代表・調整機能を有するＪＡ中央会の役割を発揮し、各ＪＡ支部に地理的表示とは「国が地理的要件と産物の特性、高品質、伝統性を証明する制度」であり、この制度の最大のメリットは、一言で言えば「いいものですよ」と国から「お墨付き」が付与される点であると説明し、地理的表示の保護に申請する候補を掘り起こすこととした。

事例8　出雲の菜種油

　出雲の菜種油生産協議会総務部長の狩野道雄氏に製法も含めて2015年8月に情報・資料提供いただき、本節を執筆した。

(1) 歴史的経緯・背景

　出雲市古志町の旧家で保管されていた、文政3（1820）年に書かれた農耕の指南書「神門出雲楯縫郡反新田出情仕様書」等には、出雲地方では夏の土用の頃に綿の間作として菜種を播いて栽培するなどと細かな栽培方法が記載されており、その頃から菜種を栽培するとともにその菜種を原料とする菜種油の製造が行われていたことが分かる。その後も昭和の中頃までは、出雲地方の農家は収穫した菜種を村の搾油施設に持

写真提供：出雲の菜種油生産協議会

ち込んで搾ってもらい、その菜種油を行灯の燃料として、また食用油として使っていた。
　やがて、行灯は電灯に、食用油は安価な輸入菜種油等にとって代わられ、国内の

菜種栽培面積が激減していった。かつては100%だった菜種の自給率は0.04%まで落ち込んだ。国産1800トンに対して、輸入量は240万トンにも上り、国産菜種のみの菜種油を製造することが非常に難しくなっていくなか、出雲地方でも各村々にあった菜種油の搾油業者がどんどん廃業していった。そんな中、元々は豆腐屋として油揚げを揚げる油の搾油作業を行っていた影山製油所は、近隣の農家から持ち込まれる菜種から菜種油を搾る委託製造からスタートし、出雲大社の灯明用油を60余年に渡って献上し続け、県内唯一の伝統製法を守る国産菜種油製造所として現在に至っている。

菜種油の原料の99%以上が輸入されており、その輸入原料の大部分を遺伝子組換え菜種が占めている現状において、国産100%の出雲の菜種油は安心安全という意味で消費者から求められる産品であると協議会では自負している。特に消費者が求める安全で安心して食せるエルシン酸を含まない菜種油を製造していることに誇りをもっている。

過去には、国産菜種に含まれるエルシン酸を大量に摂取すると人体に好ましくないと健康上のリスクが報道され、エルシン酸を含まないキャノーラ油がカナダ等から多量に輸入された。その後、国内でもキラリボシなどエルシン酸のない品種が育種され、出雲の菜種油はそうした品種から製造されている。

そもそも僅かしかない国産菜種の中でもエルシン酸の無い安全な国産菜種原料を求めるためには、影山製油所自らが菜種品種の原種の管理から契約栽培による原料確保まで、目の届くところで行う必要があるということになり、国立研究開発法人農業・食品産業技術総合研究機構から原種の育成者権の通常利用権を受諾している。

こうして原種の生産・増殖から管理し、純系の種子を提供した契約農家で生産された菜種を原料にして搾った菜種油は、素性が明確になっているため瓶ごとに生産者を記入して販売している。

(2) 産地ブランド管理の体制・工夫・課題

地理的表示の申請者については、生産者団体と定められていることから、県内で唯一残る昔ながらの圧搾搾りの菜種油製造所の業者名・影山製油所では申請できず、菜種原種の増殖をしている谷農園も含め2社で構成される「出雲の菜種油生産協議会」という組織を新たに立ち上げ、生産協議会として申請を行った。特色として、原種の生産からトレーサビリティの効いた原料菜種を使った圧搾搾りは当地しかないことを強調している。

一方で、影山製油所という事業者としては、菜種油については、「丸純無調合一番搾り」、「昔ながらの圧搾搾り無エルシン酸キラリボシ菜種油」として商標もとって

いる。
　また既に述べたが、育成者権として国立研究開発法人農業・食品産業技術総合研究機構から原種の育成者権の通常利用権を受諾している。
　地理的表示の保護の申請に際しては、原料菜種の生産から菜種油の製造・精製・瓶詰めの各工程で基準を満たしているかどうか、多くの確認作業があり、各工程ごとの確認の確実性、効率性の確保に努力したとのことであった。

(3) 地理的表示等における課題・工夫
　菜種は他の十字花作物と交配しやすい性質のため、原種は隔離圃場での生産・管理を徹底している。増殖された原種は契約農家に提供し原料を生産してもらい、採取した種子を来年また播くという自家採種はしないで種子を更新している。また一切薬品を使わない点、生産者の名前がトレースできる点も大きな特色となっている。以下、製造プロセスにおいて、工夫をしている点を列挙する。
a）原料菜種の生産
　エルシン酸の無い国産菜種100％の菜種油を生産するため、国立研究開発法人農業・食品産業技術総合研究機構が開発した菜種の原種を生産・管理し、契約栽培農家に提供し毎年更新する。契約農家は菜種を栽培し、できた菜種を原料用として製油所に出荷する。
b）菜種の焙煎・搾油
　原料菜種は国内最大級の炉の上に置いた平窯に入れ、松の薪を焚いて焙煎する。それを昔ながらのスクリュー式の圧搾機にかけて搾油する。
c）菜種油の精製
　搾った菜種油は斐伊川の伏流水のみで脱ガムし、最後に20枚の和紙を重ねた濾過器で微細な種子片等を除去する。
d）菜種油の瓶詰め
　充填室の充填タンクから1本1本人の手で瓶詰めを行う。製品を詰めた瓶には表示欄に「国産菜種」と記入し、生産者名を記述する。
　地理的表示の申請と修正に際しては、何気なく使っている表現に科学的な根拠があるのかどうかという点で補正をかなり必要とした。一例を挙げると、菜種油は「菜の花色をしていて芳香がある」と書くと、もう少し具体的な表現をしなさいといった指摘を受けた。また、「遺伝子組み換えの無い菜種」については、安全であるとの結びつきが科学的な根拠が曖昧であることから削除し、「安心安全を求める消費者」という表現に落ち着いた。

(4) 行政担当者に期待すること

　規模の大きいところなどは申請書の作成を弁理士などに頼むことがあるようだが、協議会では独自に申請書を作成して申請し、事前に県や市には相談をする機会も多くなかった。今回の申請も安心安全を求める日本の消費者へ本物がここにあるということを知らせて消費者の役立ちたいとの使命感から活動しており、今後、地域の産物を守る上からも、行政から地理的表示の取得に向けて産地等への積極的な働きかけを期待する。

事例9　伊予生糸

> 2015年6月〜9月に西予市役所農業水産課養蚕係の那須重昭氏からお話をいただき、市と協力関係にあったブランシェ国際知的財産事務所の弁理士鈴木徳子氏、弁理士高松孝行氏から寄稿いただいた。

地理的表示への申請の背景となった危機感

　愛媛県西予市蚕糸業振興協議会は地理的表示の登録第一号を目指し、受付初日の2015年6月1日に高級生糸「伊予生糸」の申請を行った。地理的表示法はマスコミの関心も高く、受付初日にはテレビ局や新聞社など多くの報道関係者が農水省に詰めかけていた。申請に際して「伊予生糸」の現物（申請には不要）を持ち込んだことが功を奏してか、報道陣の関心を引き、申請

写真提供：西予市

の模様が大きく報道されることになった。ただし、もともと申請の背景にあったのは、蚕の生産者数の減少である。

　「伊予生糸」は20年に一度の伊勢神宮の式年遷宮に、記録に残っているだけでも、1953年、1973年、1993年、そして2013年と4回続けて御料糸として献納されている。しかし、愛媛の養蚕業が全盛期を迎えた昭和初期には2000戸近くあった西予市の養蚕農家戸数は、2014年にはわずか6戸まで激減し、当然のことながら繭生産量も激減している。養蚕農家の減少に歯止めを掛けようと、以前は1kg2,000円台であった繭の買取価格を、昨年度は1kg3,000円に上げ、今年度は大日本蚕糸会からの助成分1,250円を合わせて1kg4,050円とした。この価格は全国的に見ても最高クラスで、全国平均では2,200円ほどである。このように高い買取価格を設定している背景には、

繭の買取価格が2000円台の時に、生産者が養蚕だけでは生活が成り立たず、また重労働であったために、他の農業へと切り替えていき、養蚕農家が減少した経緯がある。しかし、買取価格を高い水準に設定しても、養蚕農家の減少は進んでいる。需要も減少傾向にあり、西予市伝統の養蚕業は衰退の一途を辿り、2033年に行われる次の式年遷宮に「伊予生糸」を御料糸として献納できるかどうか危ぶまれる程の危機的状況に立たされているのが実情だ。

このような状況下、最後の式年遷宮が行われた2013年頃から、「伊予生糸」復興へ向けて、蚕の食料である桑の苗栽培や養蚕農家の後継育成など、愛媛県庁、西予市及び同市養蚕関係者が協力して、様々な取り組みを進めてきた。また、西予市独自でも新規養蚕農家が就農できるよう桑苗を植え、入口を広くする活動を行ってきた。

そのタイミングと重なるようにして、地理的表示保護制度の導入が具体的に検討され始め、2014年6月18日に国会で地理的表示法が成立し、同月25日に公布され、1年以内に施行されるという大枠が定まった。そして、2015年6月1日に施行され、同時に登録申請の受付が開始された。

前述したように、その初日早々に「伊予生糸」は申請を果たしたが、それには連携する弁理士の存在も寄与した。愛媛県西予市蚕糸業振興協議会を代理して「伊予生糸」の申請を行った弁理士は、数年前から地理的表示法の立法の動きに注目し、公布日以降に農水省が数回に亘って開催したブロック別説明会に参加してきた。

愛媛県には、みかんを始め、なす、栗、じゃこ天、真珠、びわ葉茶など、登録申請の候補産品は数多くあったが、関係者で検討した結果、登録後のブランディングを考えた場合に、ストーリー性があること、そして何よりも地域貢献の側面が大きいことから、高品質でありながらも風前の灯と化した「伊予生糸」に注目するに至った。そこで、弁理士サイドは愛媛県東京事務所に、先陣を切って地理的表示を取得して、「伊予生糸」の認知度アップに活用することを提案した。

愛媛県東京事務所は弁理士の提案を「伊予生糸」の復興に尽力していた県担当者へと繋げた。県担当者サイドも、「伊予生糸」の地理的表示の登録申請を検討していたことから、弁理士側の働きかけが後押しとなり、申請に向けて動き出すこととなった。

ただし、初日申請を目指すには、準備を急がねばならなかった。申請年度の3月中旬に打ち合わせを開始し、「伊予生糸」の登録申請のスケジュールや今後の復興活動について意見を交わした。その半月後の4月上旬には、代理人弁理士が愛媛県庁で県職員やJA関係者に対してGI法の概要に関するプレゼンテーションを行った。ただし、この時点でのプレゼンテーションは、いきなり「伊予生糸」の申請の話で

はなく、地理的表示法の一般的な概要に関するものであり、知財の管理の重要性についての認識を深めることを目的とした。実際には、登録産品を利用した加工品についての地理的表示の取り扱いや、商標権者との調整方法、地域団体商標と地理的表示との違いなど、具体的な質問や意見が多く交わされ、地理的表示法に対する関心の高さが伺えた。

その直後の４月９日には、県担当者が代理人弁理士を西予市に案内した。代理人弁理士は、西予市役所、西予市野村シルク博物館（愛媛県西予市蚕糸業振興協議会の本拠地）、愛媛蚕種株式会社を訪問し、関係者からヒアリングを行った。同時に、職人による機織りの様子、蚕種（蚕の卵）の貯蔵現場、桑畑などを見学し、基礎自治体レベルでの関係者間でのコミュニケーションが開始された。

このような対話を経て、代理人弁理士は県担当者が準備した資料、自らが集めた資料を基に、「申請書」「明細書」「生産行程管理業務規程」といった申請書類のたたき台を作成し、５月21日には関係者に送付した。このたたき台を基に、約一週間後に県担当者、西予市担当者、愛媛県西予市蚕糸業振興協議会の担当者が打ち合わせを行い、申請書類の内容を詰める作業を実施した。その後、代理人弁理士は紹介してもらった養蚕農家を訪問し、蚕の飼育の様子など現場見学をするなど実地での理解も深めたうえで、申請書類を完成させた。そして、スケジュール通り、６月１日の申請受付初日に農水省に代理申請を行った。

以上のとおり、申請の準備にあまり時間をかけることなくスムーズに行われたのには、以下の要因が挙げられる。

１．県庁が弁理士と基礎自治体とのつなぎをするなど、愛媛県庁、西予市、愛媛県西予市蚕糸業振興協議会、代理人弁理士が前向きに協力する態勢で臨んだ。
２．申請に取り組む前に、すでに県担当者が主導となって「伊予生糸」復興に向けた活動を進めており、今回の申請も復興活動の一環として関係者に受け入れられやすかった。
３．「伊予生糸」は歴史ある産品で、産品の特性と地域との結びつきが明確であった。
４．「伊予生糸」の文献や資料は多く、明細書や生産行程管理業務規程が作成しやすかった。
５．関係者の数が少数で、当事者間の意思統一が容易であった。

地理的表示保護制度は、国が地域産品の品質に「お墨付き」を与えるものであり、この制度を活用してジャパン・ブランドとしての付加価値を高めることが可能となる。それを目的として、既に全国区の知名度を誇る「夕張メロン」など有名ブランド産品も受付初日に数多く申請された。

しかし、「伊予生糸」は全国的な認知度は高くなく、埋もれた名品の部類に入る。従っ

て、今回の申請の目的はむしろ、この機会に知名度を上げること、「伊予生糸」という世界に誇れる名品があることを地域の人に認知してもらい、廃れつつある養蚕業復興の機運を高めるきっかけにすることなどであった。有名ブランドだけではなく、隠れた地域材にとっても、地理的表示保護制度の活用は大きなチャンスとなりうることを示す事例と言える。

「伊予生糸」復興への道のりは長く厳しいものとなると、関係者は覚悟しつつも、登録申請を手始めに今後も一丸となって取り組みたいと意気込んでいる。

事例10 八女伝統本玉露

> 八女伝統本玉露推進協議会の関係者に地理的表示の保護の申請への経緯を中心として2015年9月に情報・資料提供いただいた。

(1) 歴史的経緯

福岡県の茶業は、茶祖栄西禅師が宋（現在の中国）から帰国後、1195年（建久6年）に博多に聖福寺を建立、寺領に茶を栽培し普及をはかったのが始まりとされており、800年以上の歴史を有する。また、八女地方では、栄林周瑞禅師（えいりんしゅうずいぜんじ）が1423年（応永30年）に明より帰国し、各地行脚の折、笠原村鹿子尾（現在の八女市黒木町笠原鹿子尾）に霊巌寺を建立、明より持ち帰ったお茶の種子を播いてお茶の製法を伝えたのが始まりと伝えられる。

写真提供：福岡県茶業振興推進協議会

「八女伝統本玉露」の生産は、明治時代の福岡県南部が発祥とされ、現在の中心地の一つ八女郡星野村（現在の八女市星野村）では、1904年（明治37年）から本格的生産がはじまり、その後、周辺の中山間地域に拡がったとされる。現在は、八女市星野村、同上陽町、同黒木町、同矢部村など朝夕の気温差の大きい中山間地を中心に八女伝統本玉露の生産が行われている。

(2) 八女伝統本玉露の産地ブランド管理の体制と工夫

八女伝統本玉露は、鮮やかな緑色と独特の覆い香・覆い味を持つ緑茶の中の最高級品として位置付けられており、高級茶の代名詞となっている。一般的な玉露との

違いは、うま味成分であるテアニン等のアミノ酸を多く含み、渋味成分であるカテキン類の含有量が少ないことである。これは、八女伝統本玉露の栽培方法に起因している。

栽培方法の特長は、自然の樹姿を生かした自然仕立て、棚施設を用いた天然資材による被覆、新芽のやわらかい部分のみを均等に収穫する「手摘み」である。

被覆資材である稲わらやすまき等の天然の被覆資材は、化学繊維資材より被覆内の温湿度環境が茶芽の生育に好適となる。自然仕立てにより、茶芽の一つ一つに十分な養分が送られることで品質の高い生葉が生産され、新芽の柔らかい部分のみ均等に収穫できる「手摘み」と、八女地域で継続的に行われている手もみ研修や製茶加工研修等で培われた高い加工技術により、高品質な茶葉の生産が可能となる。

「八女伝統本玉露」は、昔から続く手間ひまをかけた栽培方法であるが、現在、天然被覆資材の確保難、高齢化等から生葉生産は減少傾向にあり、関係機関・団体では一体となって次の取り組みを行っている。
① 生産者の団体である福岡県茶生産組合連合会と市、JA、普及センター等関係機関で組織する福岡県八女茶協議会が平成6年度に、伝統的栽培方法による生葉を製茶した茶を「伝統本玉露（でんとうほんぎょくろ）」と定義。
② 併せて、同年、八女茶の取引を担う、全国農業協同組合連合会福岡県本部茶取引センターにおいて、茶種の取引区分に「伝統本玉露」を設定した。
③ 八女市は、八女伝統本玉露の茶葉生産面積の維持・拡大を図るため、市の単独事業として、手摘み費用の一部補填や新規植栽の未収益期間の直接払いを実施。
④ 家庭や職場で玉露を楽しむきっかけづくりと普及促進のため「玉露のうまい淹れ方」コンテストを平成16年から実施。
⑤ 市、JA、普及指導センター職員が連携し、八女伝統本玉露の栽培指導及び加工技術指導を実施。

また、伝統本玉露など八女茶の自主表示基準は、福岡県、福岡県茶生産組合連合会、全国農業協同組合福岡県本部、福岡県茶商工業協同組合の4機関団体で構成する福岡県茶業振興推進協議会で協議、策定に至っている。

(3) 商標、地理的表示等における課題 工夫したこと

今回、八女茶の中でも特に厳しい栽培基準のもとに生産される「八女伝統本玉露」を地理的表示制度の登録申請するに至った背景は、次のとおりである。
① 八女伝統本玉露は、伝統的な栽培方法や品質等の特性が産地と綿密に結びついているものであり、地理的表示保護制度の内容と合致すると思われたこと。

② 八女地域の中山間地の茶農家の高齢化がこのまま進めば、八女伝統本玉露の生産量が、5年、10年後には大幅な減少が危惧されること。
③ 八女伝統本玉露生産の維持には、生産者へのインセンティブが必要であること。

 さらに、八女伝統本玉露の一層の付加価値向上を図るとともに、八女茶の認知度向上が図られると思われたことから、生産者代表や茶商、関係機関等で協議し、本制度に申請することとした。

 申請団体としては、生産工程を管理することも考え、八女伝統本玉露の生産者と茶の仕上げ加工・販売業者で、平成27年に「八女伝統本玉露推進協議会」を新たに立ち上げた。

 生産工程管理表等の作成については、協議会を中心に、生葉生産方法、荒茶加工方法、仕上げ加工方法を詳細に確認し作成した。

 また、平成20年3月7日に全国農業協同組合連合会と福岡県茶商工業協同組合の連名で、「八女茶」、「福岡の八女茶」を出願し、地域団体商標に登録されている。
 「八女伝統本玉露」については、関係団体の連名で出願する予定である。

(4) 行政（県、市）に対する要望等
 GIマークの取得を契機に、欧州やアジアの国々への輸出拡大に向け取り組みたいと考えており、県や市、JA等関係機関が一体となって、海外での八女伝統本玉露を始めとする福岡の八女茶のPRや販路開拓等支援してもらいたいと、協議会の関係者は考えている。

事例11　くまもと県産い草・くまもと県産い草畳表

> 熊本県いぐさ・畳表活性化連絡協議会事務局に、二つの名称での地理的表示の申請、地理的表示と地域団体商標との関係、地元の複数団体の連携の構想を中心に、2015年9月に情報・資料提供いただき、本節を執筆した。

(1) 歴史的経緯・背景
 熊本県におけるい業の歴史は大変古く、1500年代に熊本県八代市千丁町太牟田付近で城主がいぐさの栽培を行わせ、特別の保護のもと奨励したことが熊本県全域でいぐさの栽培が根付く始まりになったと言われている。
 「いぐさ」「いぐさ畳表」の生産地としては、過去には岡山県や広島県が大産地として広く知られていたが、昭和45年頃以降、熊本県が日本一の産地となり、現在で

は国内生産量の9割を誇っている。

　国内最大の産地である熊本県だが、全体的なシェアを見れば、国産畳表は2割程度に留まっている。平成に入り、安価な中国産畳表の輸入が始まり、国産いぐさ畳表は低価格競争に巻き込まれ、急速にシェアを奪われたためである。

　中国産畳表にシェアを奪われるに従い、いぐさ栽培での営農を継続できないと判断した生産者が、いぐさ以外の営農作物への転作を行い、いぐさ生産者数は減少することとなった。

写真提供：熊本県いぐさ・畳表
　　　　　活性化連絡協議会

(2) いぐさ新品種の開発と育成者権の侵害と産地偽装、不当表示の問題発覚

　そうした事態を打開すべく、熊本県は対抗策として、県産いぐさ畳表に高品質付加価値を付すことと新たなブランドの確立を目的として、従来の品種に比べ茎が細いい草品種「ひのみどり」[1]を開発した。畳表に加工をした際に、表面がきめ細やかで織り目が良く通り、美しい高品質な仕上がりとなる「ひのみどり」で中国産と差別化を図り、各農家の高収益化を目指した。

　しかし、平成23年4月、熊本県に中国産「ひのみどり」製であることが疑われる畳表の情報が寄せられた。その後、国内初の海賊版「ひのみどり」が確認され、いぐさの品種の育成者権の侵害として大きな問題となり、熊本県は輸入を行った業者に対して是正・改善を求めてきた。

　品種育成権の侵害だけでなく、中国産のいぐさ畳表を熊本県産として販売するケースも多々あり、詐欺などの疑いで逮捕される案件も後を絶たない。平成25年4月には、畳表の商標を偽って販売したケースも発覚。実行した会社職員は商標権を侵害した商標法違反容疑で書類送検されることになった。

(3) 地理的表示保護制度申請におけるプロセスについて

　まず地理的表示の申請に対しては、「いぐさ」「いぐさ畳表」の二申請を行った。熊本県いぐさ・畳表活性化連絡協議会に所属する八代地域農業協同組合、熊本宇城農業協同組合、球磨地域農業協同組合の3つの生産者団体を申請者とし、八代市が

---

[1]「ひのみどり」の他にも、熊本県はいぐさ品種「夕凪」「ひのはるか」などを開発し一層の県産ブランドの確立を実施。加えて、熊本県は開発した品種の育成者権を取得し、県内のみで栽培を行えるよう品種保護の整備を行った。

事務局を務める同連絡協議会を申請代理者として申請している。

実は、協議会を構成する三団体のうち八代地域農業協同組合は、「くまもと畳表」で既に地域団体商標も取得している。今回の地理的表示では、結果的にその保護範囲が他の二団体にも拡大するが、八代地域農業協同組合はそれを即断で承諾した。

地理的表示の申請の段階では、二申請に分けるという点で若干の苦労があったとのことであった。ただ、「いぐさ」「いぐさ畳表」のいずれの場合でも保護されるよう二申請を行うに至っている。つまり、生産農家の大多数は、「いぐさ」の栽培・生産から「いぐさ畳表」の生産・加工まで一貫して行っており、通常は畳表に加工してからそれぞれ出荷を行うが、場合によってはいぐさそのものを出荷する場合もあり、それぞれに保護される必要があるという実情があった。また、生産管理工程では、いぐさの生産の規格、管理者と責任、品質管理等などの記載が必要となった。

そこで役立ったのが、熊本県農業研究センター・い業研究所や北九州市立大学など県や大学が運営する研究機関と連携してきた経緯である。材料提供等で協力してきた各団体には、既にデータや論文が手元にあった。また、先述したように既に地域団体商標を含めた商標登録をした団体が構成団体に含まれており、その経験が書類作成などに役立った。

(4) 今後の展望について

地理的表示保護制度への登録の目的は、まず、主にいぐさ・いぐさ畳表という農産品・農産加工品の上記のような不当表示や偽装などから守ることと、古くより熊本県で栽培・加工され続けてきた、いぐさ・いぐさ畳表の品質や伝統的な生産技術を認定してもらい、農林水産省より品質のお墨付きをもらえることで更なるブランド力の向上につなげることとしている。また、前述のとおり国産畳表の9割は熊本県で栽培しており、日本古来の文化である畳文化において、国産で賄える畳文化を守るためにも本申請を行うことは特に重要性が高いと考えている。

熊本県では、他にも県産畳表を守るための様々な取り組みを行ってきた。熊本県産の畳表に使用される経糸に県産の証がある経糸（県証糸）の使用や、熊本県産の畳表が一目でわかるよう生産者番号が記載されたシールの添付などに加え、産地から消費者へ安心・安全を伝えるための工夫の一環として、いぐさ畳表の生産者の顔や栽培行程が確認できるトレーサビリティの確立を目指した、畳表へのQRコード付きタグの挿入を独自の簡素化した仕組みで実施している。そのシステムでは、パソコンや携帯電話などでQRコードから生産者の名前が出せ、必要ならば生産者の情報や農薬の散布状況などが取れるようにしているのだ。ただし、今回の地理的表示

の申請に際しては、製法に特化しており、トレーサビリティ等については多くは記載していない。現時点ではGAPやHACCPは特に取得していない。

今回の地理的表示保護制度への申請に当たっては、前述のように新たなるブランド力の向上及び申請農産物の産地アピール、不当表示等への対応策を目的としているが、外国産の畳表に加え、昨今生産量を増やしている和紙やビニールで作られた化学表（和紙表、ＰＰ表など）にも今後対抗していく一つの手段であると考えている。

加えて、農林水産省から品質のお墨付きをもらうことで、生産者のモチベーション向上にもつながり、生産意欲・品質向上意欲を掻き立てるファクターとして大いに期待をしている。

日本古来からの伝統文化、古くから伝わる伝統的な栽培技術・製織技術の継承、国産いぐさ・いぐさ畳表の品質向上・管理維持を形として表していくためにも地理的表示保護制度の申請は産地にとって必要なものであると関係者は考えている。

参考文献

後藤拓也（2013）『アグリビジネス地理学』「第8章　輸入畳表急増下における熊本県い草栽培地域の再編」古今書院　P. 219-248

事例12 鹿児島の壺造り黒酢

鹿児島県天然つぼづくり米酢協議会事務局長の前田知英氏（坂元醸造株式会社取締役業務部長）に、県の認定、トレーサビリティの仕組みなども含めて、2015年7月～9月に情報・資料提供いただき、本節を執筆した。

独特の伝統的製法を守り、野天に並べた壺で発酵・熟成させて造られる「鹿児島の壺造り黒酢」は、1991年に県の認定する「ふるさと認証食品（Eマーク）」を、2006年には一般財団法人食品産業センターの実施する「本場の本物」の第一号を取得するなど、鹿児島の名品として県内外から注目を集め、その生産風景は観光資源にもなっている。しかし、ご多聞に漏れず、ニセモノも出回るようになり、その対策という意味

天然つぼづくりの生産風景
（編者〔香坂〕撮影）

からも、今回、地理的表示の保護を申請するに至った。

(1) 歴史的経緯・背景
　「鹿児島の壺造り黒酢」(当時は福山酢)は、現在の鹿児島県霧島市福山町で江戸時代後期(1800年代初期)に生産が開始されており、約200年の歴史がある。かつては20数軒の家内工業的醸造所が存在し、旧薩摩藩のお酢需要を100%賄っていた。しかし、大戦前後の統制経済で原料の米の入手が困難になったのに加え、廉価な合成酢の台頭により、殆どの醸造所は転業・廃業を余儀なくされた。そのような状況においても、1軒の醸造所(現在の坂元醸造㈱)の坂元海蔵だけは、原料の米をさつまいもに代える等で切り抜け、細々ながら「鹿児島の壺造り黒酢」の伝統技術を守り続けた。昭和40年頃より自然食品希求の声が高まるにつれ、「鹿児島の壺造り黒酢」の価値が見直され、伝統製法による黒酢醸造所の数も増え、現在では7業者が黒酢を製造している。ただし、当初は「くろず(黒酢)」という名前はなく、福山酢、壺酢など様々な呼ばれ方をしていた。今から40年前の昭和50年に、当時は坂元醸造㈱代表取締役社長(現会長)であった坂元昭夫が「くろず(黒酢)」と命名した。また、坂元は「鹿児島県天然つぼづくり米酢協議会」の前身組織「福山町米酢協議会」を昭和58年に立ち上げ、現在に至るまで協議会の会長としても品質向上を図り「鹿児島の壺造り黒酢」を鹿児島を代表する「自然食品」「スローフード」「健康食品」「黒の食品」に育てあげるのに尽力してきた。

(2) 産地ブランド管理の体制　工夫　課題
ａ) 制度の概要
　「鹿児島県天然つぼづくり米酢協議会」では、品質向上を目指して独自の品質基準を設定するとともに、製造・販売の適切性・妥当性・有効性を判定するため現地調査委員会を組織している。調査委員会は年1回、会員に対する現地調査を実施し、原料米と種麹の使用について「鹿児島の壺造り黒酢認証審査表」に記録し、適・否を判断している。同時に、会員が作成した「仕込み・発酵見回りの記録」を確認することで、屋外に並べた陶器の壺に米麹と蒸し米と水を仕込み、発酵させる製造方法を遵守しているか否かを確認する。また、協議会から委嘱された鹿児島県工業技術センターは、年1回会員に対して抽出検査を行い、「試買品検査記録」を作成し、協議会へ提出する。調査委員会は、「鹿児島の壺造り黒酢認証審査表」「試買品検査記録」をもとに、原料及び製造方法の記録を確認するとともに、出荷規格を遵守しているか否かを確認する。また協議会から委嘱された坂元醸造㈱品質管理課は、製造のあった月に、会員の最終製品を検査し、「検査記録」を作成、協議会に提出する。

調査委員会は、「検査記録」をもとに、出荷規格を遵守しているか否かを確認し、最終製品を確認する。

また、坂元醸造㈱単体では、2008年に福山工場がHACCP認証を、同年には会社全体でISO9001認証を取得している。また、更なる徹底した品質・安全管理体制づくりのため、2014年2月に新たな充填工場を福山町に建設し、2015年3月オランダの財団による食品安全システムFSSC22000の認証を取得した。そのノウハウを活かし、各会員会社への指導体制を取るようにした。ただし、現行各社の品質管理体制にはバラつきがあり、標準化には時間がかかっている。

b）トレーサビリティの仕組みの構築

トレーサビリティについては、原材料が米と水と米麹のみに限定されることから仕組みを構築しやすく、米のトレースは県単位で実施しており、基本的には、鹿児島県米を使用している。ただし、「鹿児島の壺造り黒酢」を生産している7社に対する規定としては、県内産とは限定せず、国産米の使用となっている。それは、鹿児島県産米が不足することもあるからだ。国内の米の流通は農水省、即ち国の主導型で、鹿児島産ないし九州産の指定を出したとして、指定した米が不足して指定以外の米が来ることも多く、そうした場合に備えて国内産と規定している。なお、禁止されている外国産米が使用されていないかを確認するために、鹿児島県工業技術センター、協議会会長、事務局の関係者が年に一度各社を視察し、チェックする体制となっている。

今回の地理的表示の申請を機に、出荷についても口頭の聞き取りだけで済ませず、伝票で確認する方式とした。また、申請に際して行政サイドから、「生産行程についても業務規程を設けて、明細を確認することを重要視する」と言われたこともあって、「生産行程管理の統一化」の方針も打ち出し、各業者でバラバラである米の受け入れ管理の書式を今後は統一化していきたいと担当者は考えている。

(3) 商標、地理的表示等における課題　工夫したこと

2005年に特許庁がスタートさせた「地域団体商標（商標法）」では、商標登録を申請する団体として、法人格を有する組合などの条件がある。「鹿児島県天然つぼづくり米酢協議会」は任意団体であることから、地域団体商標に登録申請が出来なかった。

しかし、2015年6月にスタートした「地理的表示保護制度」においては、任意団体も対象となっているため、申請に至った。一度の補正を経て、現在8月14日付で申請受理となり、公開審査後、「GIマーク」を交付される可能性がある。将来的には「鹿児島の壺造り黒酢」製品のラベル・パッケージ内に「GIマーク」が付してある製品については、国（農林水産省）が国内外問わず、保護してくれるものと、関

係者は期待している。

　工夫した点としては、登録申請する名称がある。壺造り黒酢（福山酢）発祥の地であり、現在も協議会加盟会社の主な所在地である、鹿児島県姶良郡福山町は、平成の大規模な市町村合併により、鹿児島県霧島市福山町に変更となった。今回の「地理的表示保護制度」においては、登録申請する名称を「地名＋産品名」とするようルール化されている。そこで、「霧島の壺造り黒酢」・「福山の壺造り黒酢」での登録申請も検討したが、平成18年に認定を受けた「本場の本物」でも使用していたことに加え、全国的なマーケティングも想定して「鹿児島の壺造り黒酢」とした。

(4) 行政特に県庁、基礎自治体担当者に期待すること

　前述したように、伝統食品のブランドマークとして、各都道府県が地域の特性を活かした特産品に認定している「ふるさと認証食品（Eマーク）」を1991年に取得している。併せて、2006年には一般財団法人食品産業センターの実施する「本場の本物」を第一号として取得しており、それぞれラベル・パッケージに付けている。ただ、「ふるさと認証食品（Eマーク）」については、鹿児島では芋焼酎、さつまあげ、黒糖などの有名な県特産品も取得しているが、広く周知されていない。また、「本場の本物」は、言葉としては分かりやすいものの、一般消費者はもちろん、食品流通業者にも浸透・認知度が低く、効果は限定的である。具体的には、JAS法では1リットルで180ｇの米を使用さえすれば米黒酢という名称を使うことができ、黒酢と称する商品は数多く流通しており、そうした「一般の米黒酢」と、野外の壺で熟成までさせ品質に特性ある「鹿児島の壺造り黒酢」との違いが、マークを付けていても一目で理解されないと協議会では感じていた。

　だからこそ、地理的表示は「国」の制度（法律）であり、流通関係者はもちろん一般消費者にも周知徹底されるよう、行政サイドに各種広報活動を積極的に実施してもらいたいと事務局は考えている。同時に、地理的表示の保護に登録を果たし、国内での認知度やブランド力アップを図り、将来的には世界規模での展開をと、大いに期待を寄せている。

3　まとめ

　既に本章冒頭の表で、申請主体、地域団体商標など他の制度の利用状況、トレーサビリティ、連携する団体の概要はまとめてある。トレーサビリティについては、銀杏や酢など加工業に近い生産者に具体的認証を取得する動きがあるものの、大部分の生産者組織では、将来的計画としているのが、現状であった。

また、繰り返しになるが、価格面での影響、試算、あるいは差別化、ブランド強化による価格交渉力などについての言及は限定的であった。申請団体をみていくと、現段階での地理的表示制度へ申請事例は、申請主体のタイプによって3つに分けられる。ここではまず、各タイプについて課題と展望を述べることとする。

①行政組織内に協議会を設置するなど比較的行政主導で取り組みを進めているタイプ：

　段階的に主体を行政からその他の協力関係団体へと移すことがなされているが、産地ブランド運営を担う組織体としては未成熟であり、組織構成の計画的構築が求められる。あおもりカシスや伊予生糸の事例が該当する。伊予生糸の申請においては、弁理士が主体的に参画しており、産品の認証制度を活用した産地ブランド化における弁理士の活動も注目される。

②ＪＡが主体となっているタイプ：

　地域団体商標や地理的表示制度への申請以前に既に何らかの認証を受けているパターンが多い。たとえば、夕張メロン、砂丘らっきょう、志賀のころ柿は、商標を取得しており、産地ブランド化の段階を経てブランド運営の経験を有している。既にビジネスとして成立しているブランドを発展させるためにも、地理的表示制度の観点から地域振興への貢献を強化することなどが課題として考えられる。

③申請を契機に民間の事業者を含む団体が新たに組織を設立しているタイプ：

　その他のタイプと比較して、申請主体は千差万別である。伝統的な連携に基づく団体もあれば、申請を機に連携を開始した単独または少数の組織によって申請しているパターンもある。鹿児島の壺造り黒酢、つくば銀杏、三輪素麺などがこのタイプである。申請組織内や地域組織との連携を進めることを通じて、ブランド運営の多方面への波及効果が期待される。三輪素麺については、地銀が中心となった取り組みを進めており、金融機関が産地ブランド運営に参画するパターンとして今後の動向が注目される。

　国の制度である地理的表示制度へ申請する際の動機には、国への期待が多分に表れていた。また、既に国の商標や都道府県による認証を受けている産品では、輸出時のブランド保護に加え、非経済的な動機として、関係者のモチベー

ションの向上、ブランド設立の周年記念も含まれる。本章で対象とした産品で共通する動機として、国による取り締まりが行われることによるブランド保護業務の負担減への期待がある。いずれの動機も国が適切に制度を運営することが前提となっている。消費者に対して制度の適切な理解を促進し、制度自体の認知度を向上させることも、国に期待する役割として多くの申請者が言及しており、実際にそれらは国が担うべき重要な役割である。

第12章
生産者と消費者でつくる
ブランド戦略について
−パルシステムとJAささかみの事例から−

山本　伸司（パルシステム生活協同組合連合会　顧問）

1　はじめに

　本章では、産地ブランドを消費者と産地を結ぶ流通の視点から、新潟県阿賀野市のJAささかみとパルシステムグループとで取り組む「ささかみ」ブランドについて報告する。各地域の産品を首都圏に販売する生協のパルシステムにおいて、JAささかみとの生産と販売の提携の実例は大きな成果を上げ、代表的産地として産直活動のモデルとなっている。

　パルシステムの産直は、単なる「産地直送」にとどまらず、生産者、消費者、そしてその2者をとりもつ生協が、商品取引だけでなく相互理解を深めることによって築かれてきた。その間、産直原料を使用した加工品における指定外原料の使用問題なども発生し、一時はその基盤が後退しかねない危機もあったが、それを生産者と消費者によるブランド構築によって乗り越え、いまではパルシステムの「看板」といえる商品群に成長している。

　こうした産地ブランド構築に至った背景と経緯は、比較的規模の小さい産地やほかの流通各社にとっても参考になる、あるいは参考に供する可能性があるのではないかと考え、このたび記述することとした。ひとつの事例として一読いただければ幸甚である。

　まず、首都圏の消費者側のパルシステムと生協の概要について述べる。それから生産地側のJAささかみについてその特徴について紹介するとともに、その出会いから提携とブランド形成までの取り組みについて述べていく。

(1) パルシステムとは

　パルシステムは、食と農の協同による社会改革を掲げる生活協同組合（生協）

のグループである。首都圏を中心とした12都県で活動する13の会員生協で構成する連合会で、会員生協合計で組合員数約190万人、2,163億円の事業を展開している。週単位で80万部を発行するカタログによる宅配事業が中心となっている。食と農による社会改革を掲げて国内自給にこだわった産直運動を展開している。

　生協は、消費生活協同組合法に基づき設立された法人で、消費者の出資、参加、利用によって運営される。首都圏という大消費地で活動するパルシステムの生協組合員の特徴は、主に食の安全への関心が高い層で、子育て中の女性が中心となっている。年代的には40歳代が最も多い。20、30歳代の若い層も3割を占めている。また、宅配による便利さも主な支持の理由となっている。最近はインターネットによる加入とその利用者が3割に達する。

　取扱い商品の8割が食品で、そのうちお米、青果、お肉、鶏卵、水産物などとそれを使用した加工品などの産直品は国内自給を掲げていることから販売高の4割を超えている。これらは産地生産団体と協議をして年間の取引量や価格を話し合いながら継続して扱っている。その代表的産地であるＪＡささかみとの提携の実例を紹介して、産地ブランドの形成の事例紹介としたい。

(2) ＪＡささかみとは

　次に提携先の農協と、実際の産地ブランドに関連する制度の課題について述べる。

　新潟県阿賀野市にあり正組合員数1,472名、出資金約5億円、販売高約17億円の農協で、稲作を主とする新潟県の典型的な水田産地である。その水田面積は1,800haで現に水稲を栽培している面積は1,200haである。ほかに柿などが生産されているが割合は低い。実はこの農協は1978年当時、減反反対運動の急先鋒で、減反率国内ワーストワンを誇っていた。いわば農政への反骨精神を持った農協であった。ここに1970年代に食の安全を掲げ生産と消費を直接繋げようとする産直運動をしていたパルシステムの前身の首都圏生協連絡会議の役員が訪問した。目的は、お米の産直である。しかし当時は食糧管理法時代で、農協が単協レベルで米を取引することは、不可能だった。全県ひとつの経済連経由でしか仕入れることができず、これでは生産者と消費者の顔の見える関係を目指す産直運動の実現は難しかった。産地ブランド形成は、そうした国

の制度的制約の課題を克服する過程でもあった。

いまでは、ほとんどの農産物を産直の取引で行うことができている。しかも農協単位でＪＡＳ有機認証の取り組みも拡げ、農薬削減でも稲作の大部分を新潟県での特別栽培米基準を満たすレベルへとする先進的な稲作に挑戦している。そしてその大部分を、パルシステムとの産直米で販売しているのである。

2　パルシステムとＪＡささかみの提携の歴史
(1) 交流から始まっためずらしい事例

最初のきっかけは、1978年にパルシステムの前身の首都圏コープ事業連合の役員が訪問したことに始まる。米の産直を打診し、ＪＡささかみの合併前の笹岡農協の役員と産直の趣旨には合意したものの、当時の食糧管理法の下では単位農協との直接取引は不可能だった。新潟県経済連での新潟全県からの取引として生協の望むような生産者の顔の見える地域限定は実現しなかった。

それでも、まずは交流からスタートし、相互の役員訪問やおけさ柿や正月用しめ飾りなどの物産取引などを開始した。1984年に協同組合間事業提携を締結し、米の産直が始まったのは1988年の国による特別栽培米制度を運用してからだった。その後、1994年にＪＡ笹岡とＪＡ神山が合併してＪＡささかみが誕生する。

交流は1981年以来毎年続けられており、毎年生協は田植え交流、夏のサマーキャンプ、秋の稲刈り体験と300名から500名の参加で継続して取り組んだ。こうした交流は、単に農産物の取引に止まらず、生協の理事や職員と農協の役員や職員との人の結びつきを生み出していった。当時の営農販売課の石塚美津夫課長とパルシステム連合会の会員生協の北多摩生協の塚田綾南理事長や中澤満正専務理事の家族ぐるみの付き合いによって、消費地側の強い要望とそれを受けた有機農業への挑戦となっていった。

その一方、産地側の天候異変による被害の際もそれを心配した生協側の行動も特筆しておきたい。例えば、1993年の夏の冷風害による稲作の被害の際は、生協組合員へカンパ募集を呼びかけてそれを寄付した。また1995年の笹神村での局地的地震被害へも見舞金が贈られた。こうした産地の被害を消費者がともに心配することで、産直の結びつきは強まっていく。その後も、1998年の水害への義捐金1,850万円など、災害のたびに支援金が贈られている。

これらは単にお金の問題ではなく、産地側の生産の苦労と努力をともに共有しようとした生協の呼びかけに組合員が答えた結果である。このことが、生産者と組合員双方にとって、商品を介した先の存在に気付くこととなり、つながりを感じる大きな機会となった。そしてそれが、結果としてさらなる取引の拡大へとつながっていく。

(2) 自治体や観光業界を巻き込んでの協議会設立

　こうした産直提携をさらに飛躍的に強化したのは、1999年の新農業基本法を受けた2000年の協同組合間提携の見直しと新たな協定の締結からである。
　「食料と農業に関する基本協定」をＪＡささかみとパルシステムに、当時の笹神村が加わって三者協定となった。そこでは都市と農村交流のほか、農村における豊かな地域づくりを共通の目標に掲げた。こうして農産物の確保から、その基盤となる農村の環境保全、地域循環型社会づくりをともに担うといった長期的、戦略的目標に向かうこととなる。
　その具体化へ向けた提携の推進として、協定に基づく協議会を設立し、年一回役員会を開催して単年度ごとの事業計画とまとめを行い、その課題と次年度計画を策定するマネジメントが確立していった。その協議会役員会は、パルシステムとその加盟会員生協、その子会社の役員も列席している。ＪＡ側は、組合長以下役員とともに、村長、村議会議長（ともに現在は阿賀野市長、市議会議長）、阿賀野市商工観光課、五頭温泉郷旅館組合長、など行政や観光関係者も参加している。

(3) 農協と生協の産直の推進を行う仕組みとしての専門組織の設立

　協議会が産地と消費地を結ぶ組織だとすると、その方針を実現するためにその課題によって実行する専門組織をそのもとに組織することとした。交流のためのＮＰＯと加工のための株式会社である。
　交流をツアー企画や実行するための専門組織として、ＮＰＯ食農ネットささかみを運営している。産地への都市からの交流の受け皿として、田植え、夏のサマーキャンプ、稲刈り、冬のどんど焼き交流など年間700名程度の実績がある。特に生協役員と職員の毎年の研修は産直の原点を学ぶとしてパルシステムの研修の必須となっている。

NPO食農ネットささかみは、都市のパルシステムの会員生協へ生産者を送り込み、組合員向けの学習会、各都県で開催される各種イベントへの出展、配送トラックへの同乗研修などに取り組んでいる。生産者が直接購入する組合員と出会うことでつくる人、食べる人が、互いに日頃の思いを伝え合うことが可能となった。

産地との提携は、単に商品取引にとどまらずその農産物の生産される土地と村の美しい環境とを丸ごと体験し深く知ることと、生産する人々と食べる人の共感と信頼によってつくられる。このため、絶えず有機栽培など農薬や化学肥料に頼らない農業を目指すことをJAささかみは早くから掲げてきた。旧笹神村では「ゆうきの里宣言」を1990年に発表している。

そしてそこからの農産物から加工品の開発と販売をともに進めることとなる。こうした新たな取り組みのために協議会では、その実行組織を設立した。

もうひとつは、株式会社ささかみの設立である。転作大豆を活用した豆腐の製造販売を行っている。パルシステムのPB商品を製造する豆腐メーカー、共生食品株式会社の協力を得てそのノウハウを提供していただいた。出資は、JAささかみが55%、共生食品が15%、パルシステムが15%、地元の新潟県総合生協が15%であり、取締役会を軸に製造、販売を計画し実行している。これによりあらかじめ販売量を計画して製造できることで原料大豆の調達から在庫なしの無駄のない経営ができている。

(4) なぜ産地ブランドの形成が大切か（価格競争から価値創造へ）

生協など流通・小売りの現場から見ると、現在の農産物や食品はこれまでの大量生産と画一化、低価格競争のままでは生産農家は収入が減少し、厳しい状況を迎えているが、流通や販売する側にとっても、もうこれ以上のコスト削減は厳しく、こうした競争は経営に行き詰まる状況にある。

だが、日本の気候風土にあい、自然生態系を生かした有機的農業や個性ある地域、土地の農産物や食品加工品は、消費者にとって魅力が多く高い支持を得ている。

そのため産地が明確で生産者が分かり栽培がこだわったものは生協でもよく売れている。ユネスコの無形文化遺産登録された「和食；日本人の伝統的な食文化」とあわせ、メイドインジャパンの食品は海外から垂涎の的になるといえ

る。

　こうした価値ある食品の創造は、国内の農業とそれを核とした地方の六次産業化の推進により可能となる。これは消費者と生産者が共にその価値を認めるブランド形成によって実現されることとなる。そのひとつとしてパルシステムの事例を紹介したい。

　また、この価値をゆるぎない仕組みへと整備しないと再び悪貨が良貨を駆逐し、粗悪品が幅を利かせてこだわりの良質な市場は崩壊していくこととなる。つまり価値創造への挑戦は、このように小売りや流通の仕組みの再編を生み、消費者も巻き込んだ新たなマーケットの創造へと覚悟して取り組むことが求められている。

3　ＪＡささかみとの産直運動の現在の到達点
(1) 事前に予約し定期的に届ける「予約登録」

　商品取引の面から見ると、2014年度の取引実績は、米の総量が4,310トンで金額にするとＪＡささかみからのパルシステムへの出荷価格は13億31百万円である。その金額の前年比は98％となっている。その栽培方法による分類でいうとＪＡＳ有機栽培米は32トン、特別栽培米は2,548トンとなっている。約6割が環境保全にこだわり農薬を削減して生産された米である。

　お米の他には、餅が18.3トンで1,996万円、味噌16.4トン890万円、しめ飾りが37,080点2,310万円、おけさ柿21.1トン526万円、まいたけ60トン4,521万円である。そして共同で設立した豆腐工場による豆腐（ブロー豆腐）が907トン21,477万円ある。その総計で16億652万円となっている。2014年度でみると販売高の前年比は99％である。

　産直の主はやはり米が主力である。最近の米の価格の乱高下により紙面販売では影響は受けつつもそれを克服する取り組みが行われている。毎年、食と農の提携推進協議会のもとに農協、生協相互の役員と職員の研修会が行われ、それをもとに予約登録の呼びかけが行われ、生協組合員からの予約の拡大が行われている。米の予約登録制度は、田植え時期の5月にはすでにその年に収穫される米を予約し、秋の収穫後から月1回、定期的に米を届ける仕組みである。

　2015年はパルシステム全体で組合員から30万6,752点、約2万トンの予約を受けた。こうして生産者にとっては収穫前に確実に購入される消費者を確保

することができて安心して栽培することが可能となっている。

　予約登録した30万点あまりのうち、ささかみの米は6万6,262点が登録された。3,450トンが契約されることとなる。これは2割に相当する。そして取引価格はほぼ年間通じて変わらない。ただしあまりに市場価格が乱高下する場合は相互に申し出て無理のない範囲で訂正することもある。

(2) 転作大豆を活用した豆腐工場の設立

　もうひとつは、豆腐である。減反転作大豆を指定原料とした豆腐工場の設立は、パルシステムのプライベート商品豆腐メーカーである共生食品株式会社の三澤孝道社長の協力によって可能となった。現地の工場長を共生食品で研修教育しそのノウハウを指導するために職員の2年間の派遣まで協力していただいた。村から工場立地の提供をうけてJAささかみが工場を建設し、その製造受託を株式会社ささかみで行った。品質管理と販売計画をその共生食品とパルシステム、地元の新潟県総合生協が役員として加わりマネジメントすることで堅実な経営を実現している。

(3) 歴史を重ね家族3代での交流も

　JAささかみとの産直の歴史は、同時にパルシステムの生協組合員にとって強い結びつきをもった産地ブランドとなっている。この30年以上にわたる取り組みで家族3世代にわたって交流してきた人も少なくない。こうしてささかみの名前で生産される農産物と加工品は、生協のなかでも継続的で安定的な取引の代表例となっている。

4　パルシステムがブランド形成を意識した契機

　JAささかみとの提携の目的は、産地ブランドの形成だったが、それを扱うパルシステム自体のブランドもまた問題となる。産地ブランドとともに消費地における販売者のブランドが明確にされることが必要だ。これによって消費者にとって分かりやすく安心して選択できるブランドが確立される。産地だけでのブランドでは、販売者によって価格破壊や偽装なども生まれることもあり注意が必要となる。そこで次は消費地でのパルシステムのブランド形成の事例を述べることとする。

(1) 2003年生協の産直偽装事件とパルシステムの指定外産地原料使用問題

　パルシステムがその生協としてのブランドを意識的に形成しようとしたきっかけは、実は商品偽装事件からだった。2002年にパルシステムとは別の生協で発生した国内産直の鶏肉に外国産鶏肉が使われた事件である。それは産地偽装だけでなく、投薬期間の限定に違反するなどの重大な仕様違反事件を最初の契機としている。そこで当時の首都圏コープ事業連合（パルシステムの前身）では、この事件を受けて、自組織でも産直肉関連商品を対象に、そうした違反がないか調査をしていた。この時は主に外国産が混入していないかを調査し、問題ないと結論付けたが、この年の年末商品の「豚肉関連商品」で産直の指定産地以外の他産地で生産された原料が使用されていることが発覚した。パルシステムでも大きな問題を発生させてしまった。

　これは産直肉がその肩肉やもも肉などの部位の過不足を補うために、国産なら問題ないと慣習的に他産地の物を使用することが恒常的に行われていたのである。このことが明確になると、組合員からいくら産直肉が使われても不足した分は産直ではない、その部分は偽装だと突きつけられた。その通りで、業界常識だったことが深刻な信頼を損ねる事態になっていった。理事会や総代会で役員不信任意見まで出された。

　このことの総括と方針をめぐり、2つの傾向が生じることとなった。ひとつは「無理にこだわり過ぎた」と反省し、現実的に表示を緩和する方向である。牛や豚などの部位調整の問題を抱えたものを産地限定までして窮屈な表示にすると、悪意はなくとも管理上のミスで問題を起こす。ましてや青果や畜産は天候や疾病などに左右されるため、こうした産地限定は調達に無理が起こり「善意の偽装」まで起こしてしまいやすいというものだ。こうして産直表示からの実質的な撤退方針となっていく。このような現実にそった見直し方針は、全国の多くの生協で行われて翌年から産直品表示は激減していった。産直指定外の商品が混入するリスクがあまりに高く、一歩間違うと信頼を棄損し損害賠償などの損失を伴うためだった。

　しかし私たちパルシステムは、もうひとつの道を選択した。事件を起こした役員の責任を明確にしたうえで、再度徹底して現状を把握することとした。商品点検のプロジェクトチームを立ち上げ情報システム本部長をトップにカタログの商品案内の表示内容、包材表示と仕入時の商品仕様書の点検を2年間にさ

かのぼって商品データと突合していった。その結果、表示と内容に違いがあるものが1万件以上あった。これを公開し謝罪して24商品を対象に表示との差額相当分8,600万円を返金した。

こうして価値の差を表示することの難しさを承知したうえで、こだわりの厳密な再構築へと向かった。これは大変だった。このための特別な部署を設置し商品部だけでなく、カタログなどの商品案内作成部隊、仕様書管理部署、情報システム部門から人員を選別して構成した。

例えば、「産直のギョーザ」といっても、肉やニラは産直指定でもその皮の小麦や調味料はどうか。実はそこまでは難しい。では産直を外すかといった議論を組合員代表も含めて行っていった。せっかく肉とニラは産直なのにこれを表示できないのかとした意見もあった。

こうしてもう一度表示問題を問い直し、議論する過程で、ブランドの研究を最初から行っていった。つまりブランドとは、パルシステムのこだわりを表しており、商品や供給の仕方をはじめすべてに全職員で徹底して貫くことでしか社会に通用しないと理解した。そしてそうした議論を積み重ねて2003年5月に「パルシステムブランド政策」をグループで決議した。

このようにこだわりをほかとの差異化へと強調していくためには、その厳密な管理こそ求められることとなる。徹底して組合員が見るカタログの商品案内、商品包材とそれを担保する商品管理データ、そして仕入れ時の仕様書のデータをトータルに管理することとした。こうしてより厳密な産直とこだわりの主商品ブランドが再確立し提供されていった。現在、パルシステム扱いの商品の供給高に占める割合は6割に近い。このプライベートブランド（PB）商品があってこそパルシステムは組合員から独自の強い支持を受けているのである。

(2) 表示制度の検討

しかし表示の問題は詳細に検討すればするほど難しくなる。これまでは簡単に主な原料を産直産地のモノを使っていれば産直品としてきた。ところが「主な」とはどれくらいか。パーセンテージではいくらか、その場合の母数は水分も含む重量か、水分は抜いて原料の正味重量かなど、どう考えるかの定義を整理する。これは頭の痛い問題だった。加工品の主原料の定義、さらに副原料の考え方、そして調味料の場合のその先の原料問題などである。

パルシステムでも醤油などの調味料そのものの原料は国産などにこだわれる。しかし加工品の調味料原料の大豆や小麦までは難しい。国内の原料メーカーは外国産がほとんどである。ここまでは力量的に無理があった。これは商品の表示問題につきまとう。例えば、沖縄そばといっても外国産の小麦でかつ実はラーメンだったりする。これをどう考えるかである。

　そこで表示の基準をパルシステムとして定義しこれを公開して管理することとした。この基準作りは組合員委員との検討のうえで決定した。そしてそれに基づく詳細な商品管理票が作られた。商品仕様書が主原料、副原料、調味料、その原料と階層ごとに管理される。これはメーカーにとって面倒であり、高い負荷をかけることとなっている。

　しかし、原料は指定された産直産地、副原料や調味料も遺伝子組み換えでないものといったようにこだわればこだわるほど商品の特性が明確になりそこが支持されて利用が高まっていく。価格も妥当なものへと値付けすることが可能となっていった。だからこそこの厳密な管理の仕組みが大切となる。また、原料がその産地の物でない場合、そこを分かりやすく明示することと製造方法などそれ以外の独自のこだわり部分を明確に表示することが必要である。消費者に誤解を受けないようにすることが厳しく求められる。

(3) 産直の厳密化がブランド形成の基礎をつくる

　こうしたブランド化と表示制度の議論は、あらためてパルシステムの存在価値を問う議論へと高まっていく。私たちは、そもそも環境と産直を主軸のテーマにして活動してきた。それが産直の旗を降ろしたら存在の意味がない。従ってこの産直偽装事件を契機に自己の組織の在り方を問い直すきっかけとなった。ブランドとは自己の組織の存在価値そのものである。こうして産直方針の見直しを行い、問題点を整理して新たに産直方針を再確立していった。

　ポイントは、産直4原則（生産者と産地が明らか、生産方法や出荷基準が明らかで生産の履歴がわかること、環境保全型・資源循環型農業をめざしていること、生産者や組合員相互の交流ができること）を明示し、これを前提にこの産直提携書を結んだ生産者とその産地団体と明確にしたことである。ここからの仕入れと限定にした。当たり前のようだが、意外に農業関係の集荷の場合は不足すると他産地から集荷したりすることは当時普通にあったからである。

こうして産直産地がしっかりと確認されると、産地との取引と交流に継続的発展の条件が出てくる。産地側も農産物へのこだわりへ生協組合員が購入後の感想やクレームを出してくることに確かな手ごたえを感じることができる。かつ産地交流の計画化や組合員監査人による公開確認会の実施などで産地側の農法や肥培管理、農薬管理などへの生協組合員による関心への理解が進むことになる。こうして単なる商品取引を超える食と農による協同が生み出されてきている。

公開確認会

(4) こだわりをシステムとして組み立てること

　パルシステムでは、農業生産者の約 200 団体とパルシステム生産者・消費者協議会（以下生消協と呼ぶ）を組織している。そこでは総会で年間の事業活動方針を作成し幹事会を中心に年間活動を行っている。産直とその加工品をこだわりで貫くためには、生産者とメーカーと組合員が絶えず議論し交流する場が不可欠である。

　パルシステムでは、全国の生産者との協議会とともに各産地での協議会が全国に 18 ある。そこでは毎年総会を持って生産と販売、交流の計画づくりと実績の分析と議論が行われ、いわば地域の経営のためのマネジメントのPDCAが行われている。

5 パルシステムの「ほんもの実感！くらしづくりアクション」

(1) 職員と組合員の参加型学習運動

　ブランドはその価値をいかに普及するかが大事である。どんなにこだわった商品も、時代とともに廃れる。これをロングランの商品へと育てていくために、絶えず職員と組合員の参加型学習運動（もう1つの食育運動）が求められることとなる。

　パルシステムでは「100万人の食づくり運動」としてグループ全職員、関係者、組合員の総出で商品学習運動に取り組んできた。2014年からは、「選ぶで変わる！ほんもの実感くらしづくりアクション」として生産者とメーカーから関係者を配送センターへ招き、その取り組みを学習する活動を進めている。また、商品プレゼンテーションとしてDVDも作成して活用している。2014年度は参加者が1万人を超えた。

　対象となる商品は、プライベートブランド（ＰＢ）商品で669商品、産直原料を使用した加工食品387品、そのほか組合員が開発に協力した商品（81品）や、青果物でいえば有機栽培など「食べもののあるべき姿」を体現したトップブランド「コア・フード」（70品）など、1千品目を超える。この商品を知り、伝える活動は、対象商品の受注金額が前年比で5％近く上昇した。前年は消費税率引き上げに伴う駆け込み需要が大きかったことを踏まえても、大きな成果といっていいだろう。

(2) ＰＢはファンづくりが評価のポイント

　ブランド商品は、一時的な販売高よりもどれだけ固定したファンを作れるか、週単位の利用率（商品販売点数を組合員人数で割る）が評価のポイントである。一時的に安売りセールで売れてもその購入者がどう継続的に利用してもらえるかが問題となる。最初は少ない利用者でも確実に持続的に購入されるファンづくりを目指している。そのために組合員の購買動向を見ていかなくてはならない。

　パルシステムは、商品づくりの基本を守ることを前提に、可能なかぎり産直原料、国産原料の使用を進めている。さらに食品添加物などについて独自基準を定め、主原料に遺伝子組み替え原料を不使用とするなど、厳しいハードルを越えなければ、ＰＢとして認めていない。

そのため開発には、メーカーはもとより場合によって産直産地の協力が不可欠となる。さらに組合員の声も取り入れながら、生活者のくらしに役立つ商品を大事にしている。

ファンも多いパルシステムのＰＢ商品

ブランド商品は、週あるいは月での定番商品とすること、リピーターの人数を重視すること。これが前提となって、原料や製品の安定供給と無駄のない生産と消費の好循環を生むこととなる。ブランドの高さは、農業生産にとっても計画性が担保されることとなる。一時的な市場の価格乱高下に振り回されないことが可能となってくる。

近年は、産直原料を積極的に使用しながら、商品開発を強化している。2014年度は、27品目を開発、発売した。既存品をブラッシュアップし、原料を産直品に切り替えた商品は組合員からの人気も高く、定番化している商品も少なくない。

(3) 生産者の経営安定に寄与する予約登録制度

環境と生物多様性への寄与もブランド化のメリットである。稲作などはパルシステムの米の予約登録制度で生産が計画性を持つことが可能となっている。すでに田植え時期の５月にはパルシステム組合員による予約登録が始まる。週単位、隔週単位、月１回などのペースであらかじめ産地と銘柄を決めて申し込む。すると10月以降の新米から１年を通して供給される仕組みである。もちろん商品カタログからも注文できる。

予約登録制度は、会員生協で産直交流から食糧管理法の緩和措置を利用して始まり「平成の大凶作(1993年)」を契機に1995年から本格的にスタートした。予約することで、生産者は事前に販売数量が把握できることから、農薬削減や農法へのチャレンジが可能となり、需給バランスの崩れを予防することにもなる。安心して農薬や化学肥料の削減に取り組めるため、有機栽培や減農薬減化学肥料の特別栽培米が増加し、比率は取り扱う米全体の5割を超えている。

また、2011年東日本大震災では、物流の寸断などで店舗から食品が消えた時期があった。計画停電などの障害があるなか、予約登録米は銘柄変更こそあったものの、すべての組合員へ届けることができた。組合員からも「たいへん助かった」「受け取って涙が出た」などのメッセージが届き、復旧に励む産直産地や生協職員も勇気づけられた。通常は単なる「商品」かもしれないが、こうした危機を通じて生産者と消費者がつながり、親近感を強めている。

近年の価格乱高下や生活スタイル変化による米消費量の減少のなかでもパルシステムの予約登録米の登録数は増加を続けている。2015年の登録組合員数は2年連続で20万人を突破した。産直交流を組み合わせながら、食卓と産地をつなぐ活動を続けている。

パルシステムの予約登録米。産地の環境保全を伝えるため産地に生息する生き物がデザインされている

(4) 環境保全型農業の推進と地域づくり

パルシステムでは、環境帆残型農業の推進にあたり、生産者ごとに課題を整理し全国で取り組み、年1回農薬削減のための農法研究会を開催している。ここで生協組合員がともに参加し、産地での公開確認会の実施とあわせて、生産

者のその努力と成果を共有している。

　農薬削減では生き物調査の手法が導入されたことで、生き物と田んぼの関係をあらためて知ることとなった。これが有機農法などへの生産者の挑戦となり、よい循環を生み出している。消費者はより強く産地と生産者との結びつきを感じ、商品を購入し消費することとなっている。

　こうして築かれた生産者と消費者の結びつきが、地域の発電事業を支援し連携するまでになった。秋田県大潟村では、自治体が主体となって設立した発電会社へ出資し、発電事業がスタートすれば電力を購入する予定となっている。鶏肉の主要な産直産地である岩手県の十文字チキンカンパニー株式会社では、鶏ふんを活用したバイオマス発電事業に乗り出すことが決まっており、電力購入などによる提携について検討を重ねている。

　産直商品のリピーターとなっている消費者からの期待も高く、2016年に迫る電力の小売自由化を前に、エネルギーの産直も積極的に推進することができている。これも地域ブランド化の効果といえるのではないだろうか。

6　国際的信頼―平和経済ネットワークへ―

(1) 日本製食品は人気の高いブランド

　中国や東南アジアにおける日本の食品ブランドの品質に対する信頼は、すでに明らかとなっている。リパックされていない日本製食品は、高価だが売れている。だが、本当の信頼を得るためにはもっと徹底した仕組みが求められると考える。本来は、日本各地の本当に優れたこだわりの食品こそ世界が求めているものだといえる。

　日本各地の美しい自然、とりわけおいしい水、この恵まれた生物多様な環境こそ、ほかの国にはない財産である。これがおいしい食を生み出している。大農地で化学肥料や農薬に頼った低価格品を大量低価格で販売することは、新大陸の得意とするところである。だが、日本ではそうではない。

(2) 産直で築いたブランドモデルを世界へ

　より高い理念と目標をもって日本発のおいしく、安全で、嘘のない食品を正直に世界に拡げていきたい。それは生産から消費までのトータル管理をそれぞれのセクションで意識して取り組まれることによってはじめて可能となる。そ

して持続可能性も担保される。地理的表示制度は法で守られるが、そのためには生産者自身のもっと素晴らしい食品をというこだわりこそブランド化の原点であり、そこがなによりも求められている。

7　終わりに──まとめと行政への期待

　パルシステムによる産地ブランドづくりを報告の最後にそのポイントをまとめてみたい。

　いうまでもなくブランドは、生産者側だけで認識していても意味がない。消費者にその価値が浸透してこそ、ブランド価値の意味がある。しかし、残念ながら産地側で思いつき的に無理なブランドを作ってしまうことがある。これでは、本来目指すブランド価値の創造には結びつかない。

　産地ブランドは、その土地、その生産物、その歴史、人、文化といった固有の資源をその生産者側でまず把握することが大切だ。パルシステムの事例では、笹神村の稲作の歴史と村の反骨精神や農民魂といった背景があった。次に、それをいかに共感させ、消費者と結びつけるかである。農産物ならその土地と人との個性ある物語が求められる。それは、生産への熱い思いとこだわりを持った人の存在が不可欠である。ＪＡささかみには営農課に石塚美津夫さんがいた。彼の熱い語りによって訪れた消費者がどれだけファンとなったことだろう。

　そもそもなにを目的にブランドを形成するかを確認しておきたい。それは短期的な儲けを目指すものではない。長期的な固定したファンづくりであるといえる。消費者をロイヤルカスタマーへと誘うことであり、リピーターを重視することである。これは、マスマーケットでの低価格大量販売方式とは明確に異なる。こうしたブランド戦略には、人と人を結ぶ技術や媒体と情報伝達の革新が求められる。店舗だけでなく、インターネット、各種イベントなどを活用し、いかに情報発信していくかが重要である。こうした媒体戦略をセブンアンドアイグループなどでは、オムニチャネルと呼んでいる。

　最後に行政への期待を述べたい。町、村の発展をブランド戦略でとらえるとき、最初にその土地や人、伝統、文化を固有資源として把握することを行ってほしい。意外にその土地の生産者や産物のことを深く知らないですぐコンサルタントなどのアドバイスに頼ったりするところもある。そうではなく、自らの足で歩き回りフィールドワークで知ってほしい。

次に、市民を巻き込んでこの資源調査活動を深堀して行うとともに、都市側や対象消費者を巻き込んだ調査活動や交流から仕掛けてほしい。そうした地道な活動抜きに、ある種でっち上げ的なブランド売り込みはうまくいかない。ブランドとは汲めども尽きない泉のような価値の創造である。そのためには市民自らの参加が不可欠である。そのように行政が仕掛け、そして生産者、消費者とその加工、流通、小売りのフードシステム関係の総合的な関わりをコーディネートしていくこと。人、モノ、システムの流れを支援すること。これは行政しかできないことだと思う。その役割に期待したい。

（本章の写真提供：パルシステム生活協同組合連合会）

参考文献

　パルシステムガイド 2015（パルシステム生活協同組合連合会、2015）、パルシステム産直データブック 2015（パルシステム生活協同組合連合会、2015）、指定産地外原料使用問題に関わる資料集（東京マイコープ、2003）、パルシステムの産直記録編（パルシステム生活協同組合連合会、2008）、「選ぶ」がつくる私たちの未来パルシステム商品ブック（パルシステム生活協同組合連合会、2015）、第33回通常総会議案書（パルシステム生活協同組合連合会、2015）

第Ⅲ部　セクターごとの産地ブランド戦略

第13章
水産品の産地ブランドと戦略

前田　敦子（東京海洋大学　産学・地域連携推進機構　弁理士・URA）

本章は水産品に特化した産地ブランドとその戦略についての解説である。

まずはこれまでの日本及び世界の水産業を俯瞰してから、今後の水産業界の動向とその対応を整理した。そして、水産品での産地ブランド化の成功事例からその鍵と、水産品の原料を共有する立場である漁業と養殖業の動向からも水産品の産地ブランド戦略を解説した。

1　水産分野の第一次産業の現状と水産品
(1) 世界と日本の漁業・養殖業の実情

コーリン・クラークの産業分類上、第一次産業は自然界に働きかけて直接に富を取得する産業のことと定義されている[1]。この分類によれば水産分野の第一次産業は漁業及び養殖業が該当する。

水産業は良質なタンパク質及び脂質を備えた魚介類を供給することが出来る。そのこともあり、世界的には水産物の生産量が増加しており、成長産業と捉えることが出来る。この成長をみると、淡水生物のティラピア、パンガシラウス、ウナギ、マス、コイ、フナ、アユなどを養殖する内水面養殖の貢献が大きい（図1）。尚、日本の水産物の生産量は、漁獲及び養殖共に海面分野が多く、水産物は海面から生産されることが特徴である（表1）。

図1　世界の漁業と養殖業の生産[2]（単位：100万トン）

表1　日本の漁業と養殖業の生産[3]（単位：千トン）

	2007年	2008年	2009年	2010年	2011年	2012年
内水面漁獲量	3.9	3.3	4.2	4.0	3.4	3.3
海面漁獲量	439.7	437.3	414.7	412.2	382.4	375.9
内水面養殖量	4.2	4.0	4.1	3.9	3.9	3.4
海面養殖量	124.2	114.6	120.2	111.1	86.9	104.0

　日本における漁業及び養殖業就労者の割合は8割強が海面漁業者であり、日本は海面漁業が中心の国である。

　2012年漁業センサスの報告では、東日本大震災の影響もあり、就業者の減少が続いている現状を報告している[4]（図2）。水産分野では東日本大震災の影響が漁業就労者の動向に長期に及ぶ影響が示唆されている。

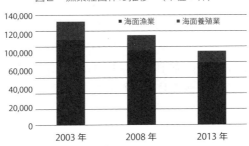

図2　漁業経営体の推移[6]（単位：件）

　日本の漁業所得は、表2から明らかな様に、厳しい状況である。また、養殖業は厳しい状況にある品種もあるが、まだいやかきの様に1,000万円近くあるいはそれ以上の所得をあげている品種もある。

　まだいやかきは、ブランド化が難しいとされている養殖品の中でも、むしろ、養殖ものであることを積極的に宣伝して需要者（消費者）の信用を獲得し、ブランド化することに成功している。これは、業として成立させるためには、需要者の信用を獲得し、購買につなげることの大切さを物語っている。

第Ⅲ部　セクターごとの産地ブランド戦略

表2　2012年漁業及び養殖業の所得金額（単位：千円）[5]

		所得
漁業	個人経営体	2,343
	会社経営体	-10,083
養殖業	ぶり類	-6,712
	まだい	11,201
	ほたてがい	1,313
	かき	9,058
	わかめ類	951
	のり類	6,592

(2) 水産品とは

　水産分野における産品ブランド化の対象は、当然、水産品である。水産品は、水産業によって提供される産物のうち、生鮮食料、加工食料として用いられるものの総称と定義されている[6]。例えば、生鮮食料は、魚類、イカ・タコなどの軟体類、貝類、カニ・エビの甲殻類、海藻類、加工食料は、練り製品、冷凍食品、素干し品、塩干し品、煮干し品、塩蔵品、くん製品、節製品、焼・味付けのりなどがある。こう並べて具体的対象をあげてみれば、水産品の数は実に豊富である。

　水産品の特徴は、生鮮魚介類に加え、その加工品も含まれていること、魚や貝などの動物性食品や海藻などの植物性食品も含まれていることなどからも水産品の種類は豊富なことがわかる。現に、農文協から出版されている地域食材大百科には、穀類、いも、豆類、種実の巻は45品目、野菜の巻は9品目、果実・木の実、ハーブの巻は107品目、乳・肉・卵、昆虫、山菜・野草、きのこの巻は99品目に対して、魚介類、海藻の巻は460品目掲載され、水産品の種類が豊富なことが数字的にもわかる。

(3) 畜産品及び農産品と水産品の生産方法の違い

　一般に流通し、小売店などで販売されている牛肉・豚肉・鶏肉などの畜肉産品は、野生から捕獲されたものではなく、牧場などで飼育された家畜である。小売店で販売している野菜も、山林から収穫したものではなく農家が育てた野

菜である。農畜産業の特徴は、野生の動植物が対象ではなく、管理生産とも言える栽培型の生産方式が中心であり、農畜産品は、栽培型生産が特徴である。

一方、水産業は、栽培型の生産に該当する海上で資源を栽培する「養殖物」の他に、これとは対局にある海上で天然資源を捕獲する「天然物」も、共に市場に流通され、小売店などで販売されている。日本及び世界では一次分野の水産業は漁業が主流である（図1）。そのため、水産業は、捕獲型の生産方式が中心であり、水産品は捕獲型生産が特徴であり、農畜産品と水産品の生産方式は大きく異なるのである。

(4) 6次産業化

日本の水産業を俯瞰すると、埋立ての進行による有効海面の減少、周辺海域の環境の悪化、漁業による乱獲、海洋環境の変化による水産資源の減少や同じ動物性タンパク質食品でもある畜肉や鶏卵との競合による価格の低迷などから、1985年には海面漁業の生産量が10,877千トン[5]あったにも関わらず、2012年には3,759千トンまで減少し（表1）、漁業経営体数は約10万以下にまで落ち込んでいる（図2）。長期に渡る緩やかなデフレの影響による家計消費量の落ち込みの影響もあって、漁業の盛衰をよく示す水産加工場数や生産金額は、減少の一途をたどっている。また、東日本大震災の影響も重なり、水産都市の衰退がより顕著になっている現状がある（水産都市について次節で詳しく述べる）。

こうした負の状況の打開策の一つが、農林水産品の高付加価値化や製造業、観光などのサービス業との連携をうたう「6次産業化」である。現に、農林水産省では、一次産業の農林漁業者と二次・三次産業の事業者が連携し、一次産業が産み出したこれら地域資源の価値を二次・三次産業を通して付加価値をつけながら消費者に届ける「6次産業化」の取り組みを推進し、農林漁業者の所得の確保と農山漁村における雇用機会の創出を図るなど、多くの政策が打ち出されている。そのため、全国的に6次産業化の取り組みが活性化されることになり、水産都市もその例外ではない。

6次産業化の動きは東日本大震災を契機に加速し、被災した水産業を中心とする都市の自治体主導の組織あるいは組合などが一体・一丸となり水産物に付加価値化をつける形態の製品開発が増えてきている。まさに6次産業化の動き

を被災地に見ることが出来る。

　水産以外の分野では、消費者のニーズや時代の流れに合わせた製品開発や、価値をストーリー展開した製品作りは従来から主流であった。この動きが水産分野でも主流になりつつある。今後は、衛生管理型漁港・市場の整備と相俟って、マーケテイング、品質管理、工程管理、衛生管理などの安心・安全な商品を提供できる水産都市が生き残っていくであろうし、この動きに対応していく必要がある。

　これまでは水産品の特性をみてきた。次節では産地ブランドという地域の側面から考察してみよう。

2　水産業と水産都市
(1) 水産業と水産都市の関連性

　水産業は、水産物の漁獲・採取・養殖、冷蔵・冷凍、加工、市場・輸送・販売の各分野にかかわる産業[7]であり、実に広い分野の業種で構成されている。また、水産業は、相互に緊密な関係を結んで全体として他産業から独立した一つの産業システムを形成していることも大きな特徴である。

　都市とは、限られた地域に人口が集中している領域を指す他に、特定の機能が集中する領域を指すこともある。後者の例は、学園都市、工業都市、軍事都市などがあり、水産都市もその一例である。

　水産都市とは、水産物を水揚げする漁港を中心に水産会社、海産物問屋・仲買業者、水産加工場、冷凍冷蔵庫、関連運送業者・鉄工所などの他、大型漁船向けの消費物資を扱う商店や飲食店などの水産業を生業とする都市のことである。したがって水産業をもって産地ブランド戦略における産地は水産都市になる。

　水産都市はノルウェーのベルゲン、アメリカのシアトル、カナダのバンクーバーやセント・ジョンズなど国を代表するような大きな都市が海外にもある。日本にも2,000程の水産都市がある中で、釧路、根室、八戸、気仙沼、石巻、銚子、焼津、境港、長崎、枕崎[8]などが良く知られた水産都市が日本全国に点在している。

　一次産業分野である水産に水産都市があるように、農業都市もある。面白い

ことに水産都市は色々な都市名があがるものの、農業都市は日本のみならず海外も具体的な都市名をあげにくい。これは、水産業が海に接した土地で産業を形成されることから、中心は港になりうる地形・地勢というわかりやすい土地の特徴があるのに対して、農業は陸の土地があれば産業が形成されることから、土地の特徴が表れにくいことが考えらえる。さらに水産都市は様々な産業から形成される水産業を中心に発展してきたことから、他都市との産業との繋がりができやすいことから水産都市としての認知、そしてその周知が進んでいったものと考えられる。

(2) 水産課の存在意義

　水産都市をかかえる都道府県あるいは市・町・村などの地方自治体には、水産業の育成・振興、漁港整備、漁協及び水産加工組合などの指導、海岸整備、漁村環境整備、試験研究などの地域の水産業に関する業務を推進する部署があり、水産課や水産振興課などの名称で設置されている。水産課はその業務内容から水産のみならず地域の産業全般に精通していることも期待されている。

　そのようなわけで、水産分野で産地ブランドを推進する場合は、そのほとんどが水産課主導のもとに進めていくことになるはずである。水産業界は、相互に緊密な関係を結びつつ、全体として他産業から独立した一つの産業システムを形成しているからこそ、産業間の連携及び協力が必須である。そのため、水産品のブランド育成には産業側の企業あるいは漁業協同組合や各種加工組合や水産課などの地方自治体、場合によっては公設試験場や大学などの教育研究機関間との連携・協力、加えて、各機関が「水産」を理解して共通の認識及び意識をもつことも欠かせないことになる。そして、いわゆる水産課がこの調整役として期待されるとともに、責任を担う場面が今後も多くなるものと思われる。

　次節では水産分野での産地ブランドの実例を考察してみよう。

3　水産分野の産地ブランド化とその背景
(1) 水産品のブランド化

　捕獲型生産が中心の水産品は、産地ごとの特性や独自色を打ち出しやすいため、差別化による付加価値がつけやすいと考えることもできる。さらには、水

産都市であることで産地の地名度も活用できるため、産地ブランドの育成は農産品や畜産品よりも比較的に容易とも考えられる。

水産品は、大自然「海」からの成果物である。自然界特有の季節・水温・気温などがその量や大きさばかりでなく、脂質・タンパク質・呈味成分などの量・組成、さらには味にまでも影響を及ぼすことがある。

また、魚介類は生態学的に同じ品種であっても、地域名ばかりでなく、養殖と天然とでも価格が変動する。日本では、魚介類の養殖物は高値で取引されにくい。生物的には同じ品種であるにも関わらず養殖より天然の方が市場では高値で取引されることも多い。

また、食品は、口に入り、最終的には人体を構成する成分となることから、消費者には安心・安全であることが最大に求められている。食品分野のブランド化の鍵は、安心・安全な商品の提供である。

安心・安全な水産品を消費者に提供するには、産地から消費地への流通過程で鮮度保持や衛生管理などの品質保持及び管理が必要である。しかし、産地から消費者に水産品が届くまでには、水産業の特徴でもある様々な産業種が関与することや、冷蔵・冷凍技術が発達したことで広域な流通が可能となり、更なる産業間の連携も必要な要因になってきている。

消費者に安心を届けるためには、質が確保されたものを安定した量を継続的に提供することも求められる。これは、環境的にも、金銭的（表2）にも難しい課題である。様々な産業が関係する水産業では連携・統一が困難であることに加えて、水産品は、年間を通して安定した量や品質を保持すること、つまり安心・安全な水産品を消費地に提供することが困難である。これが、水産品のブランド化は産地名に限らず難しいと言われている所以である。

(2) 水産品初の登録商標[9]

難しいとされている水産品のブランド化において産地ブランドの代表格は、豊後水道に面した大分県佐賀関町で一本釣りされる「関さば」・「関あじ」である[10]。「関さば」・「関あじ」は、水産品初の登録商標（登録番号：3256907、3256908）でもある。

関さば・関あじのブランド化は1988年に佐賀関漁業協同組合（現・大分県漁業協同組合佐賀関支店）が始めた。同組合は、組合員の収入安定を目的に、買

い取販売事業を始め、既存の仲卸4社に漁協が加わり、漁師から直接買い付けるという漁業協同組合には斬新な手法を採用し、漁師間の競争原理を働かせた。買い付けた魚を販売するという使命の元、一村一品運動を展開する大分県の後押しもあり、同組合、地方自治体の県及び町が一体となり県外での販売を強化した。

また、関さばや関あじの特徴を知るために科学的な分析もした。その結果、いずれも佐賀関沖だけに住む独立した群であり、漁場の地形などから年間を通じて脂肪量の変化が少ないことなども判明した。特に関さばは鮮度が落ちにくく、刺身がもっともおいしい独自のサバであることを突き止めた。このことは、他地域との違いを知るというマーケテイングの第一歩を実施したことにもなる。

水産品初の商標登録のきっかけは、周知度があがったことによるいわゆる偽造品の出回りである。同組合は偽造品の排他と自商品保障のために登録商標を利用することを考えて、商標登録出願をし、1996年に水産品初の商標登録がされた。約20年前の話である。

品質保証はブランド育成では重要な役割を担う。同組合は、関さば・関あじの登録商標を付す条件に一本釣り、活けじめなどを取り決め、身を傷めずに鮮度を保持するための細心の注意を払っている。尾につける商標タグ（登録番号：4696358）にも、魚体を傷つけないように工夫がなされている。

図3　尾につける登録商標[9]

こうした経緯もあり、佐賀関地域のサバやアジのブランドが確立したことで、関さばの浜値は10倍に、以前から高値で取り引きされていた関あじも倍になった。同組合ではこのブランド力を活かして現在も注文販売に力を入れている。

第Ⅲ部　セクターごとの産地ブランド戦略

約20年前からの日々の努力及び継続が魚のブランド化代表格となる所以であろう。

(3) 地域団体登録商標の事例[11]

真崎わかめとは、岩手県宮古市田老真崎海域及びその近隣海域で収穫し、岩手県宮古市田老で加工した塩蔵わかめのことで、肉厚、独特の歯ごたえ、風味、緑色が濃いことなどの特徴がある。わかめの中でも人気のブランドで、1,080円/500g（2015年8月31日現在・消費税込）で販売されている。岩手県宮古市田老は、東日本大震災の被災地域でもあり、甚大なる損害を被った。

図4　真崎わかめ

岩手県田老町漁業協同組合は、真崎わかめを2007年5月に地域団体商標の商標登録出願をし、2008年2月に登録されている（登録番号：第5109632号）。「真崎わかめ」の商標登録出願は、地域団体商標制度創設前に検討したものの、地域名と一般名称からなる文字商標の登録は周知性などの要件から難しく、断念をした過去があった。その後、同組合が、地域団体商標制度が創設された際に、制度説明会に参加し、真崎わかめに登録の可能性を見出したことから、関係機関と組合の職員による検討後に出願したという経緯である。

同組合は、1995年から養殖わかめを手がける組合員からの全量買い取りを開始し、組合の自営加工場で全加工をすることで、生産量の確保に成功した。真崎わかめが大手スーパーマーケットなどで販売されることになり、ブランド化の第一歩を踏み出した。

同組合では、1級品として扱うものを「真崎わかめ」とする規定があり、品質を保証している。加工後のわかめは全量ではなく、全体の7割程度が真崎わ

かめブランドで販売されている。

　同組合はまた東日本大震災から約半年後の 2011 年 9 月には、組合員が一丸となって、海岸線のがれきや海上で絡まった養殖施設の撤去作業をし、主要漁業であるワカメ養殖漁業の復興を目指し、2012 年春の収穫に向けて地種からの採苗を無事終了させ、養殖施設の復旧を果たしている。被災した加工場は別の場所に仮設工場を建設して事業を再開した。震災から僅か半年で再開することで、顧客離れを防止したことにもなった。

　同組合は、震災後も「真崎わかめ」の販売を継続している。全体の水揚量は震災前と比べると養殖漁業者の減少等により約 7 割ではあるものの、その品質は以前と変わらず、人気を博している。

(4) ゆるキャラの活用

図 5　くまモン[12]

　近年、各地では地域の認知度や親しみやすさを高めるために、キャラクターを活用した地域振興が増えてきた。ゆるキャラの活用である。その代表格は、熊本県のゆるキャラ「くまモン」[13,14]である。

　くまモンは、熊本県庁が 2010 年より「くまもとサプライズ」キャンペーンで展開している熊本県 PR マスコットキャラクターである。2011 年 9 月からは熊本県の営業部長にも就任している。2011 年には、くまモンは、ゆるキャラグランプリの王者となり、この年から周知度は全国的に広まった。

　熊本県は、キャンペーン開始当初に「くまモン」の商標登録出願を行った。まず、2010 年 8 月に出願をし、2011 年 2 月に商標登録された。その時点では登録された区分は第 16 類のみ（文房具類、印刷物など）だったが、2012 年 11 月には 28 の区分と幅広い範囲で商標登録された。ここで、水産品も、第 29 類（食

用魚介類（生きているものを除く。）、加工水産物）、第31類（食用魚介類（生きているものに限る。）、海藻類）で登録されている。

2012年からは熊本産品の広告も兼ねて、くまモンの登録商標（登録番号：5387805、5387806、5540075、5544489、5544490、5649193）について無償の利用許諾を開始し、申請の数は毎年着実に増加している。

くまモンの利用許諾は、食品のみ制限がある。その利用許諾基準は、熊本県内の農業者・水産業者や加工業者が県内で作ったものを県内外への販売は可能とし、県外の企業が県外で売るのは基本的に禁止している（表3）。また、農林水産物の「生」のものは熊本産でなければ「くまモン」の商標は使えないという制限も加えて、品質の誤認及び出所の混同を防止すると共に、熊本産のブランド化を図っている。

表3　食品のくまモン利用許諾基準

販売地　／　生産地	熊本県内	熊本県外
熊本県内	○	○
熊本県外（ネット販売含）	○	×

最近では熊本産の農林水産物の多くには「くまモン」の商標が使われている。例えば、東京で販売されている商品にもくまモンがついていれば、熊本県産だと認識される状況になった。その結果、農業団体、農業者、漁業者などが、「くまモン」の登録商標をつけて販売するようになった（図6）。

ゆるキャラであるくまモンを活用した水産品の産地ブランド戦略は、産地ブランド戦略の拡大といえる。

図6　東京都内で販売されているくまモンが付された水産品

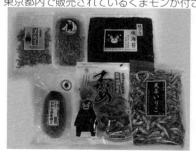

(5) 成功事例から

　水産品の産地ブランド化の成功事例を見ると、
　・産地の事業者が主体的に取り組んでいること
　・消費者からの声を生かしていること
　・法的に自己の使用を独占し、他者の実施を排他する独占排他権の登録商標
　　を活用していること
　・地方自治体が広報面の協力など積極的に参画していること
　・品質などブランドルールを設けていること
　などがあげられる。
　事業者の主体的な取り組みはブランド化を戦略的に推進することに繋がる。特に登録商標の使用許諾基準には漁獲方法、鮮度保持、産地などを課すことで、品質の安定化を図り、安心・安全性を担保したブランド育成を図ることが可能となるなど登録商標をうまく活用すれば、水産都市の水産品の付加価値化がより進むことが期待される。
　ブランド育成では登録商標の活用が重要であることを見出した。
　次節では、ブランド育成から見た知的財産を検討してみよう。

4　ブランド育成と水産業の知的財産状況[15]

(1) 品種登録状況

　日本には植物の新品種について育成者の権利保護や育成の振興を図ることを目的とした品種登録制度がある。水産品では海藻が品種登録の対象となるものの、海藻の種苗登録はほとんどなされていないのが現状である（表4）。

第Ⅲ部　セクターごとの産地ブランド戦略

表4　品種登録状況 [16]

	出願数	登録数
海藻	18	14
食用作用	1,518	1,330
工芸作物	252	210
桑	16	16
野菜	1,944	1,623
果樹	1,574	1,282
資料作物	400	364
草花類	18,774	14,758
鑑賞樹	5,189	4,183
林木	38	36
きのこ類	561	459

(2) **特許出願状況**

　日本には発明の保護と利用を図ることで産業の発達に寄与することを目的とした特許制度がある。水産品でも食品加工方法や養殖方法、漁網などの発明を創出することが出来れば、当然、特許の対象となる。しかし、Biz-Cruncher（株式会社パテント・リザルト社製）を使用して抽出した水産関連の出願数は、特許庁公表の多分野特許出願数と比較すると、少ない（表5）。

表5　分野別日本の特許出願状況 [17]

	2001年	2003年	2005年	2007年	2009年
水産関連	1,070	895	839	598	461
ライフサイエンス	2,181	5,075	6,807	9,121	14,662
情報通信	11,137	11,877	15,648	25,334	30,524
環境	806	1,001	1,365	1,841	2,081
ナノテクノロジー・材料	4,973	4,929	5,611	9,215	12,667
エネルギー	803	997	1,342	2,272	2,926
ものづくり技術	2,237	2,345	2,779	4,065	5,320
社会基盤	494	748	913	1,441	1,529
フロンティア	89	107	129	285	233

(3) 地域団体商標の出願状況

地域団体商標制度は地域ブランド保護を目的に創設された。

その出願数は、水産品よりも農産品の方が多い(図7)。また、注目すべき点は、弁理士等の代理人を立てない地域団体商標の出願割合が一番多かったのは水産品であった（図8）。

図7　分野別地域団体商標の出願状況[18]

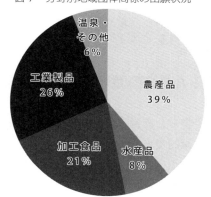

図8　分野別代理人をたてない地域団体商標の出願割合

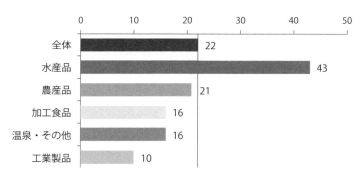

(4) 水産業の知的財産に対する意識

これは、水産業の企業経営体は中小かつ零細の企業経営体が多く、人材及び金銭面から知的財産までの手当が難しいことや、水産分野では特許や種苗登録の出願数が少なく、技術成果について知的財産を「取得・保護」するなどといった着想・発想がないことが考えられる。

発明の成立過程は、着想と具体化の概念で論じられることから、発明は着想

が無ければ具体化できないとも捉えることができる。

このことを知的財産戦略の立案（成立）に当てはめてみると、「知的財産」と「戦略」という着想がなければ、知的財産の戦略について「立案をすることはできない」ということになる。そのためには、水産業に携わる者が「水産分野で知的財産を取得・保護する」という着想に至る活動も必要である。

ブランド育成では知的財産の保護と共に、時代の流れにも対応することが必要である。そのため、次節では、今後の漁業と養殖業を見据えて、ブランド育成にも必要になることを考察してみよう。

5　ブランド化からみた今後の漁業と養殖業のあり方
(1) 漁業の資源管理

環境問題に積極的な姿勢をとる欧米諸国では、環境保護と共に生態系の保全や生物資源の管理にも積極的である。日本では水産物は一般的に天然物という理由から高値で取引されるが、欧米では資源保護の観点から、資源保護や資源管理がなされていない魚介類を小売店で取り扱わない、あるいは消費者が購入しないという動きがある。換言すれば漁業の資源管理ができていない水産品は、欧米諸国に輸出できないことにもつながる。

2012年のロンドンオリンピックでは、資源管理がなされた水産物のみを提供したが、2016年のリオオリンピックでも同様の方針となる可能性が高い。2020年に開催される東京オリンピックでも資源管理がなされた漁業が求められることも予想される[19]。

そこで、本節では、養殖について、エコラベルの可能性について概観した後に、水産業の持続性や未来について考察する。

(2) エコラベル

市場に並ぶ水産物が持続可能な海洋資源の利用であることを示す認証が、エコラベルである。それは、消費者が水産資源や海洋環境に配慮していること及びトレーサビリティーが確保された製品を選択することができ、安心・安全な商品を選択することにも繋がる。ブランド育成には、時代や消費者のニーズをくむことは重要であり、水産都市の自治体はエコラベルの趣旨を把握しつつ、推進することはますます必要となることであろう。

世界には多数のエコラベルがある（図9）。

図9 世界のエコラベルの一例[20]

ここでは、いくつかのエコラベルを紹介したい。

a）ＭＳＣ（Marine Stewardship Council、海洋管理協議会）[21,22]

　ＭＳＣのエコラベルと認証制度は、持続可能な天然魚漁業に対する世界有数の認証プログラムを提供するために最優良事例ガイドラインを満たしていることが特徴である。ＭＳＣは世界的に最も信用されている認証制度でもあり、例えば、世界最大のスーパーマーケットとして知られるアメリカのウォルマートの様にＭＳＣを取得していない水産物は取り扱わないことを宣言している業者もいる。

図10 MSCエコラベル

　ＭＳＣの認証は、国際的で専門的な基準（責任ある漁業のための行動規範（ＦＡＯ）、水産物エコラベルのためのガイドライン（ＦＡＯ）、社会環境基準設定のための適正実施規範（ＩＳＥＡＬ）、世界貿易機関の貿易の技術的障壁に関する協定の国際基準）を順守している。基準の順守は、しっかりとしたプロセスや独立性、透明性、公平性、及びステークホルダーとの協議といった価値を維持するためである。

なお、MSC認証申請の審査費用は、審査希望者が負担することをご留意戴きたい。

b）マリン・エコラベル・ジャパン[23]

FAOは、環境と調和した持続的な水産資源の利用や生態系の保全に関する一般原則を提起し、水産エコラベル認証の枠組み形成を主導してきた。そのエコラベルの日本版として2007年12月に発足したのが、マリン・エコラベル・ジャパン（MELジャパン）である。

図11　マリン・エコラベル・ジャパンエコラベル

マリン・エコラベル・ジャパンは、水産資源の持続的利用や生態系の保全を図るための資源管理活動を積極的に行っている漁業者を支援し、かつ、消費者をはじめとする関係者の水産資源の持続的利用や海洋生態系保全活動への積極的参加を促進することを目的として設けられた。

なお、本ラベルは、漁業の持続性（資源管理と生態系への影響の配慮）を認証するものであり、品質や安全性は要件に含まれていない。

(3) **水産養殖の未来**

a）日本の水産養殖の現状

地方自治体や水産試験場が主導して、地域振興の予算を元手に西日本を中心に地域の農林産品を餌料に添加して育てた養殖まだいのブランド化も進められている。また、東京都内を中心としたオイスターバーのブームもあり、養殖牡蠣業者は、生食用・加工用の用途区分け、出荷時の成長年数による大きさの区分け、牡蠣の出荷停止及び食中毒の原因ともなるノロウイルス管理、海域の特徴による味の訴求などを通して、産地ブランドを育成している。

日本では、牡蠣やまだいの他に、あわび、ほや、なまこ、うになど養殖もさ

れており、それなりの収益をあげ、養殖業者が生計を立てている事例もある。天然物と比較して品質管理が容易な養殖物のブランド化もあきらめてはならないことである。

b）ASC（Aquaculture Stewardship Council：水産養殖管理協議会）

　水産養殖も過剰な餌料投与や魚病の発生などで養殖漁場環境の悪化が問題となるなど、養殖業持続のために資源管理が求められる時代となった。その背景もあり、創設されたのが、養殖版海のエコラベルとして知られるASC（Aquaculture Stewardship Council：水産養殖管理協議会）制度である。

図12　ASCエコラベル

　ASC制度は、環境に大きな負担をかけず、地域社会にも配慮した養殖魚を「認証」し、エコラベルを付与した養殖水産物は責任ある養殖水産物であることがすぐにわかるようにしている。ASC認証対象魚介類は、ティラピア、パンガシウス、サケ、二枚貝（カキ、ホタテ、アサリ、ムール貝）、アワビ、淡水性マスである。

c）水産養殖の未来

　食糧自給の問題は、日本だけでなく世界的な課題である。その問題は、世界人口が65億を超えた現在では、潜在的な能力と高い飼料転換効率で動物性タンパク質の供給可能な養殖が重要な役割をより課せられている旨の報告もあり[24]、世界的に水産養殖への期待は高い。

　ASCの認証は、その養殖品の原産地や生産手法を明らかにしている、つまり、トレーサビリティーが可能になることから、品質管理にも寄与することができる。

　消費者からも漁業水産物のＭＳＣ認証と同様に養殖水産物のASC認証が求められる時代がすぐそこまで来ている。

　日本でも水産養殖の生産量増大やコスト削減などの技術向上と併せて養殖業

者の生計を立てるためにも付加価値が価格向上につながる養殖物のブランド化が求められている。養殖業界は資源管理がなされた養殖魚であることを示すASC認証も取得していくことは必須になるだろう。

次節では、2015年6月に施行された地理的表示制度と水産品の関係を考えてみよう。

6　水産品と地理的表示制度
(1) 水産品の登録実情
2015年8月31日現在、地理的表示制度の登録申請に水産関連品を見出すことはできない。

地理的表示によるメリットは、

①直接販売等販売面における有利性の確保、

②登録産品が加工品の場合、生産から加工までを通じた一体的な価値の創造、提供、

③地理的表示産品を原料とした加工品（非地理的表示産品）についての波及効果等

が期待され、水産物の生産を基に、その加工・販売を一体的に行う6次産業化に資することも期待される[25]。

そのため、同制度の活用を薦めると共に、産地ブランド育成の視点から簡単な留意点を紹介したい。

(2) 外国での水産品登録事例
地理的表示制度導入国の水産関連登録は養殖関連が多い。例えば、イギリスのスコティッシュ・ファームド・サーモン（鮭）、フランスのコキーユ・サン・ジャック・デ・コート・ダルモール（ホタテ）である。双方ともに少量の生産であるが、ブランド化に成功している。

日本でも養殖品のブランド育成に活用の可能性があることも心に留めてよいことである。

(3) 地理的表示の申請及び活用

水産品ならではの地理的表示制度について申請時の留意事項及び登録後の活用方法を簡単に紹介したい。

a) 対象品

地理的表示制度の対象となる品目は、特定農林水産物等の名称の保護に関する法律（平成二十六年法律第八十四号）第三条第二項の規定に基づき農林水産大臣が定める農林水産物等の区分等に記載されている。そのうち対象となる水産品（2015年8月31日現在）は、下記の通り7分類である。

　　　第十類　　　　魚類
　　　第十一類　　　貝類
　　　第十二類　　　その他水産動物類
　　　第十三類　　　海藻類
　　　第二十四類　　加工魚介類
　　　第二十五類　　加工海藻類
　　　第二十六類　　その他水産加工品類

一般的に知られている水産品は全て含まれている。

b) 生産地

生産地は品質等の特性が当該地域と結びついていることが必要である。

定置性を示しづらい回遊魚は産地との結びつきを示しづらいかもしれない。その一方、養殖は産地やその土地との繋がりが密接であることから、地理的表示制度に適しているとも言える。海外での登録事例では水産品は養殖品が多いことがそれを象徴している。

また、加工品は、その生産、加工及び調製のすべての工程が定義された地理的地域において行われていることが要件であることから、出荷前の製品の工程管理が全て水産都市で行われていることが必須であることにも注意する必要がある。

c) 伝統性・周知性

地理的表示制度の特徴は伝統性の要件にある。伝統性の要件は25年程度

の継続使用があることである。そのため、近年開発を進めてきた養殖魚などは地理的表示での申請が難しいことになる。

しかし、地域団体商標など商標登録の際に必要な周知性の要件を課されることはない。地域団体商標は周知性の要件で登録ができなかった水産品でも、継続して生産が実施されている水産品は地理的表示制度の対象となる可能性もある。

なお、地域ブランドの業務に携わる際には、新しいものを一から作るのではなく、地域で継続している漁業や養殖業などを改めてみつめ直して欲しい。周りには知られていないものの、伝統のある漁獲方法や栽培方法があり、ブランド育成が期待できる水産品については地理的表示制度の登録の可能性が期待される。

これらのことから地理的表示制度の活用をどんどん見つけて欲しい。

d）生産の方法・特性

生産には、養殖の他、漁獲・採集も含まれる。また、海流や海の深さなど地域の特色を生かしていることも必要である。それには、同品種で自地域と他地域との産品を比較し、その違いを示す方法がある。他者（他地域）との違いを知ることはマーケティングの第一歩でもある。

また、他地域との違いは科学的データを示すことが近道である。しかし、予算の都合がつかない場合は、見た目、時期、味など、費用を使わない手段も検討してほしい。

e）品質管理方法

地理的表示の登録申請書に生産工程管理を記載する必要がある。

生産工程を文章化する過程では、品質及びその管理を明記することは難しいかもしれないが、品質保証にもなるので、品質の根拠を見極めて欲しい。

登録後は、登録団体が生産工程管理業務規程に基づき生産・加工業者を管理し、農林水産省に実績報告書を提出する必要がある。また、農林水産省による立入検査もある。

そのため、登録後の品質管理の確認マニュアルの作成なども事前に検討いただきたい。

f) 商標権との調整

　地理的表示制度の申請者と商標権者が別の団体である場合は、商標権者等の承諾が必要になる。承諾を以て地理的表示登録の団体構成員に商標を無償使用許諾する手続きが必要になる。

　登録商標の状況を調査すると共に、商標権者が別にいる場合は承諾の調整も必要となる。

(4) 産地外で付与される GI マーク

　地理的表示に基づく登録標章（ＧＩマーク：Geographical Indication）の表示は、産地では必須ではないもの、消費地では必須である。

　水産業は、消費者に届くまでに様々な業種が関与し、冷凍・冷蔵技術が進歩し、消費範囲も拡大している。その結果、折角取得したＧＩマークが消費地で表示されていないとか、誤った表示がなされているなどの状態では地理的表示の登録メリットを生かしきれなくなる。

　地元の水産品が消費地でどのような評価を受けているのかと併せてＧＩ登録の効果を見るために、消費地での実地調査をすることも必要であろう。

7 まとめ

　水産品のブランド化は、安心・安全が担保された水産品を継続して提供することが鍵となる。その担保措置に独占排他権でもある知的財産権、特に、現在では登録商標や地理的表示制度を活用することは有効である（図13）。

図 13　水産品のブランド戦略

水産分野では知的財産取得の意識が低いものの、知的財産権の戦略的な活用を期待したい。

グローバル化が進む今日は、世界基準での対応及び製品化までの確証のあるストーリーの存在が重要である。消費者から購入の選択権を得るためには、消費者（需要者）のニーズ及び時代への対応をしていくことになる。その結果、消費者（需要者）の信用を獲得し、その根拠ともなりステータスともなるものが登録商標やＧＩマークである。この名称及びマーク自体がブランドとなるのである。

製品づくりのストーリーでは、漁業及び養殖の資源管理は重要になってくる。例えば、アメリカの様にエコラベルが付与された鮮魚を購入してもらうためにも産地での水産資源管理は重要である（図14）。

図14　鮮魚売場にエコラベルが並ぶアメリカのスーパーマーケット

水産業は様々な産業が入り組んでいることから連携や調整が大変ではある。しかし、連携がうまくいけば、ブランド化への道のりは近く、成就すれば強力な信頼と共に次につながる以上のスパイラルが動きだすことであろう。

その意味からも、地方自治体、水産業者などが、他地域の組織も入れながら連携することは重要であることはいうまでもない。水産品の産地ブランド育成が成功した暁には、水産都市が振興され、ひいては、水産業の振興につながる。

参考文献

1 コーリン・クラーク（著），金融経済研究会（翻訳），経済的進歩の諸条件，日本評論社，東京，1945
2 FAO, The State of World Fisheries and Aquaculture 2014
3 農林水産省公表，漁業・養殖業生産統計年報
4 農林水産省公表，2013 年漁業センサス
5 農林水産大臣公表，平成 24 年漁業経営調査報告，2013/10/4
6 ブリタニカ国際大百科事典小項目事典，https://kotobank.jp/dictionary/britannica/
7 松村明（監修），大辞泉，小学館， 1998
8 日刊水産経済新聞，平成 26 年全国主要漁港（市場）水揚表に掲載された漁港名，2015/1/6
9 ヒット商品を支えた知的財産権，第 36 号，2004 冬号，関さば関あじ，2004
10 関あじ，関さばに続け！，朝日新聞夕刊，2015/6/20
11 特許庁，百花繚乱！地域ブランド！地域団体商標２０１２，2012/2
12 くまモンオフィシャルホームページ　https://kumamon-official.jp/
13 熊本県くまもとブランド推進課宮本英明，熊本県商工観光労働部くまもとブランド推進課インタビューくまモン（登録商標）を使用した経緯，パテント，Vol.67, No.7, 2014/6
14 特許庁，平成 26 年度商標出願動向調査報告書（概要），2015/3
15 知的財産イノベーション研究の展望　明日を創造する知財学，日本知財学会　知財学ゼミナール編集委員会編，株式会社白桃書房，第 12 章　水産業における知的財産取得に向けて，2014/12/6
16 農林水産省公表，品種登録の状況，2015/3/31
17 特許庁公表，重点 8 分野の特許出願状況，2011/8/26
18 特許庁公表，平成 20 年度商標出願動向調査報告，2009
19 勝川俊雄，世界市場で求められる水産資源の持続性，日本水産学会　水産利用懇話会　平成 26 年度第 2 回講演会，2015/2/3
20 EUSEM（European Science Events & Media）ホームページ内 Certification and labelling of fisheries and seafood products　サイト http://www.eusem.com/main/ComFish/FKP2-bg
21 MSC（Marine Stewardship Council、海洋管理協議会）ホームページ https://www.msc.org/
22 MSC ジャパンホームページ　https://www.msc.org/jp
23 マリン・エコラベル・ジャパンホームページ http://melj.jp/outline/index.cfm
24 LIAO I Chiu, The Role of Aquaculture in Upcoming Food Crisis, Fish Pathology, Vol.44 No.1 Page.1-8, 2009
25 内藤恵久，地理的表示の保護について－EU の地理的表示の保護制度と我が国への制度の導入－，農林水産政策研究，第 20 号，2013

海なし県　群馬県における水産品のブランド化の取り組み

群馬県蚕糸園芸課 水産系 主任　神澤　裕平

1　背景

群馬県は海に面したエリアのない海なし県である。その群馬で川魚のニジマスのブランド化が図られている。それも刺身としても食べることができる食材として売り出しているという内容だ。

歴史的な経緯をみてみよう。ニジマスは通常2年で成熟するが、群馬県の水産試験場（以下「水産試験場」という）では、種苗生産事業用に継代飼育しているニジマスに3年で初めて成熟する家系がごく稀に存在することが分かり、その通常より銀色の光沢を帯びたニジマスを「ギン」と呼んで区別してきた。ニジマスは成熟すると肉質が低下する。従って、通常のニジマスは2年で肉質の低下がみられるが、通称「ギン」は、大型になっても3年で成熟するまで肉質が低下せず、刺身等の利用が可能となる。

そこで、水産試験場では、昭和62年から「ギン」を親魚に用いて選抜育種を開始し、10年以上の歳月をかけて固定化に成功した。群馬県では、このニジマスを正式に「ギンヒカリ」と命名するとともに、平成14年に商標登録して、群馬の最高級ニジマスとしてブランド化を図ってきた。ギンヒカリの生産量は、平成21年には20t、平成25年には30tを超え、増加傾向にある。絹のようなきめ細かい肉質、上品な味はプロの料理人からも高い評価を受けており、現状では主に群馬県内の温泉旅館・ホテル、飲食店等で消費されているが、県外にも一部出荷され、首都圏などで珍重されている。

2　産地ブランド管理の体制・工夫・課題

ギンヒカリの生産管理の体制と知財の対策をみてみよう。ギンヒカリの生産主体である群馬県養鱒漁業協同組合では、生産者を中心にギンヒカリ部会（以下「部会」という）を発足させ、生産振興や販売方針等を検討している。部会では、出荷するギンヒカリは水産試験場で生産された種卵・種苗であること、アスタキサンチンを主体とした色揚げ成分を含む飼料を3ヶ月以上与えたもの、魚体重は1kg以上である等の明確な基準を設けた。このように、生産者がはっきりと分かり、合

意に至っている基準があることはブランド化に向けたポイントと言える。

　この他にも、過度の油脂を与えないようにする等、申し合わせ事項できめ細かな生産管理を行うことにより、高品質な魚の生産とブランド力の維持を図っている。また、偽装表示等に対応する観点から、部会員が生産・販売したギンヒカリ取扱者に「ギンヒカリ証明書」を発行し、流通管理を行っている。この証明書は、部会役員会で審査し、その後2年間を有効期限と定めている。さらに部会員に対して研修会を実施する等、ギンヒカリの品質向上やブランドイメージの維持に努めている。

3　商標における課題及び工夫したこと

　群馬県では、平成12年度に「群馬のマス」ブランド化推進事業を立ち上げた。その中で、調理師会、観光協会、温泉旅館協同組合、生産者等で構成するブランド化検討委員会を発足させ、ネーミング、宣伝、販売等を検討した。ブランド化検討委員会の結果等を踏まえて、県はギンヒカリを特許庁に商標出願し、文字商標を登録した。ギンヒカリという名前を永続的に保護する必要性から出願が検討され、類似品の発生を防ぎ、名前を独占的に利用するために出願、登録が行われた。県が出願した背景には、ギンヒカリ自体が、水産試験場が開発したという経緯があり、水産振興のためにも県が出願するのが望ましいという県の判断があった。

　当初はギンヒカリの生産量も少なく、知名度も低かったため、県としてもレインボー作戦と銘打って、生産者へ飼料代や飼育管理費の補助を行うとともに、展示用ギンヒカリの剥製、のぼり旗、パンフレットの作成、ＰＲ方針や事業方向を話し合うワーキンググループの運営など知名度アップを図る活動を積極的に実施した。現在では、部会や群馬県によるイベント等でのＰＲ効果もあり、テレビや新聞等のメディアによる取材も増加している。さらに、群馬県養鱒漁業協同組合は、群馬県のマスコットキャラクターである「ぐんまちゃん」を宣伝担当理事に任命した。ぐんまちゃんをＰＲポスターにも起用したことも功を奏し、ギンヒカリの注目度は益々上昇しており、年々、県庁や群馬県養鱒漁業協同組合への問い合わせが増えている。

4　今後の展開と行政への期待

　群馬県養鱒漁業協同組合の戸部潔代表理事組合長に聞き取りを実施したところ、いくつかのポイントが出た。まず人材育成の観点から、ギンヒカリは水産試験場における種苗生産時の副産物であり、優良種苗の作出のみならず、種苗生産において良好な親魚を選び抜く能力も現場の職員には必要となることが指摘された。

　今後の潜在性として、ギンヒカリは、三倍体にしたバイテク魚とは違い、選抜育種により作出しており、他県産ブランドマスとは差別化を図れる他、さらに選抜育種を重ねることでより良好な形質の出現も期待できる。他県の公設試験研究機関をみると、種苗生産から撤退した事例も多いが、群馬県では現在でも継続しており、それが強みであると組合長は感じており、群馬県に対する要望として、今後も、日々の研究を進めるとともに、優良な形質を持った系統を保持・作出ができる環境を維持していくことが重要であるという点を指摘した。

　群馬県の今後の取り組みとしては、海なし県のブランド魚、ギンヒカリを通じた群馬県の魅力向上を目的として、引き続き、商標を維持し、名前を保護するとともに、部会と連携を取り、生産量増加のバックアップや積極的にＰＲを行い、消費拡大を図っていくことが考えられている。

column

農林水産分野の知的財産と弁理士の関係

東京海洋大学　産学・地域連携推進機構　弁理士・URA　**前田　敦子**

さて、みなさんは弁理士という職業をご存知でしょうか。

私は東京海洋大学で地域連携や産学連携を推進するための業務に携わる立場にありながら、弁理士資格も持っています。そのような立場からすると、弁理士という職業をご存知の方がいらっしゃればうれしいかぎりです。

そんな仕事をしていることから水産都市[1]のお役所や各種組合などに行く機会が多々あり、その場での名刺交換でほとんどの場合に「弁理士とはどんなことをやるお仕事ですか」と質問をいただきます。また、弁理士という職業をご存知の方でも、弁理士と仕事をしたことがないということを多く聞きます。そのようなときは、弁理士の仕事内容を紹介するよい機会になります。

これから地域振興に向けて取り組もう、あるいは具体的に地域ブランドの創出や新製品を開発しようとしている組織にいる方が、弁理士を知らない・弁理士と仕事をしたことがないということは、弁理士の仕事についての広報活動が足りないことの反省材料であります。同時に、農林水産分野に携わる方が弁理士を活用する機会がほとんどなかったということであるならば、医学分野や工業分野に比べると知的財産に対する意識が薄いということにも通じるのかもしれません。

そこで、ここは弁理士の仕事を少し紹介させていただきます。

日本弁理士会のホームページを見ると、弁理士とは、「<u>産業財産権に関わるすべての事務手続を代理することができる国家資格保有者</u>」と定義されています[2]。簡単に説明しますと、発明や考案について特許権や実用新案権を取得したいとき、商品名やサービス名やロゴマークや特徴があればそれにまつわる色や音について商標権を取得したいとき、物品のデザインについて意匠権を取得したいときに、依頼者に代わってその出願業務を行う有資格者が弁理士で、知的財産のスペシャリストです。

また、平成26年に弁理士法が改正されました。この改正により、弁理士の仕事は、出願以前のアイデア段階における発明発掘等の相談業務や、ライセンスなどの契約代理業務や税関で物品の輸入を差し止めるなどの水際業務も含まれることが明記されることになりました。

今は、世の中の要望（ニーズ）や利用者のサービスに対応するソフト化の時代です。知的財産の専門家である弁理士もこの時代に対応するように、知的財産の出願代理業務にとどまらず、出願に入る前の段階での出願の検討の際や、さらには、知的財産権の権利化の有無にかかわらず、その活用の際に、助言する業務も担うようになりました。

知的財産と知的財産権の関係図

column

　時代に対応していくためにも日本国内のみならず海外も含めて産業界の構造や経済も勉強しながら切磋琢磨しております。農林水産分野の勉強も例外ではありません。

　先の図を見てもわかるように、知的財産と一言でいっても、本誌で紹介している地理的表示だけではなく、色々なものがあります。例えば、著作権のように制作しただけで権利が発生するものもあれば、地理的表示や特許や商標のように出願という手続きを経なければ権利化できないものもあります。したがって、知的財産を適切に守りかつ活用するためには、それを権利として保護するのか否かも検討しなくてはなりません。仮に、ある新品種を開発した場合、種苗登録だけでなく、特許も取得できる可能性があるかもしれないのに、そうした機会を逃している可能性があります。

　そうした機会を逃さないためにも、地域の方には、自分の地域にどの様なものがあるのかを把握することから力を入れて欲しいものです。様々な発見があるかもしれません。更には、自地域と他地域との違いを知ることで、客観的に自地域の強みと弱みを把握することに繋がるものと思います。

　そうした段階で、地理的表示や特許の出願明細書を弁理士に依頼することができれば、ブランド育成も戦略的な展開が叶うかもしれません。

　また、この本を読んで、地理的表示の登録（に限らず、知的財産の取扱い）は、面倒だな・煩雑だなとか、どうやって活用するのだろうと思った人もいるかもしれません。そうしたとき、相談にのることができる者が弁理士です。弁理士に地理的表示の出願や商標登録出願を依頼することは勿論のこと、開発した製品などはどの権利で保護するのか、または、特許化するためにはどの様なデータが必要か、さらには、他のネーミングと似ているネーミングを使用してもいいのだろうか、他の土地でも似たような栽培方法で栽培しているが問題はないだろうか、伝統的手法をどの様に知的財産で守っていくのだろうか、開発した加工品の製造方法を他には真似されたくないなどなど、今の担当業務で思っていること、疑問なこと、もしくは仕事に関わらず興味があることについての諸々のことを相談してみてください。

　弁理士の大半は、東京・大阪・名古屋などのいわゆる大都市にいますので、そのような大都市から来た弁理士に地域の悩みごとを相談する手もあります。そのような場合には、知的財産に関係する専門的情報の提供以外に、地域外の新たな視点・観点を学ぶ良い機会になるかもしれません（日本弁理士会も特許・意匠・商標なんでも110番として、無料知的財産相談を実施しています[3]）。

　弁理士に相談し、助言を得るには多少なりの費用がかかるかもしれません。しかし、そうした費用を使うための予算を地方自治体の財政や国からとることも地域振興にとっては必要だと思います。多くの組織や人が携わることになる地域振興・地域おこし・地域ブランド育成は、財産権でもある知的財産権の活用が鍵になるとの報告も数多くあります。熊本県の「くまモン（登録商標）」を活用した農林水産品のブランド化への取り組みも知的財産を活用した地域振興の一つの事例です。

　本書をきっかけに、地域振興プロジェクトなどに、知的財産の専門家（弁理士など）を入れながら地理的表示などの知的財産を活用していくことを、是非、検討してみてください。

1　水産都市とは、単に都市内に漁港を有するだけでなく、その都市がもつ機能のなかで水産物の流通や加工などの比重が高い都市のこと
2　日本弁理士会ホームページ内　弁理士とは　http://www.jpaa.or.jp/?cat19（2015年8月20日アクセス）
3　日本弁理士会ホームページ内　無料知的財産相談のご案内（特許・意匠・商標なんでも110番）http://www.jpaa.or.jp/?cat=777（2015年8月20日アクセス）

第14章
清酒・本格焼酎にみる地理的表示の現状と課題

佐藤　淳　(㈱日本経済研究所 上席研究主幹)

　先行的に地理的表示を実施している清酒と本格焼酎を対象に、なぜ地理的表示の効果が限定的だったのかを検証した。その結果、本格焼酎は産品基準に課題があること、清酒は情報流通に課題があったが、東日本大震災を契機に改善されたことが明らかとなった。本格焼酎の課題は地理的表示に絡めて産品基準を改善することで対応可能である。一方清酒の更なる発展のためには品質改善のエンジンが必要である。

1　はじめに

　地理的表示に対する期待は、地域資源を活かした良品の素晴らしさが消費者に伝わり、産地がブランド化されることにある。しかし、先行的に地理的表示が実施された、清酒と本格焼酎では、その効果は限定的で、地理的表示によって産地ブランドが形成されたとは言い難い。なぜうまくいかなかったのだろうか。

　食品表示や情報伝達に関する先行研究を踏まえると、二つの仮説がうかぶ。一つは、a 伝えるべき品質情報が整理されていなかったのではないか、もう一つは、b 情報の伝え方に問題があったのではないか、である。

　本章では、①酒類表示の実例を通じて伝えるべき品質情報の課題を整理し、次に、②情報伝達の理論と震災後の情報流通の変化をまとめることによって上記仮説を検証する。

　第1節（本節）では、本章の背景、目的、仮説と全体の構成を示す。

　第2節では、伝えるべき品質情報の問題を整理する。地理的表示は原産地に由来する品質上の特徴を伝えるものである。ところが酒類では、品質表示に混

---
[1] 非対称情報市場における逆選択

乱がみられた。先行研究をベースに、食品の表示基準を、産品基準（品質表示）とプロセス基準（地理的表示）に分け、酒類では、両方の基準が活用可能であったにもかかわらず、それらを活かすことが出来ず、特に本格焼酎において混乱がみられたことを明らかにする。

第3節では情報の伝え方を検証する。情報の伝え方に障害があると、消費者が退出し、市場は縮小する[1]。酒類では、品質の表示方法に問題があったり、小売り自由化による流通チャネル変化が情報流通を阻害したりするなどして、市場の失敗に近い状況が生じていた。市場の失敗は、歴史的経路から清酒において特に大きかったが、東日本大震災と被災地支援購買は情報流通を大きく改善し、産地ブランドの形成がみられつつある。

第4節には、結論をまとめた。先行的に示すと表1の通りである。酒類産業の更なる発展とブランド化のためには、農産物に対する地理的表示制度（地理的表示法）の導入を契機に、表示制度のあり方や伝え方を再検証し、より効果的なシステムが議論されるべきである。

表1

	表示制度	情報の伝え方	総合評価
本格焼酎	△	△	△
高級清酒	×→○（1992）	×→○（2011）	×→○（震災後）

出典）筆者作成

2　伝えるべき品質情報－表示制度のあり方

酒類産業は1995年から地理的表示を導入している。酒税の保全及び酒類業組合等に関する法律（以下酒団法と略す）が、酒類の表示を定めているので、その告示という位置づけである。「純米酒」のような特定名称酒の表示制度（1992）も同様に酒団法告示で定められている。さらに原材料表示は業界の自主ルールの場合もある（焼酎）。

地理的表示を定めた国際協定（TRIPS協定[2]）では、地理的表示は原産地に由来する品質上の特徴を表すものとされている。しかし、品質上の特徴は、例えば特定名称酒制度が担い、地理的表示の役割は残されていなかった。

2 世界貿易機関を設立するマラケシュ協定附属書一Cの知的所有権の貿易関連の側面に関する協定

本節では、まず食品表示基準の概念をまとめる。続いて、現行の表示基準を概説し、本格焼酎をめぐる混乱の検証を通じて課題を整理する。

(1) 産品基準（品質表示）とプロセス基準（地理的表示等）

Joslingら（2004）は、食品の規制や表示に関する基準を、品質のみに絞った「産品基準（品質表示）」と、品質が依拠する地理的特徴などを表示する「プロセス基準（地理的表示等）」に整理した。産品基準（品質表示）は経済効率的で、プロセス基準（地理的表示等）は排他的な利益をもたらすと、下記のようにコメントしている。

品質志向型の規制（表示）には、①最終製品の属性（内容属性 content attribute）に基づく産品基準（品質表示）と、②生産地を含む生産プロセスの特徴（プロセス属性 process attribute）に基づくプロセス基準（地理的表示等）がある[3]。

一般的には産品基準のほうが、企業が最小のコストで規制目標を満たす余地があるため経済効率的とされるが、検証コスト等を考えるとプロセス基準が効率的な分野もある[4]。

またプロセス基準である地理的表示は、知的所有権の一形態であり、排他的な地位を確保することによって、利益を確保することができる。例えば、プレミアム価格を得るために、"ボルドー"といったような地理的表示が長年用いられてきた。近年では、差別化されたワイン、アルコール類および食品のグローバルな需要が爆発的に伸びたことによって、地理的表示の使用に対する関心が高まっている[5]。

Joslingら（2004）の研究から、産品基準（品質表示）と、プロセス基準（地理的表示等）という二つの視座が得られた。本章では、この視座を用いて分析を進める。

但し、Joslingら（2004）の整理は静的なものであることには留意が必要である。品質は事業者の努力によって進化する。表示システム等にその種のダイナミズムをどう織り込むかが、成功の鍵とみられる。

---

3 Joslingら（2014）, p.13
4 同, p.29
5 同, p.20

(2) 酒類における産品基準（品質表示）

　酒類において産品基準（品質表示）に相当するのは、酒税法及び酒団法告示である。まず酒税法において基本的な品質が定められ、単式蒸留焼酎[6]については、酒団法施行規則[7]において、本格焼酎と泡盛の産品基準（表示）が定められている。清酒については、同じく酒税法に加えて酒団法告示[8]において、特定名称酒8種類が規定されている。なお地理的表示は特定名称酒と同様に酒団法告示の位置づけである（図1）。

　まず、単式蒸留焼酎についてみてみよう。酒税法により、原料（穀類、芋類、こうじ、酒粕、砂糖、その他）と蒸留方法（単式）が定められている。蒸留方法が連続式である場合は連続式蒸留焼酎[9]に区分される。本格焼酎は単式蒸留焼酎のうち、蒸留後に砂糖等を添加するものを除いたものであり、泡盛は、黒麹菌を用いた米焼酎にのみ、その呼称が許可される。

　原材料表示は、各業界による自主基準[10]として実施されている。また、単式蒸留焼酎と連続式蒸留焼酎を混和した酒類の原材料に関しては、両業界による自主基準[11]として冠表示が許されている。これは、混和後の焼酎が原材料の香味特性を有する場合に限り冠表示（芋焼酎等）を許可したものである。なお、単式蒸留焼酎のうち泡盛には、古酒の表示ルールを定めた自主基準がある。

　次に清酒であるが、酒税法により、原料（米、醸造アルコール[12]等）及び、醸造アルコールの添加上限が規定されている[13]。その上で、酒団法告示で特定名称を許可する8種類及び原材料表示が定められている（清酒の製法品質表示基準）。

　8種類の内訳は表2の通りである[14]。大きくは、吟醸、純米、本醸造の3区分であるが、吟醸と純米は概念上の重複がある（ex 純米吟醸酒）。また純米以外は醸造アルコールが添加可能である。添加上限は白米重量の10%以下とさ

---

[6] 乙類焼酎（旧称）とも称される。法文では「しょうちゅう」とされるが「焼酎」と表示しても差し支えないとの酒団法・法令解釈86の52(1)イに基づき、本章では「焼酎」と記す
[7] 酒類業組合法施行規則第11条の5
[8] 酒団法第86条の6第1項の規定に基づく国税庁告示第8号「清酒の製法品質表示基準」
[9] 甲類焼酎（旧称）とも称される。また混和焼酎は甲乙混和（連続式・単式混和）とも称される
[10] 単式蒸留焼酎は、不当景品類及び不当表示防止法11条に基づく原材料表示自主基準として「表示に関する公正競争規約及び同施行規則」を定めている。連続式蒸留焼酎は同法に基づかない自主基準による原材料表示
[11] 日本蒸造組合中央会，日本蒸留酒酒造組合，2013/1の改正に，混和焼酎情報の広報努力付則が盛り込まれた
[12] 海外から廃糖蜜由来の粗留アルコール（無関税）として輸入されたのち連続蒸留され酒類原材料として供されるもの
[13] 例えば一般酒（特定名称酒以外の清酒）の平均アルコール添加割合は42.3%（2010）
[14] 特定名称に該当しない酒類は、一般酒又は普通酒と呼ばれることが多い。本章では一般酒と呼ぶ

れている[15]。

図1　酒類関係法令と表示等の関係

出典）筆者作成

表2　清酒の製法品質表示基準

特定名称	使用原料	精米歩合	麹米使用割合	香味等の要件
吟醸酒	米、米こうじ、醸造アルコール	60%以下	15%以上	吟醸造り、固有の香味、色沢が良好
大吟醸酒	米、米こうじ、醸造アルコール	50%以下	15%以上	吟醸造り、固有の香味、色沢が特に良好
純米酒	米、米こうじ	－	15%以上	香味、色沢が良好
純米吟醸酒	米、米こうじ	60%以下	15%以上	吟醸造り、固有の香味、色沢が良好
純米大吟醸酒	米、米こうじ	50%以下	15%以上	吟醸造り、固有の香味、色沢が特に良好
特別純米酒	米、米こうじ	60%以下又は特別な製造方法（要説明表示）	15%以上	香味、色沢が特に良好
本醸造酒	米、米こうじ、醸造アルコール	70%以下	15%以上	香味、色沢が良好
特別本醸造酒	米、米こうじ、醸造アルコール	60%以下又は特別な製造方法（要説明表示）	15%以上	香味、色沢が特に良好

出典）国税庁

(3) 酒類の地理的表示

　酒類の地理的表示は1994年のTRIPS協定に基づくものである。TRIPS協定では、ある産品の品質上の特徴がその原産地に由来している場合、その産地

[15] アルコールベースに換算したアルコール添加割合は、吟醸系22.8%、本醸造系23.1%（2010）

第14章　清酒・本格焼酎にみる地理的表示の現状と課題

名を表示するということが合意された[16]。従って、その含意は、地理的表示＝品質表示（産品基準）である。

　我が国は協定に基づき、酒類に関しては直ちに（1994）国税庁告示によって、先行的に地理的表示を定めた[17]。同告示に基づき20年かけて6産品が地理的表示として指定されている。まず直後に焼酎の「壱岐」(1995／6)、「球磨」(1995／6)、「琉球」(1995／6)が、その約10年後に同じく焼酎の「薩摩」(2005／12)、清酒では「白山」(2005／12)が、そのまた約10年後にワインの「山梨」(2013／7)が指定された。

　しかし、例えば清酒の地理的表示が「白山」（石川）に留まるなど、全国に広がったとは言い難い（なお「白山」以前に県や協会[18]による独自の地理的ラベル創出が数件存在する[19]）。また、本格焼酎においても、後述の通り混乱がみられた。これは、先にみた通り、酒類の表示制度が、酒団法による産品基準、酒団法によるプロセス基準（産品基準を内包する地理的表示）、業界自主基準等、多岐に亘り、しかも特定名称酒制度に象徴されるように、各々が複雑であることから、消費者が理解できなかったためとみられる。

(4) 品質表示の混乱事例

　本格焼酎を題材に、品質表示の混乱例を示す。本格焼酎は、2007年にピークアウトするまで、概ね戦後一貫して成長してきた（図2）。特に2000年以降は「芋焼酎ブーム」と言われるような活況を呈し急成長をみた[20]。

　しかし、ブームの最中に、小売の自由化が実施され、販売のチャネルが、酒屋から大規模店にシフトした（図3）。対面販売による情報流が減少し、価格だけが購買のシグナルとして徐々に重視されていく。そんな流れのなか、急速に売り上げを伸ばしたのが、甲乙混和焼酎[21]とされる。

　図4に、本格焼酎、甲乙混和焼酎の表示例を示す[22]。焼酎の表示は、大きく

---

[16] 高橋（2015），pp.12-13
[17] 制度の詳細は本章末尾表4参照
[18] Baumert（2012），p.174：新潟清酒産地呼称協会（1997），長野県（2002），佐賀県（2004），北海道（2004）
[19] 白山と異なり、道県内の酒米使用に限定しているが、北海道と長野では高級酒米山田錦の栽培が困難であるなど、品質基準としては議論の余地が残る
[20] 佐藤（2002），pp.32-33
[21] 連続式（甲類）と、単式（乙類）を混和した焼酎。甲類8割、乙類2割程度が多い。甲類の原材料は海外産の粗留アルコール。乙類の芋は国内産、麦は海外産が多い
[22] 佐藤（2012），p.26

3つに区分される。1つは酒団法に基づくものである。本格焼酎、焼酎甲類乙類混和等の表示が該当する。2つ目は地理的表示である。図4では、薩摩焼酎の表示および黒ジョカのマークが該当する。最後は業界自主ルールに基づくものである。図4右の「いも焼酎」表示である。業界自主ルールは原材料の香味特性を示す冠表示であり、この場合は芋焼酎が混和されているので表示が可能である。

焼酎において原材料が表示されているのは、最大でも2ヶ所である。表面の冠表示と、裏面の原材料表示である（いずれも自主ルール）。従って、消費者が店頭で最も目につきやすい原材料表示は冠表示となる。原材料表示は品質情報の多くを伝達する。消費者は、冠表示を品質表示と認識した可能性が強い。その伝達力は、酒団法表示や地理的表示を凌駕したとみられる。

海外原料である粗留アルコールをベースとするなど原材料の品質をさほど気にする必要がない連続式（甲類）を主体（8割程度が多い）とした混和焼酎の価格競争力は強力である。小売りの自由化によって、口頭情報が潰え、表示情報と価格情報のみで購買することになった消費者は、混和焼酎を選好する傾向が強まり、本格焼酎ブームは終焉するに至った。

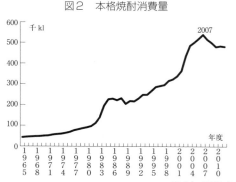

図2　本格焼酎消費量

出典）国税庁統計年報各年版より作成

図3 酒類の販売チャネル（数量割合）

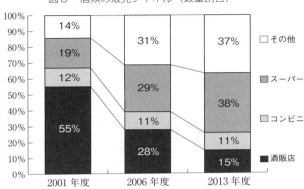

出典）国税庁：平成13年度酒類小売業者の経営実態調査、平成18年度酒類小売業者の経営実態調査、酒類小売業者の概況（平成25年度分）より作成

図4 本格焼酎にみる表示

出典）佐藤淳（2012）「食と農の成長（輸出）戦略の再構築に関する検討」
（注）写真撮影は2009年

(5) まとめ

　本節では、酒類における産品基準（品質表示）と、プロセス基準（地理的表示）について、理論的な整理をした上で、法規制を概観し、甲乙混和焼酎のケーススタディを行った。焼酎の品質は、蒸留方法、原材料、貯蔵年数、によるところが大きい。しかし、法的には蒸留方法以外の産品基準（品質表示）はなく、原材料と貯蔵年数の表示は業界自主基準である。また、原材料の自主基準は冠表示による混乱の一因となった。貯蔵表示は泡盛のみである。
　すなわち、品質表示の混乱が、混和焼酎による混乱を喚起し、焼酎ブームの終焉を招いたと整理される。可能であれば、冠表示を見直すと同時に、泡盛と同じような貯蔵基準を定め、産品基準を強化すべきであろう。高付加価値商品

の産品基準に欠けるのは本格焼酎のウィークポイントである。

また、貯蔵等の高付加価値産品基準は、単なる自主基準で定めるよりは、グローバルスタンダードに近い、地理的表示に絡めた方が[23]、輸出等を視野に入れた場合に、有利に作用するとみられる。

一方、清酒の産品基準（品質表示）は、上級グレードを（特定名称等）定めてあり、問題は少ない。しかし、次節でみるように、解りづらくて、消費者に理解されてこなかった可能性が大きい。理解を難しくしてきた理由の一つは、歴史的経路を反映して、アルコール添加に対する位置づけが微妙なことである。また、地理的表示（プロセス基準）に関しては、域外の米を原料とすることが多い清酒なりのテロワール（地域特性）の議論や確立が、地理的表示が普及する前提として必要とみられる。

地理的表示を採用し、最も成功したのが仏ワインであり、その前提はテロワール（地域特性）がワインの品質を規定することである。しかし、仏ワインの地理的表示が1935年に制度化[24]される遥か以前、1855年にボルドーでは格付が実施され名声が定着している。品質表示において格付ほど明快なものはない[25]。その後も、現代の批評家による格付に至るまで、第三者による品質評価がブランド価値を支えてきた。品質や価格は、テロワール（地域特性）ではなく、技術が決めるとの調査結果もある[26]。要するにランキングによる地域内の激しい技量（品質）競争が、地域に産地としての名声をもたらし、地理的表示に品質表示の機能を付与したのであって、その逆ではない[27]。我が国の産地ブランド化を考える上で、大いに参考にすべき事例と考える。

3　情報の伝え方（情報の非対称問題）について
(1) レモン（不良中古車）市場

本節では情報の伝え方を検証する。情報の伝え方に問題があると、（品質／地理的）表示がなされていても、産地ブランドの確立どころか、市場が縮小することがある。酒類は、近年そんな現象に見舞われた。どうしてそうなるかと

---

[23] 例えば地理的表示である「薩摩焼酎」に関する古酒基準とする等
[24] AOC法（統制原産地呼称）の成立
[25] 清酒の級別格付とは全く異なる（後述）
[26] Gergaudら（2008），F142-F157
[27] AOCは劣悪品の排除に寄与したが、最高級品質を地域にもたらし、ブランド価値を高めたのはランク付けによる競争とみられる

いうと、供給者と消費者に情報差が大きい（情報が非対称）場合には、フェアな取引が成立し難く、アンフェアと感じた消費者や良質財の供給者が、退出してしまうからである。

そんな人間的な要素を経済学に持ち込んだ、バークレー大のアカロフ教授、スタンフォード大のスペンス教授、コロンビア大のスティグリッツ教授は、2001年にノーベル経済学賞を受賞している[28]。

かつてのアメリカでは、不良中古車問題（＝米国では不良中古車をレモンと称する）が横行していたのか、この分野における論文は、アカロフ教授の「レモン（不良中古車）市場（1970）」が最初で、次のようなものである。

一般に、中古車の売手は自分の保有車の品質についてよく知っているのに対して、買手は一見しただけでは中古車の品質を区別できない。中古車の価格は市場に出回る商品の平均品質を反映して決まるので、平均品質より高い品質の中古車の売手は、品質に見合う価格がつかず、市場から退出するだろう（良質財の供給者が退出）。するとますます平均品質が低下するとともに市場価格は下落していくので、品質が高い順に売手は中古車市場から退出していくことになる（市場の縮小）[29]。

レモン（不良中古車）市場のような市場の失敗は政府の介入を正当化する。Joslingら（2004）は、市場の失敗や情報の非対称問題に関する食品表示について次のように述べている。

市場の失敗が情報の失敗によって生じる場合には、情報の義務的開示又は自主的な開示が望ましい。これらは、信頼のおける認証制度の下で実施されれば、食品の付加価値を上げることになる。十分に情報を与えられた消費者は、高い品質に見合った支払を行うだろう[30]。

例えば、ラベル等による表示は、食品の内容や信頼性を消費者が産品の購入前に確かめることを可能にする。ラベル表示による利益は、商品の属性に対して消費者が支払ってもよいと考えるプレミアムによって決まるが、十分情報を与えられた消費者は、高品質に見合う支払いを行い、それは生産者が品質を向上させるインセンティブになる[31]。

---

[28]「非対称情報の下での市場」に関する研究への貢献によるもの
[29] 佐藤（2003），p.32
[30] Joslingら（2004），pp.30-31
[31] 同，p.164

(2) 清酒の消費減少

　酒類市場は、近年レモン（不良中古車）市場と類似した事象に見舞われた。小売自由化の影響を受けて、価格が下がりながら消費量が減少する、負のスパイラルが発生したのである（図5）。2003年以降、本格化した小売自由化は、酒類販売の大型店シフトをもたらした（図3）。難しい酒類情報を対面で説明し媒介する役割を果たしていた酒屋が少なくなり、酒類の商品価値を判断することは、一層困難となった。大型店では、酒類知識に乏しい層による代理購買が多い。また、対面販売ではなく、価格だけがシグナルとなる陳列販売が主体である。結果として、安価なパック清酒（一般酒が多い）や甲乙混和焼酎、第三のビールが売れ筋となったものの、酒類全体では価格が下がりながら消費量が減少した。要するに、より安価でより低品質の酒類主体の構造が拡大しつつ、良い酒に出会うチャンスを逸した層が他の財に流れ、結果として酒類全体が縮小する局面に至ったと整理される。

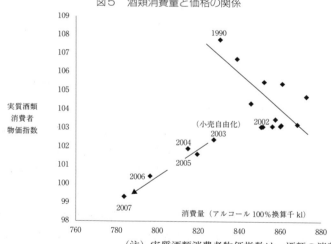

図5　酒類消費量と価格の関係

（注）実質酒類消費者物価指数は、酒類の消費者物価指数を同総合指数（除生鮮食品）で除したもの（2010基準）
出典）総務省「消費者物価指数」、日刊経済通信社『酒類食品統計年報』各年版より作成

　酒類の中でも清酒消費量は1975年をピークに減少を続け、今日では当時の1／3に過ぎない。清酒は、2003年の小売自由化以前から、情報の伝え方に問題があったことが考えられる。

　ピーク時（1975）における清酒の産品基準（品質表示）は級別制度である。

これは、清酒を特級、一級、二級に区分するもので、特級が最も優れているとされ、上級ほど税率も高かった（1989/ 4：1 L 当たり酒税：特級 ¥571、一級 ¥280、二級 ¥108[32]）。蔵元が希望するクラスに対して、国税庁が特別に審査を実施して認定していた。審査の基準は、特級は品質が優良であるもの、1級は品質が佳良であるものである。2級は特級および1級以外のものとされ審査を経る必要がない。

　しかし、坂口（1972）[33]によれば、全国の酒の大部分は審査を希望しておらず、2級酒でありながら、特級、1級に匹敵、凌駕する場合も少なくないとされるなど、級別制度は産品基準（品質表示）としては問題が多く、どの酒が良い酒かどうかは消費者に伝わっていなかったと考えられる。

　そのような事情を白日の下にさらしたのが、宮城の㈱一の蔵による「無鑑査酒」の販売であった（1977年販売開始）。これは、上記システムの内容を商品名とすることによって、級別制度の構造的欠陥を訴えたものであった。級別制度は次第に産品基準（品質表示）としての信用を失い、廃止（1992）されるに至る。級別廃止に伴う、地酒（旧2級酒）の見直しによって、消費量は一旦下げ止まったかに見えた。しかし、90年代半ばから再び減少傾向が強くなる。

　級別制度に代わって導入されたのが、特定名称酒制度（1990～）である。これは表示名称と税率を切り離し、特定の名称（≒グレード）を希望する全ての酒類に適用可能な産品基準（品質表示）として創設されたものである（表2）。もっとも歴史的経路等からアルコール添加の位置づけに不明瞭さを抱えたスタートであった。制度変更後も消費の復活が果たせなかったことを鑑みると、消費者は、名称を付された①本醸造酒、②純米酒、③吟醸酒、名称がない④一般酒、の違いやランキングがよく分からないままに－どの酒が良い酒なのか解らないまま－不信感を抱き、退出していったと考えられる。

　アルコール添加が産まれた歴史的経緯は次の通りである。まず1922年に米を原料としない合成清酒が発明された。これは、理化学研究所の鈴木梅太郎らによるもので、日本近代化学工業の一つの到達点とされる。第二次大戦中には米不足が深刻化し、日本酒に対するアルコール添加が行われた。風味の補完には、合成清酒の技術を応用し、糖類を添加した。戦後も米不足や食糧管理法の制限により、戦中の製法を発展させた三倍増醸酒が製造された。糖類やアルコー

32柴田（1989），p.204
33坂口（1972），p.310

ルの添加は技術進歩等により次第に減少し、今日の一般酒に至っている。

　合成清酒に象徴される清酒の近代化を促したのは米不足である。米不足は、米が相対的に高価であることを示す。戦後の減反政策は米価を維持するために供給を制限したもので、（人為的）米不足は戦後も続き、原価を下げるために、アルコール添加が継続された。

(3) 高級清酒の復活[34]

　東日本大震災は清酒市場を大きく変えた。震災直後から被災3県の特定名称酒が急伸し、一般酒出荷を上回った（図6）。その後も増勢を続け、震災後一年を過ぎる頃には、在庫切れに至るなど、高水準で推移している。震災直後は自粛ムードが支配的であった。そんな空気を変えたのは、岩手蔵元のメッセージと言われている。2011年4月、動画サイトに「自粛よりもお花見を」と呼ぶメッセージが投稿され、被災地支援の清酒購買が全国に広がった。一方、一般酒の出荷は、震災前と変わらず低迷を続けている。特定名称酒も震災前は減少を続けていた。震災後のコントラストは明解である。これは情報の伝わり方が改善され、特定名称酒の品質が評価されたためとみられる。

　震災を契機に消費者が特定名称酒と一般酒を区分しだしたのはなぜだろうか。それは、最も被害が大きかった宮城県では、9割近くが特定名称酒であり（図7）、被災地支援購買の選択肢が事実上、高級酒しかなかったためと考えられる。スーパー等の大型店の店頭でも復興支援セールが行われ宮城県の清酒が並んだ。価格帯は従来の売れ筋の倍以上であったものの、支援需要から販売は好調であった。その勢いはその後も続いていることから、リピーターが多いことが想定される。消費者は購買を繰り返す過程で特定名称酒は別次元にあることに気づいたのである。

　被災地支援購買は他の3県にも広がり、東北6県の特定名称酒は大きく躍進し、一般酒との逆転を果たした。被災地支援がスイッチングコストを下げ、産業構造の高度化を促したのである。特定名称酒等、高級酒への転換は清酒業界の悲願であった。東北から始まった変革は全国に及ぶ。一年程度のタイムラグをおいて、全国の特定名称酒が売れ始め、その勢いはその後も続いている（図8）[35]。

---

[34] 佐藤（2014）pp.102-111
[35] 2014年には全国金額ベースで特定名称酒が一般酒を逆転した可能性がある

第14章 清酒・本格焼酎にみる地理的表示の現状と課題

図6 被災3県(岩手,宮城,福島)の清酒出荷推移

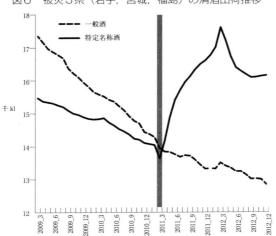

(注) 直近12ヶ月累計推移。12で除せば12ヶ月後方移動平均となる。
本図等では、年間データと比較が容易な12ヶ月累計を用いる。
出典) 日本酒造組合中央会まとめの概数より作成

図7 都道府県別特定名称酒比率 (2012)

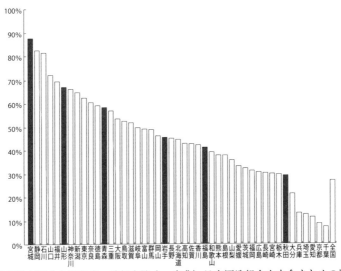

(注) 生産量が僅少な鹿児島,沖縄を除く　出典) 日本酒造組合中央会まとめの概数より作成

293

第Ⅲ部　セクターごとの産地ブランド戦略

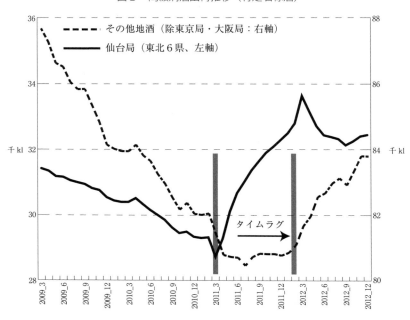

図8　高級清酒出荷推移（特定名称酒）

（注）直近12ヶ月累計推移
出典）日本酒造組合中央会まとめの概数より作成

　被災地支援購買が、全国の高級酒（特定名称酒）の購買に広がったメカニズムは次の通りと考えられる。まず今日の酒類流通の主力である大型店等の被災地支援コーナーが、前述の通り高級酒チャネルとしての信頼を確保した。次に、震災の一年後には、東北の高級酒の在庫が少なくなったことから、被災地支援コーナーは、高級地酒コーナーに衣替えをしたが、消費者は引き続き同チャネルを信頼し、被災地支援購買は、高級酒支援購買に転じた。

　また大型店の店頭では、特定名称酒と一般酒とでは中身のみならず外見も異なっていた。一般酒は大都市圏産地の紙パックが多く、特定名称酒は4合瓶が主体である。ユーザーは高級酒購買を繰り返すうちに、特定名称酒が一般酒とは別な商品であり、価格相応の商品価値があることに気づいたとみられる。

　特定名称酒にも二極化が観察される。アルコールが添加されており一般酒との中間的存在である本醸造酒は一般酒同様、減少傾向に回帰した。一方、純米系の高級酒は震災を契機に増加に転じ引き続き好調である。消費者は特定名称

第14章　清酒・本格焼酎にみる地理的表示の現状と課題

酒制度の内実を理解し、選別を強めている。情報の伝わり方が改善された清酒市場では、明らかに高級品シフトがみられる。情報を得た消費者が支払う高級プレミアムは、蔵元の品質改善を後押しし、さらなる高品質化と市場の拡大が生じている。

　一般酒（大衆酒）から高級酒へのシフトは、いずれかのタイミングでは必要と認識されていた可能性は高い。しかし、かつては高級酒のウエイトが低く、経営資源をシフトするにはリスクが大きすぎる状況が続いていた。情報流の改善に伴う高級酒の急伸は、スイッチングコストを下げ、好循環に至っている。

(4) まとめ

　本節では、情報の伝え方（情報の非対称問題）について、理論的な整理をした上で、東日本大震災後の情報流の改善をみてきた。

　酒類産業における市場の失敗は、小売の自由化後、顕著であった。Joslingら（2004）の整理を援用すれば、情報の開示義務や自主的な開示が望ましい状況である[36]。残念ながら酒類産業では、前節でみた焼酎の冠表示が継続されてきたように、市場の失敗を補填する表示の調整は成功しなかった。

　情報の伝わり方を改善したのは、東日本大震災であった。被災地支援コーナーは、信頼に足る高級酒チャネルと化し、消費者は商品属性に対して十分なプレミアムを支払い、生産者が品質をさらに向上させるインセンティブとなる好循環が生じた。

　この好循環は、震災後しばらくの間は、大型店等が設置した被災地支援／高級地酒コーナーの好影響だったとみられる。しかし今日では、本醸造が再び減少に転じ、純米系が伸長するなど、震災直後とはやや様相が異なってきた（図9）。これは、消費者が特定名称表示の内容を理解し、選別を始めた影響とみることができる。

---

36 Joslingら（2004），pp.30-31

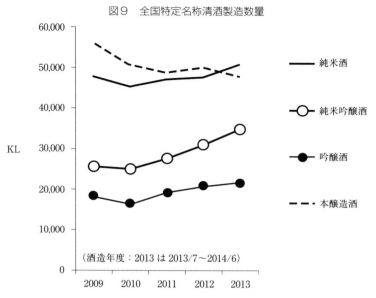

図9　全国特定名称清酒製造数量

出典）国税庁「平成25酒造年度における清酒の製造状況等について」より作成

4　結論

(1) 品質の基準と表示について

a）現状

　本格焼酎と清酒は、酒税法、酒団法及び業界自主ルールによって、産品基準が定められている。

　本格焼酎は、伝統的な産品と同じとなるように、蒸留方式と原料により規定されている。すなわち伝統は法律で堅持されている。しかし、上級グレードの産品基準が欠けている。唯一、泡盛において古酒が評価されており、基準が定められているが、他の本格焼酎には、そのような基準がない。

　また、現行制度で最もストレートに焼酎の品質を消費者に訴求しているのは原材料表示である。しかし、本格焼酎では裏面（ラベル）に原材料が記載されているだけなのに対し、甲乙混和焼酎における冠表示は、前面に大きく表示され、インパクトが強い。しかも、例えば芋焼酎の割合が1割程度でも芋焼酎と表示可能であるなど、その内容は産品基準とは言い難いもので、問題が多い。

　一方清酒には特定名称という産品基準がある。どのランクが高品質かどうか

は、消費者の判断に任されているものの、特定名称の存在が、東日本大震災後の好調を支えている。

b）課題

本質的な課題は表示すべき品質の改善である。地理的表示が奏効している仏ワインにおいても、価格を決めているのは、テロワール（地域特性）ではなく技術とされているように[37]、品質の改善こそが本質であり、同改善が地理的表示制度の信頼性を担保してきた。高品質が地理的表示をサポートしてきたのであり、必ずしもその逆ではない[38]。仏ワインにおける品質改善は第三者によるランキングによるところが大きい。我が国でも似たような評価システムが望まれる[39]。

本格焼酎においては、より細かな産品基準（品質表示）の創設によって品質改善を図れるかも知れない。例えば古酒の基準の創設は、一種の格付けとして、高付加価値カテゴリーの創設につながる可能性がある。適正価格と品質のバランスが本格焼酎の特徴であり、それが成長の要因であったことは疑いがないが、国内人口が減少していくなかでは、輸出や高付加価値市場を狙っていく必要がある。そのためにも泡盛のように、蒸留酒の世界ではグローバルな共通価値観といっていい古酒に関する産品基準（品質表示）を県単位等[40]で創設し、これまたグローバルに通用する地理的表示に絡めて（海外）消費者に訴えることが有効とみられる。

清酒は、当面は、特定名称基準で問題がない。しかし、将来に向けて、大きな課題が二つある。ひとつはアルコール添加である。これは主に大戦中が起源であるが、江戸時代にも「柱」と称して利用されていた[41]。全体的には技術進歩によって、不要となりつつあるようにみえ、そのような技術進歩や品質改善を促すのが表示システムの狙いの一つとする整理がありうる。

もう一つは、地理的表示と品質との関係である。ワインですらテロワール（地

---

[37] Gergaud ら（2008），F142-F157
[38] AOC等の地理的表示は粗悪品の追放に寄与したとみられる
[39] ⑭はせがわ酒店等による市販酒を対象としたコンテストであるSAKE COMPETITION が近い立場に成長している（2012～）。市販酒が対象ではなく、消費者に与える影響は限定的だったが、各蔵が特別に作成した酒類のコンテストは、酒類総合研究所と日本酒造組合中央会の共催により古くから実施されてきた（全国新酒鑑評会，1911～）
[40] 県の酒造組合等
[41] 坂口（1972），p.311

域特性）と品質や価格の関係が揺らいでいる状況を踏まえると、導入すべきは、地理的表示制度というよりも、第三者によるランキングである。地理的表示や特定名称と品質の関係は分かりづらいのに対して、ランキングは解りやすい。そもそも、ブドウと異なり、保存が効く米を原料とする清酒では、原産地や地理的表示を品質の担保とするロジックに乏しい。むしろランキングによる品質改善競争によって各地が活性化された後に、その御墨付きとして、地理的表示を導入した方が良いように思える。

(2) 情報の伝え方（情報の非対称問題）について
a）現状

甲乙混和焼酎を巡る混乱は、落ち着きをみせている。表示ルールを定めた業界自主基準に、混和焼酎と他の焼酎との区分を消費者に認識もらうため、日本酒造組合中央会と日本蒸留酒酒造組合が協力して広報活動に取り組む付則が盛り込まれた（2013／1）こと等から、消費者の理解が進んだ可能性が考えられる。

清酒は被災地支援購買によって、情報の伝わり方が改善（情報の非対称性が緩和）された可能性が高い。そのきっかけは、大型店等が設置した被災地支援／地酒コーナーであった。最近では、特定名称酒のうち、本醸造が再び減少に転じ、純米系が伸長している。そのコントラストは、消費者が特定名称酒制度の内容を理解し始めたサイン－本醸造と純米系のグレード差を見分けて、純米系を選定している－とみることができる。

b）課題

本格焼酎は、表示制度の整理が情報伝達の改善に直結する。具体的には冠表示制度の廃止が望まれる。また一方で、例えば泡盛のように古酒の基準を県単位等で創設し、地理的表示と合わせて消費者に訴えることが、情報流通の改善にも寄与する。

清酒は震災後、情報流通が改善（情報の非対称性が緩和）されているが、更なる品質や情報流通の改善には、ランキングの導入が解りやすく望ましい。

(3) 結論

地理的表示に対する期待は、地域資源を活かした良品の素晴らしさが消費者

第14章　清酒・本格焼酎にみる地理的表示の現状と課題

に伝わり、産地がブランド化されることにある。本章では、先行的に地理的表示を実施した酒類産業の状況を整理し、その経験から、地理的表示が成功する条件や課題を整理してきた。

検証の結果、本格焼酎は産品基準に課題があること、清酒は品質特徴と原産地の関係に課題があることが明らかとなった。端的には、本格焼酎には、泡盛の古酒制度のような高付加価値型の産品基準を、地理的表示と関連づけて導入することが望まれる。一方、清酒には、ランキングの導入等、解りやすい産品基準の強化によって、産地の名声を確立し、地理的表示が実質的な品質表示としての機能を有するように誘導することが望まれる。

当たり前のことであるが、地域資源を活かした良品の素晴らしさを伝えるには、まず良品がなくてはならず、あったにしても、その品質が改善され続けることが望ましい。Joslingら（2004）が整理したように、地理的表示には排他的な面があり、改善プロセスが内在されていなければ、後に競争に敗れる可能性があるためだ。

仏ワインが地位を保っていられるのは、地理的表示（1935～）というよりは、それ以前に起源をもつ格付け（1855）等に始まる競争環境や情報伝達環境が維持されているためと考える。今日でも、ロバートパーカーに象徴される海外批評家の眼にさらされ、それが投資家や消費者との円滑なコミュニケーションや、新大陸で生まれた最新技術の導入に象徴される品質改善の飽くなき追及につながっている[42]。地理的表示によってブランド化したとするのは正確さに欠ける[43]。地域全体の品質改善努力によって、ブランド化したのであり、地理的表示は、その努力の象徴または担保と解釈すべきである。我が国における地理的表示制度の農水産物への拡大（地理的表示法）が、先行した清酒や本格焼酎の留意点を踏まえて（表3）、本家フランスを凌駕する成功を収めることを祈念する。

表3　清酒と本格焼酎における留意点

	産品基準	地理的表示
本格焼酎	強化が必要（古酒等）	産品基準強化のツールとして活用する
高級清酒	さらなる改善にはランキングが望ましい	テロワール（地域特性）と品質の議論が必要

出典）筆者作成

---

[42] 仏ワインが有する競争環境は、排他的となりがちな地理的表示の欠陥を補完し、両者が相まって強固な地位を形成しているとみられる
[43] 発展途上にあったイタリアワインでは地理的表示制度創設（1963）後に混乱が生じた。表示品質と評判にミスマッチが生じたためである。その後、当初ランク外とされた醸造家の努力によってイタリアワイン全体の評価が上昇した。近年では第三者による格付けも好評である

表4　酒類の地理的表示制度（2015／8時点）

産地	基準
山梨	山梨県産のぶどうを原料とし、山梨県内において発酵させ、かつ、容器詰めしたものでなければ「山梨」の産地を表示する地理的表示を使用してはならない（アルコールを添加したものを除き、補糖したものについてはアルコール分が14.5度以下のものに限る。）。ただし、原料とするぶどうは、甲州、ヴィニフェラ種、マスカットベリーA、ブラッククイーン、ベリーアリカントA、甲斐ノワール、甲斐ブラン、サンセミヨン及びデラウエアに限る。
壱岐	米こうじ及び長崎県壱岐市の地下水（以下この欄において「壱岐の地下水」という。）を原料として発酵させた一次もろみに麦及び壱岐の地下水を加えて、更に発酵させた二次もろみを長崎県壱岐市において単式蒸留機をもって蒸留し、かつ、容器詰めしたものでなければ「壱岐」の産地を表示する地理的表示を使用してはならない。
球磨	米こうじ及び球磨川の伏流水である熊本県球磨郡又は同県人吉市の地下水（以下この欄において「球磨の地下水」という。）を原料として発酵させた一次もろみに米及び球磨の地下水を加えて、更に発酵させた二次もろみを熊本県球磨郡又は同県人吉市において単式蒸留機をもって蒸留し、かつ、容器詰めしたものでなければ「球磨」の産地を表示する地理的表示を使用してはならない。
琉球	米こうじ（黒麹菌を用いたものに限る。）及び水を原料として発酵させた一次もろみを沖縄県において単式蒸留機をもって蒸留し、かつ、容器詰めしたものでなければ「琉球」の産地を表示する地理的表示を使用してはならない。
薩摩	米こうじ又は鹿児島県産のさつまいもを使用したさつまいもこうじ及び鹿児島県産のさつまいも並びに水を原料として発酵させたもろみを、鹿児島県内（奄美市及び大島郡を除く。）において単式蒸留機をもって蒸留し、かつ、容器詰めしたものでなければ「薩摩」の産地を表示する地理的表示を使用してはならない。
白山	白米、米こうじ及び石川県白山市の地下水、又はこれらと醸造アルコールを原料とし、石川県白山市において発酵させ、こし、かつ、容器詰めしたものでなければ「白山」の産地を表示する地理的表示を使用してはならない。ただし、白米、米こうじに用いる原料米は、農産物検査法（昭和26年法律第144号）に基づく農産物規格規程（昭和26年農林水産省告示第133号）に定める醸造用玄米の1等以上に格付けされたもので、かつ精米歩合70％以下のもの、こうじ米の使用割合20％以上のものに限る。酒母は、「生酛」、「山廃酛」又は「速醸酛」とし、もろみは、「増醸」、「液化仕込み」を除く。（注）白米、米こうじ、醸造アルコール、精米歩合、こうじ米の使用割合の各用語の意義は、「清酒の製法品質表示基準」（平成元年11月国税庁告示第8号）に掲げるところによる。

出典）国税庁

参考文献

Baumert, Nicolas "The Development of Geographical Standards for Sake in Japan" in Louis Augustin-Jean, Hélène Ilbert, Neantro Saavedra-Rivano eds. *Geographical Indications and International Agricultural Trade: The Challenge for Asia,* Palgrave McMillan,（2012）
Gergaud, Olivier and Vector Ginsburgh "Natural Endowments, Production Technologies and the Quality of Wines in Bordeaux. Does Terroir Matter?" *The Economic Journal 118 (June),*（2008）
Josling, Tim, Donna Roberts and David Orden, *Food Regulation and Trade,*（塩飽二郎訳「食の安全を守る規制と貿易」家の光協会）（2004）
Thornton, James, *American Wine Economics,* University of California Press（2013）
坂口謹一郎「いずこへ行くかわれらの酒」『坂口謹一郎酒学集成1』岩波書店（1972）
佐藤淳，有賀正宏『焼酎と経済』日本政策投資銀行（2002）
佐藤淳『情報食品－トレーサビリティの経済効果を考える』日本政策投資銀行（2003）
佐藤淳『食と農の成長（輸出）戦略の再構築に関する検討』日本政策投資銀行，日本経済研究所（2012）
佐藤淳「東北の清酒産業の変貌と今後の方向性」伊藤維年，山本健兒，柳井雅也編著『グローバルプレッシャー下の日本の産業集積』日本経済評論社（2014）
柴田忠「酒税法の改正（その1）」『日本醸造協会誌』Vol. 84 No. 4（1989）
髙橋梯二『農林水産物・飲食品の地理的表示』農山漁村文化協会（2015）
国税庁『国税庁統計年報』各年版
国税庁「平成13年度酒類小売業者の経営実態調査」（2002）
国税庁「平成18年度酒類小売業者の経営実態調査」（2007）
国税庁「酒類小売業者の概況（平成25年度分）」（2015）
国税庁「平成25酒造年度における清酒の製造状況等について」（2015）
総務省「消費者物価指数」
日刊経済通信社『酒類食品統計年報』各年版

白山菊酒

金沢大学大学院　人間社会環境研究科　地域創造学専攻
風　聰一郎　・又木　実信

1　はじめに

　日本三大霊峰の一つに数えられる白山では、白山の上質な伏流水と、県内有数の米の生産地という二つの地理的環境から、古くより酒造業が盛んな地域となっており、当地で造られた清酒は「菊酒」という名称で親しまれてきた。このような特性もあり、白山は国税庁の「地理的表示に関する表示基準」に清酒では唯一指定されており、白山市内で製造される清酒は「白山菊酒」としてブランド化されている。
　白山市内には株式会社金谷酒造店（高砂）、菊姫合資会社（菊姫）、株式会社小堀酒造店（萬歳楽）、株式会社車多酒造（天狗舞）、株式会社吉田酒造店（手取川）の5酒蔵があり、また「白山菊酒」の認証機関として白山菊酒呼称統制機構が5酒蔵の加盟のもと設立されている。初の清酒カテゴリーの指定を受けたことや白山菊酒呼称統制機構結成の経緯及びその取り組みについて、関係者へのヒアリングを基に紹介する。

2　「白山菊酒」誕生の経緯

　当時、石川酒造組合長であった小堀幸穂氏（現小堀酒造店会長）が国税庁酒税課を訪問した際に、同酒造組合の定例会で得られた消費者の日本酒離れが加速しているという共通認識並びに窮状を訴えたところ、同席の酒税課の企画官や担当者から強い同意を得られた。すぐに幹部への説明を促され、幹部からは励ましの言葉もあり、白山菊酒の産地呼称と地理的表示の保護に向けた活動が開始された。
　当時の国としても、アメリカにおいて韓国・中国産の低廉な日本酒が日本酒として出回っていることで日本酒の誤ったイメージが形成されていることに危機感を抱いていた。この点、本書の佐藤淳氏の章の焼酎の表示による消費者の混乱とも印象が重なる。
　このように発端は行政サイドとのプロセスもあったが、消費者の日本酒離れが加速しており、そのため酒質向上を通して上質な酒を造り続けないと将来の展望はないとの危機感を共有したことが大きい。平成17年2月13日の石川酒造組合定例会に白山地域で菊酒を生産する5酒造が、安価で低品質な日本酒などが流通する現状を踏まえ、地理的表示の保護に関する方向性を示した。
　石川酒造組合より品質認証機関を設立したいとの申し出があったため、国内初の清酒を地理的表示に加えるモデル事業としてスタートした。同時に石川酒造組合に属している他酒蔵との間での調整が始まったが、各酒蔵の個性が強く、また「自銘柄が一番うまい」というプライドの高さも相まり、5酒蔵での連携、統一された認証基準の策定を嫌がる酒蔵もいたため、調整は難航を極めたと小堀氏は述懐する。ただ、「うまい酒を造りお客様へ提供したいとの思いは同じ」と、小堀氏の粘り強い説得の結果、平成17年8月11日に白山菊酒呼称統制機構創立総会が発足した。そして、同年12月13日に国税庁長官告示により「白山」が地理的表示として日本初の産地名指定を受け、基準を設けることで、他地域の酒がこの産地名称を使用できないように保護している。これは海外での流通も意識した制度である。

3　名称の由来と品質保持の方法

　菊酒という愛称は石川県下に広く存在する。そこで保護の申請では、白山市内、特に

旧鶴来町において造られる酒が古来より菊酒と称されていたという古文書の記述を根拠に、菊酒発祥の地である意味合いを込め、また地域住民に親しまれている菊酒を表示の前面に出すこととした。また5酒蔵唯一の共通点が白山の伏流水を使っているということから、白山を冠した白山菊酒が共通の表示となった。このように伝統性、地域の原材料との強い結びつきも組み込んだ設定となっている。

白山菊酒の認証基準の策定において、品質保持のための認証基準を白山菊酒呼称統制機構が独自に検討、策定している。例えば、製造者が特に象徴的なものとしているのが、白山菊酒の原料について、水は白山市の地下水を使用することと制定している。また、米については国産の格付け酒造好適米一等以上で、精米歩合は70％以下の使用を定めている。他にも酵母などの製法について明記されている項目もある。この基準について申請プロセスで国税庁からは厳しすぎるのではとの懸念もあったが、結局はそのまま認証基準としたとの経緯がある。

また4月と9月に行われる年2回の審査において、白山菊酒の認証が行われている。審査委員の全会一致が決まりとなっており、一人でも認めなければ審査が通らない仕組みとなっている。毎年5点から10点程度の申請があるが、3回に1回は1から2点が審査を通らない。このような認証制度により白山菊酒の品質が保持されている。

4　まとめと展望

白山菊酒呼称統制機構設立と、その結果としての地理的表示への白山の産地名指定は、小堀氏という個人のコーディネーターの存在が大きい。特に各蔵元との合意形成が一番のポイントだと小堀氏は考え、尽力したことが寄与した。同時に国の支援として清酒認定のモデル事業として行われたことも後押しとなった。高い専門性が求められるなかで、白山菊酒では国が主導的な立場であったが、地方自治体も今後は人材の育成と情報収集が重要であろう。2014年、白山菊酒は地理的表示の産地名指定並びに白山菊酒呼称統制機構創立10周年を迎え、記念式典が行われた（写真）。

白山菊酒呼称統制機構設立10周年記念式典での公開認証審査の様子（筆者［風］　撮影）

出荷量は増加傾向にあり、平成25年度は前年度比14％増の10万419リットルを記録した。白山市は同年、いわゆる「乾杯条例」にあたる「白山市白山菊酒等の普及に関する条例」を施行している。現在では、「千代女と白山菊酒で乾杯」のキャッチコピーが入ったポスターなどを飲食店に配布、消費の拡大を呼びかけており、北陸新幹線の開業した金沢駅構内においても販売促進をしている。

金沢駅構内の土産店において販売される地酒
（編者　［香坂］　撮影）

清酒として日本初であり現在唯一の産地名指定であり注目が集まるが、今後も消費者の視点に立った産地のあり方が注目される。

column

産地化・ブランド化に向けた行政・生産者一体の取り組み

―筑前クロダマルの例を参考に―

久留米大学商学部教授　梶原　晃

1　はじめに

福岡県筑前町での黒大豆生産を例に、行政・生産者間の協働とブランド化の事例を紹介する。ここでも、商標やロゴマーク等の登録は重要なツールとなっていることがわかる。

九州では豆腐の原料品種の栽培が多い中、商品として売れる大豆、特色のある品種に対する関心が高まっていた。そこで、熊本県の農研機構・九州沖縄農業研究センターでは、早生・大粒の黄色大豆をベースに、晩生・大粒の黒大豆「新丹波黒」を人工交配させた新品種の開発が1988年から始まった。そして、2007年には「クロダマル」（だいず農林128号）という名前で新品種が登録された。

クロダマルは、父方の新丹波黒よりも、収量および煮豆にした際の製品歩留まりが高く、しかも外観品質・食感の双方ともに良好なため、デビュー当初から期待された。煮豆以外にも煎り豆、甘納豆、きな粉といった用途にも使えるほか、それらの加工を通じて多様な活用先が見込まれた。さらに、機能の面では新丹波黒より、蒸煮大豆と煮汁中のアントシアニン含量が多く、抗酸化活性度も高い。このような点が評価されて新品種として登録されたのであった。

2　筑前クロダマルの産地化・ブランド化の経緯

福岡県筑前町は福岡都市圏の外延部に位置し、人口約3万人の農業の町である。もともとコメ・ムギとの輪作体系を早くから構築し、大規模な圃場整備も積極的に推進して、県下でも有数の大豆の産地となっていた。さらに、定期的なブロックローテーションの導入とサブソイラー等による排水対策の徹底、ワラ・大豆殻のすき込みや土壌診断に基づく土壌改良資材の施用、畝立播種機による一斉適期播

種、病害虫発生予察に基づく効率防除、専用収穫機による他品種の混入防止、自然乾燥・手選別による品質保持といった、体系的な大豆栽培技術もすでに確立しており、農薬の使用回数も減らした環境配慮型の大豆生産のノウハウも蓄積されていた。

当時、役場の企画政策課に勤務していた田頭さん（現町長）は、2007年3月に農研機構主催の研究会に参加して、このクロダマルと出会った。田頭さんは、クロダマルの導入に際して、①筑前町では大豆栽培に関するさまざまな基盤整備が完了している点、②当時開設準備中の農産物直売所で看板商品として販売を予定していた豆腐の原料として相応しい点、③従来の白大豆より抗酸化活性等に代表される健康機能性が優れている点、④豆腐以外にもさまざまな加工品として利用発展が期待できる点、⑤農産物直売所以外の食品会社等への販路拡大も視野に入れられる点、等に注目した。すでに農協などが販路を確立していた白大豆とは異なり、栽培経験のないクロダマルは、その使い道も売り先も一からの開拓が必要であったが、豆としてそのまま業者に売り渡すよりも加工を通じて付加価値をつけ、ブランド化する途を行政マンとして選んだのであった。

早速、旧知の農業者である興膳（こうぜん）さんにクロダマル導入の話を持ち込んだところ、彼自身も独自の調査を通じて、この新品種に対して手ごたえを感じた。そこで本人が中心となって活動している生産組合と農研機構との間で種子の利用許諾契約を同年6月に締結し、種子増産のための作付けを開始した。2009年には、同町内の農産物直売所「ファーマーズマーケットみなみの里」のオープンにあわせて、クロダマルの本格的な生産を開始した。

初年度の2009年は、生産者は興膳氏をはじめ3人のみで4.6haの畑から7.5tのクロダマルを生産したに過ぎなかったが、翌年の2010年には筑前町クロダマル生産組合を設立し、2011年にはロゴマークも含め「筑前クロダマル」の商標登録も行って、直近の2014年には作付面積25ha（23軒）から30tのクロダマルが生産された。

3　加工・販売の拡大

この間、生産だけでなく加工・販売の面でも大きく発展した。当初クロダマル生産組合は、主に筑前町内の商工業者と連携し加工品の開発を推進してきたが、その後は町外の商工業者も参加した。これまでに開発された加工品は豆腐、和・洋菓子、コーヒーなどを中心に、34社・93商品に拡大している。組織として役場・商工会・加工販売業者による「筑前町ブランド開発推進委員会」も立ち上がり、商談会や物産展等へも積極的に参加してきた。また、加工品だけではなく、枝豆としての販売も開始し、毎年10月中旬には枝豆販売の解禁日を設定して、試食販売会を開催している。筑前クロダマルの収穫体験イベントは人気を博し、多くの参加者が詰めかける一方、12月中旬には収穫後の新豆販売解禁イベントもあわせて開催し、地道なファンづくりに努めている。

4　今後の課題

10年ほど前に熊本で生まれた黒大豆の新品種・クロダマル。これをもともと大豆の産地であった地元の新しい特産品にしようと、役場の一職員と地域の農家が熱意をもって、産地化・ブランド化に向けた取り組みを始めた。当初20kgの種から始めた筑前クロダマルの栽培は、今では年30tの生産を見るまでに成長し、地元の飲食店や加工業者などが手がける加工品も飛躍的に増えた。今後は、加工・販売分野のより積極的な参画が、筑前町におけるクロダマルの産地化・ブランド化の成否を分ける鍵となろう。

column

環境保全型農業の支援体制と
JAによるブランド化・販路拡大の取り組み

―滋賀県 JA 北びわこ「プレミア米」―

京都大学大学院地球環境学堂研究員　岸岡　智也
東京大学大学院農学生命科学研究科 准教授　橋本　禅

1　環境に配慮した農業の推進

国による環境保全型農業に対する直接支払制度は、2007年の「農地・水・環境保全向上対策」の営農活動支援に始まり、現在は2011年からの「環境保全型農業直接支援対策」が実施されている。

滋賀県は、これら国の制度よりも早くから独自の制度を実施し、環境保全型農業を推進してきた。その中で、県やJAは技術開発や農家への営農指導、環境に配慮した農産物のPRや販路の拡大といった様々な取り組みを行ってきた。

2　滋賀県「環境こだわり農業」

滋賀県は、環境保全型農業を推進するための制度として、2001年に「環境こだわり農産物認証制度」を開始した。これは、化学肥料・化学合成農薬の使用量を慣行の5割以下に削減する「環境こだわり農業」により生産された農産物を県が「環境こだわり農産物」として認証し、認証マークを表示して出荷・販売することができる制度である。さらに滋賀県は2004年から「環境農業直接支払制度」を実施した。この制度は「環境こだわり農業」に取り組む農家に対して経済的支援を行うものであった。現在は「環境保全型農業直接支援対策」に移行し、「環境こだわり農産物認証制度」は引き続き実施されている。

現在、滋賀県における「環境保全型農業直接支援対策」の取り組み面積は県の全耕地面積30.7％である12,305haまで広がっている。これは全国の取り組み面積全体の約20％を占めている。

3　県・JAによる「環境こだわり農業」の支援

「環境こだわり農業」の取り組み拡大のために、滋賀県やJAは様々な支援を行ってきた。

例えば滋賀県の北部、長浜市に位置するJA北びわこは、県の「環境こだわり農産物認証制度」が開始されるとともに農家への支援を開始した。2001年より「環境こだわり農業」実施の確認責任者として関わりながら、2005年からは本格的に支援の取り組みを開始し、「環境こだわり農業」に適した農薬・肥料の指定や、独自の実験圃による農薬成分に関する検証を行い、技術開発に取り組んだ。また、県の普及指導員と共同で栽培暦を作成したり、肥料・農薬の散布時期、収穫適期判断に関する指導を行うなど、営農指導も積極的に行ってきた。さらには、毎年の農談会での説明会や申請の取りまとめなど、「環境こだわり農業」の取り組み拡大のための支援も行っている。

滋賀県は制度の実施だけではなく、化学肥料・化学合成農薬の現地実証や基礎試験、「環境こだわり農業営農技術指針」の策定によって、農家へ直接の指導を行うJAを特に技術開発の面からサポートしてきた。さらに、バ

ンフレットやフォーラム、現地見学会による消費者へのPR事業、県内や近隣府県の販売業者への啓発を行ってきた。

4　JAによる米のブランド化と販路開拓

　JA北びわこはこれらの農家への支援に加えて、販路の拡大のための米のブランド化にも力を入れてきた。他地域との差別化を図りながら、いかに米を売っていくかという考えの中から、2005年より「プレミア米」の取り組みを開始した。これは「環境こだわり米」での化学肥料・化学合成農薬の削減に加えて、生産履歴やGAP（農業生産工程管理）点検シートの提出、農薬成分の統一といった、「環境こだわり米」よりもさらに厳しい独自に定めた栽培基準により栽培された米の独自ブランドである。2006年には大手小売業イオン株式会社の、環境に配慮した商品を扱うプライベートブランドである「トップバリュ　グリーンアイ」への「プレミア米」の出荷を開始し、「グリーンアイ特別栽培米」として全国販売されるようになった。2007年には「プレミア米」専用の肥料を開発するなどの取り組みも進め、2013年では管内の水稲作付面積のうち約28％で「プレミア米」が栽培されるようになり、安定的な出荷が可能となっている。また、ブランド化による付加価値を付けた販売により、「プレミア米」には一俵あたり300円から500円の買い取り価格の上乗せを設けており、補助金に頼らない農家への経済的支援に繋がっている。

　今後、環境保全型農業の取り組みが全国的に拡大し、他地域との差別化が難しくなっていくと予想される中で、より付加価値を高めるための営農技術の確立や販路の拡大は農家個別では難しく、各地域のJAの積極的な取り組みが期待される。

column

地域内分業化と保存組織の設立による「しな織」の伝統継承とブランド化

東京大学大学院農学生命科学研究科 准教授　橋本　禅
京都大学大学院農業研究科　谷　悠一郎
一般財団法人農村開発企画委員会　主任研究員　落合　基継

1　古代布「しな織」

日本各地では縄文～弥生時代から、山野に自生する草木から取り出した繊維で糸を作り、その糸を織り上げ、衣装や装飾品として利用してきた。このコラムで取り上げる「しな織（しな布）」は、日本の固有種であるシナノキを原料とする織物で、約1,200年前からつくられ、沖縄の芭蕉布、静岡の葛布とともに三大古代布の一つと知られている。

しな織は、その丈夫さと水に強い特性から、仕事着や米・ソバ等穀物を入れる袋、綱、漁網などとして歴史的に使われてきた。ところが明治期頃からは綿製品の、第二次世界大戦後は化学繊維製品の普及の影響を受け、また作り手の高齢化や織り手の減少もあり、しな織の生産は急減していった。しな織は、現在は山形県の関川（旧温海町）、新潟県の雷、山熊田（ともに旧山北町）の3集落でつくられるのみになった。

2　保存のための体制の整備

終戦後しばらくして、しな織はこの地域でしか織られない民芸品として再評価された。1967年には文部省文化財保護委員会（当時）が、「越後のしな布紡織習俗」を「記録作成等の措置を講ずべき無形の民俗資料」に選定された。地元でもしな織の保存にむけた動きが始まったが、容易なことではなかった。

しな織は、材料となるシナノキの木の伐採から樹皮のはぎ取り、樹皮から取り出した繊維を績み、撚りをかけてしな糸に加工し、織機により織り上げたもので、全部で21の工程からなる。材料が樹皮の繊維であるため製造工程の機械化ができず、全ての工程が現在も手作業で行われている。かつてはこれらの工程がそれぞれの家庭で行われていたが、織機や修練を必要とする織り上げの作業が保存における大きな課題であった。

しな織の保存に向けて、雷では1972年に、しな織の生産を行う「雷しなばた保存会」を立ちあげた。1985年には関川でも保存・製造の拠点となる「しな織センター」が建設、1989年には集落全戸加入の「関川しな織協同組合」が設立された。さらに2000年には山熊田に体験工房「さんぽく生業の里」を建設し、そこを活動拠点とする「さんぽく生業の里企業組合」が設立された。

3 時代の流れと地域の実情にあわせた活動の展開

雷では、しなばた保存会の会員が中心となり、しな織りによる人形やバッグ、ブローチ等の小物づくりの他、集落内の会員以外が加工した糸やしな織の買い上げ、製品化を行っている。保存会ではもともと、会員がしな織の製品化の中心を担っていたが、担い手の減少が進むにつれ、集落内の非会員が生産したしな糸、しな織を買上げするようになった。

関川や山熊田では、各家庭が担うのはシナノキの伐採からしな糸の加工までで、その後これらの組合がしない糸を買い上げ、しな布の織り上げ、製品へ加工、販売する。販売する製品はしなばた保存会と似ており、バッグやアクセサリー、小物など。これに加えて、関川しな織協同組合では、山菜の加工や共同販売、しな織の後継者対策としての全国からの研修生の受け入れ、しな織りの体験、お祭りなどのイベントを開催している。また、山熊田のさんぽく生業の里では、体験工房を活用し、伝統文化・生業にこだわった製造体験と地域産物の販売を行っている。雷しなばた保存会や関川しな織協同組合が、しな織を活動の中心に据えているのに対して、さんぽく生業の里企業組合は、しな織を地域の伝統的な生業の一つとして位置づけ、その他の伝統文化、生業と一体的にむらづくりやツーリズムに活用しようとしている点が特徴である。

どの組織も、しな織の生産を地域内で分業している点、製品を実用的な仕事着や袋、綱から、時代のニーズにあわせてバッグやアクセサリー、小物などへと変化させている点、しな織の複雑な生産工程を分業・組織化しているという点では共通している。ただし、その方法は画一的なものではなく、それぞれの地域の実情によりさまざまであり、しな織の保存に特化した活動からツーリズムやむらづくりと一体化した方法まで多様である。地域の実情にあった保存やブランド化の取り組みは、他の地域にも参考になるのではないか。

2005年には雷しなばた保存会、関川しな織協同組合、さんぽく生業の里企業組合の3組織を構成団体とする羽越しな布振興協議会が設立され、しな織の伝統技術の継承や後継者の育成、品質管理、需要の開拓などを進める体制が強化された。こうした伝統の継承や、時代のニーズにあった製品の開発、販売の努力が評価され、2005年9月には伝統的工芸品産業の振興に関する法律にもとづき、「羽越しな布」として経済産業省の伝統的工芸品に指定されるに至った。

column

木材と産地ブランド化―地域団体商標に登録した木材ブランド

金沢大学　地域創造学類
香坂　玲・川上　潤吾

　木材の分野においても、各地で産地ブランド化に向けた取り組みが進められており、2015年時点で東濃桧、北山杉、吉野材、吉野桧、吉野杉、龍神材、小国杉、南部の木、西川材と10件の地域団体商標の登録がある（紀州備長炭や大阪欄間をはじめ仏壇や楽器等の加工品は除く。また、北山杉と北山丸太は同一地域だが別個の組合による登録、吉野杉・吉野材・吉野桧は同一産地・同一組合からの複数登録である）。登録した意義やメリットについて、筆者のヒアリングでは、「外部からの問い合わせの増加」（小国杉）、「知名度や信頼性の向上」（北山杉・南部の木）から、具体的な「産地内での工務店の連携の模索」、「製材所との信用の改善」（龍神杉）「中国産の模造品の防止」（吉野材）などの言及があった。

　ただ、地域団体商標の登録では産品の基準については自主性に委ねられており、「品種・枝打ちの方法・伐採する樹齢」（北山杉）など関連した協議会で基準を設定している場合もあれば、設定していない場合もあった。その理由として、「細かく決めると構成員にマイナス」という声も多かった。動機もまちまちで、経済的なメリットよりも周辺地域の木材との差別化、近隣の有名な木材との混同の防止も含まれた。地理的表示の保護の申請については、商標でカバーできる、海外での使用や保護について現時点では不明瞭として、総じて積極的な動きとはなっていない。

　本書で取り上げている題材の多くは地理的表示保護制度の運用初日に登録申請したものだが、熊本のい草や愛媛の生糸を除くと「食」に関わるものとなっている。木材の商品としての差別化の難しさは、「食」とは異なり、品質での「安心安全」を訴えにくい点だ。江戸以前から手間暇かけた栽培、管理や伐採方法を続けてきた長い歴史を誇る北山杉のように、材木（建築用材）としても見た目や品質で非常にユニークである材は、むしろ例外的な存在だ（写真参照）。木材において、価格や明白な機能以外では、その違いがすぐに判らないことも多く、材木の産地のブランド化には工夫が必要となる。

　そうした工夫の一つとして、岡山県西粟倉村「森の学校」などは、木材を使った生活スタイルの提案、住宅リフォーム等での金融業との融合、産地での交流を通じたファンづくりから定住化などの取り組みを行っており、着実な成果を上げている。また、シックハウス症候群が話題となった際に、接着剤や防腐剤の化学物質などが少ないという点から、産直の国産材が見直された。更には、2010年に施行された「公共建築物等における木材利用の促進に関する法律」なども追い風となり、各地の学校や公共建築物の木質化が進んでいる。このように、地方行政が果たせる役割も当然大きく、東京都港区の区役所など公共建築物において木質の要素を取り入れている事例もある。今後はクロス・ラミネイティド・ティンバー（CLT）技術を活用した木造の商用ビルにも期待が高まっている。既に欧州では実際にデパートなどが建築されているが、日本でも新技術を取り入れながら木材の活用とブランド化に向けた動きが模索されている。

木の表面のコブ状の凹凸（絞り）が特徴的な北山杉　[筆者（香坂）撮影]

北山杉の風景　[筆者（香坂）撮影]

参考文献

香坂玲（2006）「地域ブランドを守る地域団体商標」山林No.1460　P31-39

終わりに

　産地ブランドや知財に関連する確認証制度の概要から、実際の産地のブランド化の取り組み、そして個別の産品の動きについてみてきた。産地ブランドを保護する制度として新たに導入された地理的表示の保護をめぐる動きに着目すると本書を執筆した時点（2015年11月）では、6月に登録申請の受付が開始されてから日が浅く、まだ申請中の産品ばかりであるという経緯もあり、同制度をめぐる期待と不安の双方が関係者からは感じられる。例えば、11章の各農産品の関係者の話からは、共通して、模造品対処の負担軽減、海外輸出の際の活用を地理的表示の保護に期待していることが伺えた。また一部には登録を契機としたブランド力の強化を期待する声もあった。一方で、申請したものの、地理的表示という制度自体があまり認知されてないことへの不安の声も上がっており、知名度の向上なども急務である。類似した商標などを持っていても、そもそも地理的表示の制度の存在を知らないというケースも存在した。

　本書を含めて、EUなど欧州との比較が盛んであるが、生産者がより身近に感じてもらえるような東南アジアの事例などとの比較も今後は重要となる。また、ブランド力の強化、価格面でのメリット、地域・産地の伝統やコミュニティの誇りといったポイントごとに語り口調を変え、地理的表示への参画を促していくことも手である。地方行政関係者も、生産者や関係者に対して、各制度の特徴を「解説」するだけにとどまらず、その産品の何が異なるのか、どのような差別化ができるのかを徹底的に議論を促すことも必要となる場合もあるだろう。その基準や生産プロセスの合意形成の縁結びが欠かせない。

　繰り返しになるが、輸出を目指す産品でなくとも、登録のメリットはある。地域の文化財のような位置づけの産品、例えば生産者の責任感からコミュニティで細々と生産が続けられている伝統野菜のような産品についても、その地位、伝統とアイデンティティとの関係性を明文化できるメリットが地理的表示の登録にはある。

　本書では申請を出さなかった団体、申請をしたが途中で取りやめたという産品の話はあまり詳しくは論ぜず、申請中の団体を中心に取り上げた。ただし、

本書に掲載されているものを含め、申請中の団体にしても、今後に取り下げをする可能性はある。その理由としては、既にかなり体制が整っている団体では「商標を持っていれば地理的表示の保護を取得するメリットを感じられない」「海外進出時でもどのような形で排他的に使えるか不透明」「地理的な範囲を広げ、産地の規模を拡大していきたいという方針と折り合わない」といったことが想定される。また、「事務手続きが煩雑すぎて、小規模なうちではとてもやりきれない」と感じる団体もあるだろう。

　このような状況のなか、農林水産省といった国レベルだけではなく、日常的に地元の生産者と接し、課題や情報を提供する機会がある地方自治体の行政マンなどが果たすべき役割も大きい。地方自治体の職員は上層部からの指示を受けた行動や情報収集に終始するのではなく、「何のための申請か」という視点を生産者に提供し、行政、知財の総合支援窓口、中小企業支援などが提供している支援に関する情報を、零細な規模を含む事業者にまで届けることが肝要だ。
　一方で、新しい連携の芽が出てきていることを伺わせる事例も数多く見られた。例えば奈良県の「三輪そうめん」であれば、地方銀行の六次産業化を支援する部門、行政、大学が連携して、どうすれば地域を振興できるかを検討し、その結果、地理的表示の申請を行っていた。さらに若い世代の地元の大学生と一緒に普及をしていくアイディアを練り、コンテストに応募するといった動きも見られた。

　また本書のⅡ部では、地理的表示以外の産地ブランド化の取り組みについても、具体的な事例を用いて、産地、流通、広報などの観点から議論をした。いずれのケースでも、流通や媒体にかかわる人々が、時には産地偽装といった厳しい課題を乗り越えながら産地の魅力を保護し、消費者に伝えていくための対話をしてきたプロセスとなっている。

　本書の冒頭でも触れたが、地方自治体の職員が産地ブランド化の「縁結び役」といったキーマンの役割を担うには、「上から言われて、新たに登録できるものを探している」といった態勢では心許ない。また、地理的表示、商標、安全性などの認定についても、制度の相談窓口を設置するとか、申請書の書き方の

ノウハウを指導するのに加え、そのような認定は取って終わりということではなく、自らの製品や産地の強みを確認し、自覚していくプロセスであること、また認定を取れたとしても直ちにブランド化に結び付くとは限らないことを伝えることが重要となるケースが多いのではないだろうか。その上で、実際に申請をしようとする際の書類作業の分量、生産者と地域の中でのルールづくりや合意形成などの必要性、証明などができるようになるために必要な記録や作業手順の変更、想定される費用や更新の頻度など、使用者の視点にたった具体的な助言をしていくことが求められている。そのためにも、基本的なコミュニケーションのチャンネルを開拓し、普段から関連団体と意思疎通を図ることも重要となる。

　本書が全国の「縁結び」に何等かの貢献できれば、編者として望外の喜びである。

［謝辞］
　本書を作成するに当たり、文部科学省・学術振興会の科学研究費（26360062 15H01597　25257416　26304033）ならびに平成25年度環境省環境研究総合推進費の採択課題1－1303　の成果を活用している。

執筆者略歴

〈編著者〉

香坂　玲（金沢大学大学院人間社会環境研究科　准教授）

　1975年静岡県生まれ。博士（理学）。専門は、農林業の地域ブランド・資源管理。東京大学農学部卒、ドイツフライブルク大学博士課程修了。国連環境計画（UNEP）等を経て、現職。地理的表示活用検討委員会にて「地理的表示活用ガイドライン（農林水産省監修）」、地理的表示保護制度推進事業検討委員会（農林水産省補助事業）、白山菊酒呼称統制機構に委員として参画。

　主な著書として、『地域再生ー逆境から生まれる新たな試みー』（岩波ブックレット、2012年）、共編著として、『伝統野菜の今』（清水弘文堂書房、2015年）『知っておきたい知的財産活用術ー地域が生き残るための知恵と工夫ー』（ぎょうせい、2012年）がある。

〈執筆者（掲載順）〉

内藤　恵久（農林水産省農林水産政策研究所企画広報室　企画科長）

　1987年農林水産省入省。内閣法制局第4部参事官等を経て、2009年から農林水産政策研究所。著書に『逐条解説農地法』（共著、大成出版社、2011年）、『地理的表示法の解説』（大成出版社、2015年）等がある。

木村　有紀（株式会社NTTデータ経営研究所）

　ウィスコンシン大学マディソン校大学院修了、博士（人類学）。国立歴史民俗博物館、筑波大学を経て現職。

湯田　元就（株式会社日本能率協会総合研究所社会システムデザインセンター室長）

　三重大学工学部卒業後、食品会社勤務を経て米国オクラホマシティ大学・経営学大学院において国際ビジネス学科とマーケティング学科を修了。1997年より現職。専門は公共経営。

小西　邦弘（株式会社電通　人事局　人材マネジメント部　部長職）

　食農プロジェクト担当として農業支援ビジネス開発、地域産品コンサル、農林水産省事業等を手掛ける。農林水産省「2015年農林業センサス研究会」臨時委員、「地理的表示活用検討委員会」委員

著者略歴

德山　美津恵（関西大学総合情報学部　教授）
　名古屋市立大学大学院経済学研究科専任講師、准教授を経て、現在、関西大学総合情報学部教授。

荒木　雅也（茨城大学人文学部社会科学科法学・行政学コース　准教授）
　1973年長崎県長崎市生まれ。中央大学法学部卒、中央大学大学院博士課程単位取得退学。法律学専攻。「地理的表示活用検討委員会」に委員として参画。

中野　浩平（岐阜大学大学院連合農学研究科　教授）
　1971年鹿児島県生まれ。九州大学で博士取得後、岐阜大学助手、准教授を経て2015年より現職。専門は食品流通工学。「地理的表示活用検討委員会」に委員として参画。

内山　愉太（金沢大学人間社会研究域　博士研究員）
　1985年千葉県生まれ。千葉大学大学院工学研究科修了。博士（工学）。専門は都市・地域計画、地理学。総合地球環境学研究所勤務を経て現職。

山本　伸司（パルシステム生活協同組合連合会　顧問）
　1952年新潟県生まれ。常務執行役員を経て2011年理事長就任。15年から同連合会顧問。「地理的表示活用検討委員会」に委員として参画。

前田　敦子（東京海洋大学産学・地域連携推進機構　弁理士・URA）
　2010年11月から現職。水産の知的財産・地域振興等の業務に従事。2015年度日本弁理士会農林水産知財対応委員会委員。

佐藤　淳（株式会社日本経済研究所　上席研究主幹）
　1985日本開発銀行入行、主著として『グローバルプレッシャー下の日本の産業集積』（共著、日本経済評論社、2014年）がある。

農林漁業の産地ブランド戦略
－地理的表示を活用した地域再生－

平成27年12月25日　第1刷発行

編　　著	香坂　玲	
発　　行	株式会社ぎょうせい	

〒136-8575　東京都江東区新木場1-18-11
電話　編集(03)6892-6508
　　　営業(03)6892-6666
フリーコール　0120-953-431
URL：http://gyosei.jp

〈検印省略〉

印刷　ぎょうせいデジタル㈱　　©2015 Printed in Japan
※乱丁・落丁本は、お取り替えいたします。
ISBN978-4-324-10092-9
(5108215-00-000)
〔略号：産地ブランド〕